LA VILLE

SOUS

L'ANCIEN RÉGIME

PAR

ALBERT BABEAU

OUVRAGE COURONNÉ PAR L'ACADÉMIE FRANÇAISE

DEUXIÈME ÉDITION, REVUE ET AUGMENTÉE

I

PARIS

LIBRAIRIE ACADÉMIQUE

DIDIER ET Cie, LIBRAIRES-ÉDITEURS

35, QUAI DES AUGUSTINS, 35

LA
VILLE

SOUS

L'ANCIEN RÉGIME

PAR

ALBERT BABEAU

OUVRAGE COURONNÉ PAR L'ACADÉMIE FRANÇAISE

DEUXIÈME ÉDITION, REVUE ET AUGMENTÉE

TOME I

PARIS

LIBRAIRIE ACADÉMIQUE

DIDIER ET Cⁱᵉ, LIBRAIRES-ÉDITEURS

35, QUAI DES AUGUSTINS, 35

1884

LA VILLE

SOUS

L'ANCIEN RÉGIME

I

DU MÊME AUTEUR :

Le Village sous l'ancien Régime, 3e édition revue et augmentée, 1 vol. in-12.. . . . . 3 fr. 50

L'Ecole de Village pendant la Révolution, 1 vol. in-12. 3 fr.

La Vie Rurale dans l'ancienne France, 1 vol. in-8º.. 6 fr.

Histoire de Troyes pendant la Révolution, 2 vol. in-8º. 15 fr.

EN PRÉPARATION :

Les Artisans et les Bourgeois d'autrefois.

BAR-SUR-SEINE. — IMPRIMERIE SAILLARD.

INTRODUCTION

———

Nous avons essayé de décrire les institutions des villages de France sous l'ancien régime ; nous voulons maintenant faire connaître la vie administrative et publique des villes, surtout des villes de province, pendant les deux siècles qui ont précédé la révolution de 1789.

La diversité des institutions municipales est un des caractères de cette période. On peut dire que le XVII° siècle, c'est le moyen-âge qui finit ; le XVIII°, c'est l'ère contemporaine qui commence. Le régime des lois générales tend à se substituer au régime des chartes et des coutumes. De là tant de contradictions et de contrastes entre les coutumes anciennes et les lois nouvelles; les privilèges garantissant les vieilles libertés et combattus par le pouvoir central au profit de l'égalité devant la loi; la lutte de l'aristocratie, qui cherche à défendre ses prérogatives, et de la démocratie qui grandit.

Cependant, au milieu de la variété des dénominations et des coutumes, on peut discerner les principes généraux qui président aux institutions. Les villes ont des privilèges et des droits particuliers que n'ont point les villages; leurs bourgeois groupés en corporations ont fréquemment la faculté de s'assembler et d'élire leurs magistrats municipaux. Même quand ils ont été privés de cette double et précieuse faculté, les villes ont conservé des administrateurs, dont les décisions doivent être prises en conseil et sont soumises au contrôle de la délibération.

La délibération semble un apanage des races européennes. Quel éclat n'a-t-elle pas jeté sur l'histoire de la Grèce et de Rome ! Elle existait en Germanie et en Gaule. Nous sommes les fils des Francs et des Gaulois, et les disciples d'Athènes et de Rome. Aussi la France au moyen-âge n'avait-elle point répudié ces antiques traditions. Au xiie siècle, la délibération semble renaître avec la commune; quand la commune disparaît, elle lui survit. Elle persiste dans les assemblées générales des habitants, et lorsque celles-ci auront été supprimées, elle subsistera dans les collèges d'échevins et les conseils des notables. Elle s'y conservera comme une sorte de feu sacré, dans le long intervalle qui sépara les Etats généraux de 1614 de ceux de 1789.

La monarchie, qui limita les anciens privilèges, créa partout des administrations communales; elle ne rétablit point les communes du moyen-âge; mais elle donna à toutes les villes des consulats, des échevinages et des mairies. L'initiative et l'activité locales s'émoussent et s'affaiblissent; mais les institutions communales se précisent; elles s'appliquent à un plus grand nombre de villes; elles sont reconnues à celles qui n'en ont jamais eu. Souvent même on y voit surgir le progrès de mesures qui lui paraissent contraires. Si l'édit de 1692 établit la vénalité des charges de maires, il établit partout des maires, il définit leurs attributions, il les augmente. D'autres édits, comme ceux de 1764 et de 1765, concourront à rendre la législation plus précise et plus uniforme. Tandis que l'indépendance des villes s'atténuait, leur personnalité civile et municipale se forma.

Cette transformation s'opéra par l'effort combiné des influences locales et de l'autorité centrale ; elle s'accomplit par l'intermédiaire des intendants, souvent au profit de l'ordre et de l'égalité ; elle se fit avec le concours des citoyens pour toutes les améliorations matérielles et morales qui furent obtenues. La municipalité urbaine du xviiie siècle fut le moule d'où sortit la commune moderne telle que l'ont constituée les lois de 1789, de 1800 et de 1831. Malgré les différences qui distinguent de la nôtre la ville d'autrefois, toutes nos institutions modernes y germent et s'y préparent.

On a souvent méconnu les progrès qui s'accomplirent sous l'ancien régime, parce que cette époque est encore si près de la nôtre qu'on la juge trop souvent avec la passion de la politique plutôt qu'avec le calme de l'histoire. Tandis que les uns la dépeignent sous les couleurs de l'âge d'or, d'autres lui prêtent les apparences les plus sombres. La vérité n'est pas dans ces aspects exclusifs. Elle serait plutôt, en ce qui concerne les villes, dans ces alterna-

tives d'ombre et de lumière, dans ces teintes grises
et variables que le ciel nuageux de nos climats présente trop souvent. Si l'on peut dire que les peuples
les plus heureux sont ceux qui n'ont pas d'histoire,
les habitants de nos villes n'ont pas été à plaindre
depuis la Fronde jusqu'à la Révolution. Aucun évè-
nement extraordinaire, aucun accident notable ne
vinrent altérer le cours régulier de leur existence.
Ils eurent sans doute leurs jours de tristesse ou de
misère, où l'épidémie, la famine, le chômage les
atteignirent. Mais, sauf aux heures des grandes
crises, il en est de la vie des peuples comme de la
vie des hommes. A moins qu'elle ne soit frappée
d'un mal originel ou d'une décadence irrémédiable,
ce n'est pas la maladie qui en est la règle, c'est la
santé. Or, la santé se décrit mal, parce qu'elle ne se
sent pas comme la maladie, parce qu'elle est l'état
normal et qu'il semble superflu d'en exposer les
symptômes. De là tant d'histoires qui n'ont présenté
que les crimes, les guerres, les pestes et les disettes,
et qui, en ne parlant que des maux, ont fait croire
que les maux seuls existaient. Ils ont existé sans
doute, mais ils n'ont pas été incessants, et notamment sous notre vieille monarchie, ils ont été sé-

parés par de longs intervalles de santé, de fécondité et de force.

Les villes, grâce à Dieu, en ont joui sous l'autorité royale. On le reconnaîtra en pénétrant dans leur vie quotidienne et morale, telle que nous essayons de la décrire. Si elles ont pu souffrir de l'excès de la tutelle, elles ont eu leur part des progrès qui n'ont cessé de se produire depuis le xiie siècle dans les mœurs et les institutions; elles ont montré des dévouements persistants, des efforts désintéressés vers le bien et vers le mieux; et, malgré les atteintes que subirent leurs privilèges, elles restèrent l'asile et la citadelle du tiers état, de cette vieille bourgeoisie française, qui conserva longtemps, derrière ses murailles et sous la garantie de ses chartes, les traditions et les instincts de la liberté; liberté intermittente et irrégulière sans doute, mais contre laquelle les progrès de la centralisation ne purent entièrement prévaloir.

LA VILLE

SOUS L'ANCIEN RÉGIME

LIVRE I

LES HABITANTS

LIVRE I

LES HABITANTS

CHAPITRE I

LES DROITS DE BOURGEOISIE

Caractère et privilèges des villes. — Différence de leurs institutions. — Leur importance politique et provinciale. — Préséances. — Cité, bourgs et faubourgs. — La cité. — Ses anciennes prérogatives. — Inégalité entre les habitants des villes et ceux des campagnes. — Attraction exercée par les villes sur les campagnes. — Admission des nouveaux habitants dans les villes. — Précautions fiscales. — Autorisation de domicile et de séjour. — Expulsion des étrangers non autorisés. — Droits d'habitantage. — Taxes en nature et en argent. — Admissions gratuites. — Droits de bourgeoisie. — Bourgeois du roi et forains. — Conditions requises pour être reçu bourgeois des villes. — Bourgeois-nobles. — Privilèges des bourgeois. — Exemptions d'impôts royaux. — Droit de franc-fief. — Juridictions spéciales. — Villes d'arrêt. — Port d'armes. — Droits de chasse et de pêche. — Serment des habitants. — Le pouvoir central et les bourgeois des villes.

Si l'on parcourt les recueils où les Merian, les Chastillon et les Tassin ont gravé, dans la première moitié du XVIIᵉ siècle, les vues et les panoramas de tant de

villes de France[1], on voit ces villes tantôt se profiler
sur les plaines ou dans les vallées, tantôt s'étaler sur
le versant des collines ou se dresser sur leur sommet.
Leur site est varié ; leur importance inégale ; leurs clo-
chers et leurs flèches sont plus ou moins élancés, plus
ou moins nombreux ; mais toutes ont conservé leurs
murailles, souvent encore flanquées de tours et cou-
ronnées de créneaux, et qui, après avoir servi pour la
défense, ne serviront plus bientôt que pour les octrois.

Ces murailles sont en effet l'apanage des villes. Les
villages n'en possèdent que par exception. C'est que
les villes ont des richesses à sauvegarder, des privilèges à défendre. Elles se distinguent des villages, non-
seulement par leurs monuments, leur industrie, leur
population, mais par leurs institutions. D'ordinaire,
elles ont une personnalité civile et politique, elles ont
leurs magistrats et leurs milices qui gardent leurs remparts ; elles ont leurs droits reconnus par les seigneurs et
les rois ; elles ont leur sceau, elles ont leur étendard, et
leurs armes sont sculptées au fronton de leurs édifices.

Si les villes se distinguent ainsi des villages, elles
présentent entre elles de nombreuses différences. La
diversité propre au moyen-âge a subsisté chez elles.

[1] Les *Plans et profils de toutes les principales villes et lieux considérables de France,* par N. Tassin, 1636. — *Topographie française
ou représentation de plusieurs villes, bourgs, chasteaux... du
royaume de France dessignez* par Claude Chastillon, 1641. — *Thea-
trum Europæum,* où ont travaillé les deux Matthieu Merian, Franc-
fort, 1633-1708, 21 vol. in-fol. — Du xvie au xviiie siècle, il y eut
bien d'autres recueils de ce genre, parmi lesquels nous pourrions
citer les *Vues des Villes de France,* de Franke Merkurius. Amster-
dam, 1666.

Quelques-unes ont conservé leurs vieilles franchises communales formulées dans leurs chartes ; la plupart ont depuis longtemps des échevinages et des mairies, que les autres ne possèdent pas ou n'ont acquis que récemment. Entre localités de même importance, les privilèges et les droits varient, selon les circonstances qui en ont amené l'origine ; ils ne sont pas toujours en raison de la population et de la puissance. Cependant, il y a des degrés entre les villes. Les grandes villes n'ont pas les mêmes réglements que les moyennes et les petites. Paris et Lyon sont hors ligne ; les bonnes villes viennent ensuite ; puis les villes d'importance moindre et les « bourgs fermés ». Il est quelquefois difficile de savoir où finit le bourg, où commence la ville [1]. Quand Louis XV voulut en 1764 établir une administration municipale uniforme, il ne l'appliqua d'abord qu'aux villes et aux bourgs dont la population dépassait 4,500 habitants ; il l'étendit plus tard à toutes les villes et à tous les bourgs qui avaient déjà des officiers municipaux [2].

Au moyen-âge, les villes ont seules une importance politique ; seules elles représentent le tiers état ; seules elles envoient des députés aux états-généraux [3]. Les campagnes n'y sont représentées que par les seigneurs et les bénéficiers ; elles ne seront admises à formuler

---

[1] Le bailliage de Montargis demanda en 1789 qu'une loi fixât désormais ce qui serait ville, bourg, village et hameau, pour prévenir les surcharges d'imposition. (*Archives parlementaires*, IV, 25.)

[2] Edit de mai 1765, *Recueil général des anciennes lois françaises*, par Jourdan, Decrusy et Isambert, XXII, 436.

[3] Hervieu, *Recherches sur les premiers états généraux*, p. 10 et suiv.

leurs vœux qu'aux élections de 1484. Les villes elles-mêmes ne sont pas toutes appelées à nommer des mandataires ; il existe entre elles une sorte d'aristocratie. Aux états-généraux de 1468, soixante-quatre bonnes villes envoient des députés [1]. Cet usage persista pour les assemblées des notables ; il fut encore usité en 1787 ; mais cette fois vingt-quatre grandes villes seulement avaient été invitées à se faire représenter par le premier de leurs officiers municipaux [2].

Il en fut de même dans les provinces connues sous le nom de pays d'états ; les villes seules députaient aux assemblées de leurs états ; mais toutes n'y avaient pas des droits égaux. Telles étaient en Bourgogne les villes dites de la *grande roue* et de la *petite roue* ; les premières, au nombre de treize, avaient des privilèges provinciaux plus considérables que les autres, tandis qu'un certain nombre de petites villes n'en avaient d'aucune sorte [3]. En Languedoc, les cités épiscopales et quelques autres étaient privilégiées [4] ; les moins im-

[1] *Chronologie de Savaron. Des Etats généraux,* Buisson, 1788, t. VI, 13.

[2] *Introduction au Moniteur,* éd. Plon, p. 178.

[3] A. Thomas, *Une province sous Louis XIV,* p. 11-13. — Quelques-unes de ces villes avaient bien dégénéré, comme Taland, qui n'était plus qu'un village et qui se trouvait plus favorisé que les cinq gros bourgs du comté d'Auxonne. (Arch. nationales, H. 140.) — En Bretagne, quarante et une villes étaient représentées ; six l'étaient par deux députés. Il est vrai que chaque ville, quel que fût le nombre de ses députés, n'avait qu'une voix aux états. (Dom Morice, *Hist. de Bretagne,* III, préf., p. XVI-XVIII. — Caron, *l'Administration des états de Bretagne,* p. 498.)

[4] Trouvé, *Essai historique sur les états généraux de la province de Languedoc,* p. 311.

portantes alternaient entre elles pour l'envoi des députés. Tandis que Castres en désignait deux chaque année, six villes de son diocèse n'en envoyaient un que tous les sept ans, et trois villes tous les vingt et un ans seulement[1].

L'importance officielle des villes décidait souvent de leur préséance. Lorsqu'il s'y trouve un archevêché ou un parlement, elles l'emportent sur les autres. Mais il n'y a pas de règle absolue. La présence de l'intendant ne suffit pas pour faire attribuer le titre de capitale de la province à la ville où il réside ; ce titre, longtemps disputé entre Troyes et Châlons, finit par être reconnu à Troyes, quoique le siège de l'administration supérieure de Champagne fût à Châlons[2].

La diversité que l'on remarquait entre les villes existait aussi dans leur enceinte. Parfois elles s'étaient formées de parties primitivement indépendantes, et chacune avait pu longtemps conserver ses droits et sa juridiction[3]. A la cité gallo-romaine étaient souvent venus s'adjoindre le bourg ou les bourgs, dont la population avait augmenté peu à peu ; les murailles de la cité avaient été transportées au-delà des bourgs et l'on avait pu voir, comme à Paris, les faubourgs.[4]

---

[1] Elie Rossignol, *Assemblées du diocèse de Castres*, p. 6.

[2] *Arrêt du Conseil de* 1775. — Il en était de même pour Toulouse et Clermont; la résidence des intendants était à Montpellier et à Riom.

[3] Plusieurs quartiers de Moulins avaient des privilèges particuliers. (*Inv. Arch. Moulins*, n° 114.)

[4] Faubourg de *fors bourg*, en dehors du bourg. (Loyseau, *Traité des ordres et simples dignités*, ch. VIII, 7.)

eux-mêmes, séparés longtemps par des remparts et des fossés, s'incorporer à l'agglomération urbaine.

La cité, c'était le berceau de la ville ; c'était derrière ses murs que les gallo-romains avaient essayé de repousser les barbares ; c'était là que sur l'emplacement du temple ou dans l'enceinte de la basilique s'était élevée la cathédrale, la grande église, symbole d'une civilisation nouvelle. Notre-Dame de Paris, Saint-Pierre de Troyes, Saint-Etienne de Bourges, Sainte-Cécile d'Albi, et tant d'autres étaient dans la cité. Dans certaines villes, l'existence de la cité n'est plus rappelée que par le nom d'une rue ou par quelque débris de murailles ; mais il en est d'autres où elle a conservé ses limites nettement tracées, et même sa physionomie antique. On reconnaît à Limoges, au-delà des larges boulevards qui la bordent, la cité du moyen âge, que domine la flèche gothique de sa cathédrale ; et Carcassonne montre encore aux yeux émerveillés de l'archéologue, sur la colline où elle est assise, sa cité environnée d'une double enceinte de remparts garnis de créneaux, de machicoulis et de tours.

La cité attestait l'antiquité de la ville. Son nom était un titre dont celle-ci se parait et qui avait pu la distinguer des localités dont les institutions étaient moins anciennes et l'accroissement plus récent [1]. Elle avait

---

[1] P. Menestrier, *Hist. civile ou consulaire de Lyon*, p. 533. — Le sceau de Grenoble portait : SIGILLUM UNIVERSITATIS CIVITATIS GRATIANOPOLIS. *(Bull. Soc. antiquaires de France*, 1879, p. 283.)— Le sceau de Chalon a pour légende : S. D. LA COMMUNE, VILLE ET CITÉ DE CHALON-SUR-SAONE. (H. Batault, *Mém. de la Soc. historiq. de Chalon*, VI, 387-390.) — On se sert encore, au XVIIIᵉ siècle, en parlant de Paris, de l'expression : Ville, cité et université de Paris.

ses traditions romaines, et le pouvoir épiscopal, dont
elle était le siège, y avait depuis des siècles marqué sa
bienfaisante empreinte [1]. Comme quartier privilégié,
elle conservera plus longtemps dans le midi que dans
le nord son existence distincte. L'influence seigneuriale et épiscopale y dominait, tandis que celle de la
bourgeoisie et du commerce l'emportait dans le bourg.
L'un et l'autre eurent longtemps leur administration
propre, et les consuls de l'un furent souvent en lutte
avec les magistrats de l'autre [2]. Mais bien avant le
xviiie siècle, la tendance de plus en plus irrésistible
vers l'unité avait réuni sous une même administration
municipale les parties divisées de la même ville [3]. Plus
d'une fois le centre de l'activité urbaine se déplaça;
les classes actives et riches délaissèrent la cité pour
s'installer dans les rues plus régulières et plus aérées
des quartiers neufs. D'ordinaire, il ne restait d'autres
démarcations dans l'enceinte des villes que celles qui
résultaient de la condition ou de l'industrie des habitants. Certaines rues, depuis le moyen-âge, étaient
affectées à des professions déterminées [4]; elles en ti-

---

[1] On donne encore en Angleterre le nom honorifique de cité, *city*,
aux sièges des évêchés. (Maurice Block, *les Communes et la liberté*,
p. 109.)

[2] F. Béchard, *Hist. du Droit municipal au moyen-âge*, 11, 19, 29,
31. On peut citer particulièrement les cités de Nîmes, Narbonne, Carcassonne, Rodez, Périgueux.

[3] Cette double administration persista à Arras jusqu'en 1749. (Filon,
Hist. des états d'Artois, p. 64.)

[4] Fagniez, *Etudes sur l'industrie... à Paris au XIIIe et XIVe siècle*, p. 21. — Corrard de Breban, *les rues de Troyes*. — Max Quantin,
Hist. des rues d'Auxerre, p. 155, etc.

raient leur nom ; elles formaient une petite communauté dans la grande. Le quartier du clergé n'était pas celui du commerce, et l'on voyait rarement les officiers de justice habiter au milieu des artisans.

Toutes ces distinctions, que nous venons de signaler entre les villes comme entre les diverses parties des villes, se retrouvaient entre leurs habitants. En droit comme en fait, l'inégalité existait partout, même entre les membres du tiers état. « Roturiers sont bourgeois ou vilains, » dit le jurisconsulte Loysel[1]. « La ville, dit Bodin, ne fait pas la cité ; elle peut avoir des droits que n'ont pas les faubourgs[2]. » Si les différences s'effacent au xviiie siècle entre la cité et le bourg, il en existe toujours entre les bourgeois et les simples domiciliés, comme entre les habitants de la ville, ceux des faubourgs et les manants des villages.

Il en existait même entre les faubourgs. Dans quelques localités, les uns étaient exempts de tailles, tandis que les autres y étaient assujettis. Même variété pour la banlieue, qui parfois s'étendait bien au-delà du territoire communal. Les trente-cinq paroisses de la banlieue de Rouen participaient à ses privilèges[3]. Les vingt paroisses de la banlieue de Bordeaux ne possédaient aucune prérogative[4]. Mais la règle générale, c'est

---

[1] *Institutes coutumières,* liv. I, tit. I, 13.

[2] *De la République,* 1577, p. 53.

[3] Vauban, *Dixme royale,* 1707, p. 59. — La banlieue, qu'en certains endroits on désignait sous le nom de franchise, s'appelait *septaine* à Bourges, *quinte* à Angers, *dex* à Toulouse. (Guyot, *Répertoire universel de Jurisprudence,* 1784, t. VII, 650.)

[4] Barckhausen, *Arch. municipales de Bordeaux, Livre des Privilèges,* Intr., p. xii et xiii.

que la ville est supérieure par son importance et ses droits aux campagnes : elle en abuse parfois, soit en leur imposant des corvées[1], soit en exigeant d'elles des réquisitions avec le concours ou contre le gré des autorités supérieures[2]. Elle les domine plutôt qu'elle ne les protège ; mais elle reste toujours le centre naturel vers lequel les populations des villages viennent converger ; si elle reçoit d'elles sa subsistance, elle leur rend par son industrie ce que lui donne leur travail. Elle les attire aussi par la sécurité matérielle et les privilèges dont elle jouit.

Il avait suffi au moyen-âge de privilèges octroyés à certaines villes pour y attirer de nombreux habitants ; c'est ainsi que les *villes neuves* et les *bastides* étaient sorties du sol au xiiie siècle, par la seule volonté d'un seigneur intelligent et libéral. Par la force des choses non moins que par la contagion des idées, la plupart des villes avaient présenté des avantages analogues. Elles n'abritaient pas seulement derrière leurs fortes murailles le travail et l'épargne ; elles les garantissaient par l'association ; elles assuraient aux individus les libertés et les droits civils que stipulaient leurs chartes et leurs coutumes. Aussi leur population n'aurait-elle pas cessé de s'accroître, si le servage n'avait longtemps retenu au sol les habitants des campagnes, et si plus tard leur admission dans la communauté urbaine n'eût

---

[1] Un lieutenant du maire de Bordeaux fut exilé en 1774 pour avoir ordonné des corvées pour la construction du théâtre. (*Journal hist. de la révolution opérée par Maupeou*, VI, 348.)

[2] A. de Tocqueville, *l'Ancien régime et la Révolution*, 4e éd., p. 166.

été subordonnée au paiement de certains droits et à la constatation de garanties déterminées.

L'Etat voulut aussi dans un intérêt fiscal empêcher la désertion des campagnes. Les paysans enrichis venaient habiter les villes franches pour échapper aux vexations de la taille et de la collecte [1]. On les obligea à payer la taille pendant dix ans dans leur ancien domicile [2] ; on leur prescrivit même de signifier leur départ aux consuls et de faire annoncer au prône de leur paroisse la résidence qu'ils avaient choisie [3]. En arrivant, ils sont tenus de se faire inscrire à l'hôtel-de-ville. Une ordonnance de Louis XIII enjoint « aux étrangers ou autres du royaume qui voudront habiter dans ses villes d'aller déclarer à la maison commune, pardevant les maire et échevins, les résolutions qu'ils auront prises d'y demeurer, en donnant connaissance de leur origine, de leur vie et mœurs... faute de ce, qu'ils en soient mis dehors [4].»

Les villes, surtout lorsqu'elles étaient fières de leur renom, de leur richesse et de leurs droits, ne se contentaient pas toujours de ces formalités de police, qui pouvaient suffire à l'Etat. Au moyen-âge, le droit de

---

[1] A. de Tocqueville, 4ᵉ éd., p. 163 et 211. — *Archives parlementaires,* II, 238, 545.

[2] Arrêts du conseil de 1642 et 1646. *Mémorial alphabétique des choses concernant la justice, la police et les finances de France,* 1704, p. 81, 332.

[3] En 1692. *Inv. Arch. Dijon,* B. 334... *Lyon,* BB. 249.

[4] Ordonnance de 1617. B. Durand, *Privilèges octroyés aux maires, échevins et bourgeois de la ville et cité de Chalon-sur-Saône,* 1660, p. 75. — *Inv. Arch. Boulogne,* nº 1013.

bourgeoisie ne s'obtenait point sans être sollicité[1]. A Toulon, on n'était déclaré citoyen de la ville qu'après l'avoir demandé avec instance et à genoux[2]. Au xviiie siècle, on présentait encore des requêtes aux échevins de certaines villes pour avoir l'autorisation de résider[3]. Les maires, après une sorte d'enquête, délivraient des « lettres d'habitans[4]. » A Rethel, il fallait, pour obtenir le droit au domicile, prêter un serment déterminé, se faire inscrire au registre de bourgeoisie, et justifier qu'on avait le moyen de payer un minimum de tailles[5]. Quelquefois on admettait le nouvel habitant comme à l'essai. En 1625, un gantier d'Agen est autorisé à résider à Lyon pendant trois mois, à l'expiration desquels le consulat, mieux informé, décidera s'il peut prolonger son séjour[6].

L'autorisation d'établir son domicile dans une ville n'impliquait pas toujours la concession des droits de bourgeoisie. On pouvait être reçu habitant sans devenir bourgeois. Tel était en général le cas des étrangers au royaume, sauf dans certaines villes de commerce comme Bordeaux, où la qualité de bourgeois

[1] *Anc. lois françaises*, II, 674.

[2] Cum summa instancia, flexis genibus. (O. Teissier, *Notice sur les Arch. communales de la ville de Toulon*, p. 37.)

[3] *Inv. Arch. Boulogne*, nos 1417-20. — Arch. municipales de Gray (1674). — Guadet, *Hist. de Saint-Emilion*, p. 193. — Raymond Guinodie, *Hist. de Libourne*, II, 125. — Ord. de police de 1750, Varin, *Statuts de la ville de Reims*, II, 495, III, 280.

[4] Edit de 1706. *Anc. lois françaises*, XX, 499.

[5] Ce minimum de 20 sols en 1594 fut porté à 4 liv. en 1682. (E. Jolibois, *Hist. de Rethel*, p. 232.)

[6] 1625. *Inv. des archives de Lyon*, BB. 167.

était nécessaire pour exercer le négoce[1]. Les étrangers étaient astreints aux charges locales comme les autres habitants ; près des frontières, on exécutait plus sévèrement qu'ailleurs les prescriptions de police à leur égard. On expulse de Mâcon et de Boulogne tous ceux qui s'y sont introduits sans permission ; on les chasse de Charmes dans les vingt-quatre heures. A Roubaix, on en fait le dénombrement, et on leur demande un acte d'indemnité ou de garantie émanant de la localité où ils sont nés, afin que leur présence ne puisse devenir onéreuse à la commune[2].

Le nouvel arrivant, s'il était appelé à participer aux charges des habitants, devait aussi participer à quelques-uns des privilèges que la communauté possédait. Il paraissait donc juste qu'il payât un droit déterminé pour en jouir. Ce droit pouvait s'acquitter en nature ; ici, il consistait en deux linceuls (ou draps) de toile de maison pour l'hôpital ; là, en deux seaux de cuir bouilli pour les incendies. Quand on eut trop de seaux de cuir bouilli, on demanda 20 livres pour concourir à l'achat d'une pompe[3]. A Bordeaux, les nouveaux bourgeois donnaient une certaine quantité de café, de sucre et

---

[1] *Livre des Privilèges,* p. 341.

[2] *Inv. Arch. Dijon,* B. 362...; *Mâcon,* PP. 27-28... *Boulogne,* n° 1030, 17 et 18... *Roubaix,* BB. 6 et FF. 16.

[3] *Inv. Arch. Ouveilhan,* BB. 1... *Charmes,* BB. 15.— Au moyen-âge, on fait payer à Castelgeloux aux nouveaux arrivants une certaine somme consacrée à l'achat d'armes, pour la défense de la ville (De Samazeuilh; *Rapport sur les Archives de Lot-et-Garonne. Documents inédits,* I, 527.)— Voir aussi, sur les conditions requises pour devenir bourgeois au moyen-âge, les *Recherches sur la révolution communale,* de V. Fouque, p. 167-178.

de bougie [1]. Le plus souvent, le droit d'habitantage ou de domicile était payé en argent. Il varia selon les temps et la condition des nouveaux admis. A Boulogne, de 18 sous 6 d. en 1598, il s'éleva à 10 livres en 1704 [2]. Lorsqu'il ne fut pas aboli [3], il suivit une progression en rapport avec la diminution de la valeur de l'argent. On le fixait aussi d'après les facultés et la profession de l'arrivant. En 1698, à Gray, il varie de 3 livres à 14 livres [4]. Si un étranger demande à résider à Abbeville, les officiers municipaux déterminent d'une manière arbitraire, sur la réquisition du procureur fiscal, la taxe qu'il doit payer [5].

Dans les villes où le droit de domicile n'était pas exigé, les artisans devaient acquitter une sorte de droit d'entrée dans l'un des corps d'arts et métiers dont se composait la commune [6]. Ces corporations ne s'ouvraient à de nouveaux membres que lorsqu'ils avaient obtenu à prix d'argent une maîtrise. Cependant, l'on

---

[1] Barckhausen, *Livre des Priviléges*, Intr., p. xxix.

[2] *Inv. Arch. Boulogne*, nos 1, 28, 32, 86. En 1686, la taxe était de 100 livres. On recevait environ 10 à 12 bourgeois par an au commencement du xviiie siècle. — A Rethel, en 1682, la taxe est de 4 livres pour les hommes, de 40 sous pour les femmes. (Jolibois, p. 232.) — A Nancy, elle est fixée à 60 l. en 1753. *(Ordonnances de Lorraine*, XI, 13.)

[3] Il fut supprimé à Bordeaux en 1691. (A. de Boislisle, *Correspondance des Contrôleurs généraux*, n° 987.)

[4] Arch. de Gray. Délibérations municipales. — Un cabaretier paie 7 liv. 4 s.; un procureur et un marchand de fourrages chacun 14 livres. En 1712, les lettres de bourgeoisie sont taxées à 60 livres.

[5] xviiie s. *Monuments inédits de l'histoire du Tiers-État*, IV, 517.

[6] Arch. de l'Aube, C. 73. — En 1752, un coutelier paie 65 liv. 13 s. pour venir s'établir à Bar-sur-Seine, comme remboursement du prix de la finance des offices créés en 1735.

admettait parfois à titre gratuit des hommes qui apportaient une industrie nouvelle ou des connaissances utiles. C'est ainsi qu'en 1669, à Dijon, un faïencier de Nevers est exempté des droits d'habitantage ; c'est ainsi qu'à Lyon on octroie des lettres de bourgeoisie à un habile médecin qui vient de Lille[1]. Parfois même, on accordait des primes ou des exemptions temporaires aux professeurs, aux artistes et aux artisans que l'on désirait voir se fixer dans la ville[2]. C'était aussi un privilège de certains échevinages que de pouvoir faire admettre chaque année un bourgeois gratuitement ; mais on s'en plaignait à Arras, parce que, disait-on, ce privilège « redonde à la rencharge de la bourse commune de la communauté[3]. »

La taxe de bourgeoisie était plus élevée que celle d'habitantage[4], lorsque toutes deux ne se confondaient pas. C'est que la première conférait des privilèges plus considérables à ceux qui étaient admis à l'acquitter.

De même que les habitants des villes avaient des droits que ceux des campagnes ne possédaient pas, les

[1] *Inv. Arch. Dijon*, B. 308... *Lyon*, BB. 170.

[2] Chardon, *Histoire d'Auxerre*, II, 338. Dél. de 1690.— *Inv. Arch. Loudun*, BB. 4. — A Boulogne, en 1751, on donne 50 livres par an à un tapissier pour l'engager à rester en ville, « attendu qu'il est le seul de sa profession et que sa présence est utile aux habitants. » (*Inv. Arch. Boulogne*, n° 193. — En 1622, on donne 20 livres à deux serruriers de Thiers pour les engager à ouvrir boutique à Albi. (*Inv. Arch. Albi*, CC. 302.)

[3] Ch. de Wignacourt, *Observations sur l'échevinage d'Arras*, p. 71-72.

[4] A Pau, elle est portée de 500 à 1000 l. en 1774. (De Lagrèze, *La Féodalité dans les Pyrénées*, p. 76.)

bourgeois, particulièrement dans les grandes villes, jouissaient de prérogatives qui n'étaient point accordées à tous les habitants. C'est ainsi que le publiciste Bodin distingue le simple citoyen domicilié du bourgeois[1]. Le domicilié avait des droits civils, mais non des droits municipaux[2]. « Les viles personnes du menu peuple, dit le jurisconsulte Loyseau, n'ont pas le droit de se qualifier bourgeois ; aussi n'ont-ils pas part aux honneurs de la cité, ny aux assemblées, en quoy consiste la bourgeoisie[3]. » A Périgueux, les bourgeois sont au nombre de 400 sur 1,600 feux[4] ; à Bordeaux, on en compte 1,200 au xviiie siècle[5]. Cependant, ailleurs et surtout dans les petites villes, nous verrons, même au siècle suivant, tous les chefs de maisons, parmi lesquels se trouvent des artisans, des vignerons et des laboureurs, jouir des droits électoraux et municipaux[6].

Il y avait plusieurs sortes de bourgeois. Le moyen-âge avait connu les bourgeois du roi, qui devaient acquérir une maison dans la ville et qui payaient à la municipalité une redevance dont les bourgeois de la commune, les francs-bourgeois, étaient affranchis. Ils subsistèrent dans certaines localités sous la dénomina-

---

[1] *De la République*, liv. I, ch. VI, éd. 1577, p. 53.

[2] Il en était ainsi à Strasbourg ; il en est encore ainsi dans beaucoup de villes suisses. (Martin-Doisy, *Dict. d'économie charitable*, I, col. 965-966. — Hepworth Dixon, *la Suisse contemporaine*, p. 61-63.)

[3] *Traité des ordres et simples dignitez*, ch. VIII, 8.

[4] G. Bussière, *Etudes historiques sur la révolution en Périgord*, I, 16. Ce nombre aurait été de 1500 au moyen-âge.

[5] Depping, *Correspondance administrative sous Louis XIV*, I, 685.

[6] A Auxerre, tout homme tenant ménage était réputé bourgeois. (Chardon, *Hist. d'Auxerre*, t. II, p. 11.)

tion de bourgeois forains ou bourgeois du dehors[1].
Dans le Languedoc, les propriétaires forains avaient le
droit de désigner un syndic pour défendre leurs intérêts dans l'assemblée municipale, qu'on appelait le
conseil politique[2].

Les bourgeois résidants avaient dans certaines villes
de grandes prérogatives. Dans ce cas, ils ne pouvaient
acquérir le titre qui les leur conférait sans faire un
certain stage et sans remplir des conditions déterminées, qui varièrent suivant les époques et les localités.
Si d'ordinaire un domicile d'un an suffisait[3], il fallait
à Bordeaux, pour l'obtenir, cinq ans de résidence; il
en fallait dix à Marseille[4], à Lyon, à Périgueux. Les
dix ans de résidence à Lyon couraient du jour où la
déclaration d'établissement et de dénombrement des
biens avait été faite[5]. A Marseille, il fallait posséder
des immeubles, et de plus, à une certaine époque,
épouser une fille de la ville. « Cette condition », dit
une lettre officielle du XVIIe siècle, « chasse les négo-
cians ou du moins ne les attire pas[6]. » La propriété

---

[1] Dissertation de Bréquigny, *Ord. des rois de France*, XII. — Ord.
de 1287. — Guyot, *Répertoire de Jurisprudence*, VII, 644. — Denisart,
Collection de décisions nouvelles, 1784, II, 109. On distinguait alors
deux sortes de bourgeoisies, l'une réelle, l'autre personnelle. Les
bourgeois du roi avaient la seconde.

[2] Trouvé, *Etats de la province de Languedoc*, p. 308.

[3] Droit de bourgeoisie, dit Loysel, s'acquiert par demeure par an
et jour (*Institutes coutumières*, liv. I, tit. I, 21.)

[4] Ant. de Ruffi, *Hist. de Marseille*, 1696, II, 261.

[5] On appelait cette déclaration *donner sa nommée*. (Cl. Henrys,
Œuvres, II, 655.) — *Inv. Arch. Lyon*, BB. 20. En 1691.

[6] Depping, *Correspondance administrative sous Louis XIV*, I, 779,
685, 686.

d'une maison, valant au moins 1500 liv. et habitée depuis deux ans, était exigée à Bordeaux[1]. La résidence devait être d'au moins sept mois par an à Paris et à Lyon ; elle était constatée à Paris par les dixainiers, qui certifiaient l'exactitude des candidats à concourir aux charges de la police et de la salubrité urbaines[2].

Le titre de bourgeois avait été souvent ambitionné, même par des nobles[3]. Un statut de 1480 leur interdisait de le prendre, sous peine d'être exclus des tournois[4]. Le droit de cité pouvait être conféré comme un témoignage d'estime et de reconnaissance. En 1764, la ville de Bayonne l'offrit au maréchal de Richelieu, gouverneur de Guyenne, et à l'intendant d'Étigny[5]. Ce droit conférait même parfois la noblesse à ceux qui en étaient investis : les bourgeois-honorés de Perpignan se prétendaient nobles ; un édit de 1768 les avait qualifiés de citoyens-nobles ; mais comme ce titre leur fut contesté, ils soutinrent pendant de longues années, pour le faire reconnaître, un procès qui n'était pas terminé en 1789[6]. Les citoyens-seigneurs de Péri-

---

[1] Arrêt du conseil de 1622. *Livre des Privilèges*, p. 341.

[2] Leroux de Lincy, *Hist. de l'hôtel-de-ville de Paris*, p. 195. — Déclarat. de 1673, art. 15. *Mémorial alphabétique*, p. 75.

[3] Barckhausen, *Livre des Privilèges*, Intr., p. xiii.

[4] De la Roque, *Traité de la Noblesse*, p. 335.

[5] *Inv. Arch. Bayonne*, BB. 61. Le titre fut offert à M. de Richelieu dans un portefeuille de velours brodé, qui coûta 252 liv. *(Ibid.* CC. 703.)

[6] L. Clos, *Essai sur l'ancienne constitution municipale de Perpignan. Mém. Acad. des Sciences de Toulouse*, 5e série, III, p. 146-147. — Xaupi, *Recherches historiques sur la noblesse des citoyens-honorés de Perpignan et de Barcelone*, 1763.

gueux étaient non moins fiers de leur noblesse, et ils
se targuaient, au xviiie siècle, de posséder collectivement les droits attachés au domaine féodal dont leur
ville était le siège[1].

Les bourgeois possédaient rarement la seigneurie
de leur ville; mais la plupart de leurs privilèges se
rattachaient à la féodalité par leur origine; ils leur
avaient été concédés par les rois et les barons, à titre
onéreux ou gracieux; ils leur avaient été accordés pour
les rémunérer des sacrifices qu'ils avaient faits dans
l'intérêt de l'État, et du service militaire qu'ils accom-
plissaient pour la garde de leurs remparts; ils subsistèrent jusqu'aux lois de 1789 qui supprimèrent les
privilèges des communautés comme ceux des individus. La plupart de ces droits ne pouvaient être exer-
cés que par délégation; mais chaque bourgeois eut
longtemps la faculté de confier ou de recevoir le mandat d'administrer les affaires communes. Le droit d'hôtel-de-ville, fut regardé, en conséquence, comme le
plus essentiel; il impliquait parfois le droit de justice,
même de haute justice, de police, de monnaie et de
gouvernement militaire. Mais ces droits n'étaient pas
personnels, comme l'exemption des tailles, des aides,
du franc-fief, la liberté sous caution, le port d'armes,
la pêche et la chasse.

L'exemption des tailles était de tous le plus apprécié. Il s'appliquait non-seulement aux biens meubles
du bourgeois et à ses immeubles situés dans la ville,
mais même à la totalité ou à une partie de ses biens

[1] G. Bussière, *Révolution en Périgord*, I, 15, 58.

ruraux. Les bourgeois de Lyon étaient affranchis de
tailles pour les propriétés qu'ils avaient dans le Lyon-
nais, le Beaujolais et le Forez. Ceux d'Amiens et de
Bordeaux[1] avaient des privilèges analogues ; mais les
bourgeois de Paris pouvaient seulement faire valoir à
leurs frais une seule de leurs fermes, sans payer de
tailles. L'État cherchait à réduire le plus possible ces
exemptions qui lui étaient onéreuses, en fixant, par
exemple, l'importance de la ferme exemptée à une exploitation de deux charrues[2]. Il poursuivait les faux
bourgeois de Lyon, qui remplissaient les paroisses des
provinces environnantes, et se faisaient décharger des
tailles et des aides[3]. Quelques-uns des droits les plus
vexatoires des aides étaient en effet épargnés à un
certain nombre de villes[4].

Beaucoup d'entre elles possédaient aussi l'exemption
du droit de franc-fief, qui obligeait le roturier proprié-
taire de fiefs à payer un impôt spécial au roi[5]. Lorsque cette exemption leur fut enlevée en 1771[6], de

[1] Baurein, *Variétés bordeloises,* éd. 1876, III, 25.
[2] Règlement de 1663. *Mémorial alphabétique,* 73 et 82, 336.
[3] A. de Boislisle, *Correspondance des Contrôleurs généraux,* I,
nº 506. — *Inv. Arch. Mâcon,* FF. 18.
[4] Ord. de 1680. *Encyclopédie méthodique. Jurisprudence,* IX, 444.
— Le Havre est exempt du droit d'aides. (Hippeau, *le gouv. de Normandie,* IX, 40.) Cherbourg est déchargé des gabelles. *(Ibid.* IX, 86.)
— Lyon est déchargé des aides pour les vins provenant des héritages
des habitants. *(Recueil des privilèges de Lyon,* 1649, p. xxv.)
[5] Paris, Lyon, Chalon-sur-Saône, Chartres, Orléans, Péronne, Toulouse, Nîmes (Brillon, *Dictionnaire des Arrêts,* III, 118), Bourges (La
Thaumassière, *Hist. de Berry),* Bayonne *(Inv. Arch.* CC. 82), etc.
[6] Déclaration du 1er juin 1771. *Encyclopédie méthodique, Finances,*
II, 289.

vives réclamations se manifestèrent, surtout à Périgueux, où les citoyens-seigneurs firent valoir plus que
jamais leurs titres de noblesse, et entamèrent, pour
recouvrer leurs droits, un procès qui eût été intermi-
nable, si la Révolution n'était survenue[1].

Un privilège plus apprécié encore, c'était celui d'être
justiciable de tribunaux spéciaux. Les ecclésiastiques
ne relevaient que de l'officialité; les titulaires d'un
grand nombre d'offices pouvaient déférer leurs causes
à l'une des chambres du parlement. Des privilèges
analogues étaient conférés aux bourgeois de certaines
villes[2]; ceux d'Angers ne pouvaient être traduits en
première instance que devant le sénéchal d'Anjou[3].
D'autres avaient le droit d'être jugés exclusivement
par leurs échevins. A Castres, la peine de l'emprison-
nement et la peine de mort étaient limitées à certains
crimes d'une gravité exceptionnelle[4]. La faculté d'obtenir la liberté sous caution était parfois accordée[5].
Parfois aussi les créanciers avaient le pouvoir de faire
arrêter, sans titre exécutoire, la personne et les effets
d'un débiteur non domicilié. Cet usage abusif, qui
faisait donner aux villes qui le possédaient le nom de
villes d'arrêt[6], fut aboli en 1786[7].

---

[1] G. Bussière, I, 40-44.

[2] *Privilèges de la ville d'Aix*, p. 19.

[3] C. Port, *Inv. Arch. Angers*, série II, 1.

[4] P. Borel, *Antiquitez de Castres*, II, 48.

[5] Perry, *Hist. de Chalon*, p. 14.— La Thaumassière, *Hist. de Berry.*

[6] Bourges, Sens, Amiens, Reims, Rennes, Saint-Malo, Saint-Omer,
Aire, etc. Guyot, XVII, 529.— Brillon, *Dictionnaire des Arrêts*, IV, 439.

[7] Edit d'août 1786. — Il avait été établi, disait le préambule de cet
édit, pour donner aux villes le pouvoir de se faire elles-mêmes, en

Les bourgeois ne tenaient pas moins au droit de port d'armes, quand ils le possédaient; ils y tenaient d'autant plus qu'il était refusé d'ordinaire aux paysans et aux roturiers. Ainsi les habitants de Dijon veulent, malgré les ordonnances du commandant militaire, se montrer avec des fusils sur les promenades publiques; ils plaident et l'échevinage soutient leur cause, parce qu'ils ont le droit de chasse [1]. Ce droit n'était pas exclusivement réservé aux gentilshommes; il avait été acquis par quelques villes, soit à titre de concession, soit comme prérogative seigneuriale. Ainsi, les échevins d'Abbeville étaient seigneurs de la ville, et comme tels, ils permettaient à tous les bourgeois de chasser sur le territoire communal [2]. De larges concessions avaient pu être faites aussi par les suzerains; en 1436, le droit de chasse avait été vendu par le duc de Bourbonnais à toutes les communautés du Beaujolais, moyennant 1250 écus [3]. Il était quelquefois assez restreint. Il pouvait être limité à certains jours. A la Saint-Hubert, les habitants d'Auxerre, au nombre de plusieurs milliers, sortaient de la ville avec des chiens et des bâ-

arrêtant les débiteurs, la justice que les seigneurs leur refusaient; ce privilège aurait dû cesser, lorsque l'autorité royale, rentrée dans ses droits, a été en état d'assurer la justice à tous ses sujets; et si les ordonnances ont jusqu'à présent toléré ce privilège, c'est que les lois ne peuvent tout corriger à la fois et qu'elles n'atteignent que par degrés à la perfection. (*Anc. lois*, XXVIII, 230.)

[1] En 1768. *Inv. Arch. Dijon*, B. 402. — Les habitants de Chaumont jouissent de ce droit jusqu'à la veille de la Révolution. (Jolibois, *Hist. de Chaumont*, p. 258.)

[2] *Monuments inéd. de l'Hist. du Tiers-Etat*, IV, 519.

[3] *Mémoire de ce qu'il y a de plus remarquable dans Villefranche...* 1671, p. 70.

tons, et faisaient dans toutes les campagnes du comté
une battue formidable, qui devait se terminer à la nuit[1].
Le droit de pêche était souvent uni à celui de chasse[2].
Tous deux étaient soutenus avec ardeur, lorsque les
intendants voulaient les supprimer ou les restreindre.

Tous ces privilèges, d'une importance inégale, étaient
conservés par les villes comme leur patrimoine le plus
précieux. Elles ne se contentaient pas d'en garder les
chartes avec un soin ombrageux dans leurs archives ;
à chaque avènement de souverain, elles en demandaient
là confirmation. Les rois la leur accordaient avec empressement, et finirent par la leur imposer, lorsqu'elles
ne la réclamèrent plus, parce que, tout en attestant
leur souveraineté, ils percevaient des droits pour les
lettres de confirmation qu'ils octroyaient. Ils employè-
rent même ce moyen pour se procurer de l'argent dans
les moments d'embarras[3]. De leur côté, les villes prêtaient serment au nouveau roi. Après la mort de Henri
IV, les états de Languedoc ordonnèrent à toutes les
communautés de la province de le faire[4]. A Marseille,

[1] Lebœuf, *Mém. sur Auxerre*, III, 501. — *Mercure de France*,
janvier 1725, p. 67.

[2] Thiéry, *Hist. de Toul*, II, 204. — A Avesnes, ce droit s'étendait
sur toute la seigneurie. (*Nouvelles recherches sur la France*, 1766,
I, 55.) — A Angers, sur toute la *quinte* d'Angers. (*Inv. Arch. Angers*,
BB. 63.) — A Chalon-sur-Saône, à trois lieues de distance. (Perry,
Hist. de Chalon, p. 14.)

[3] N. J. Foucault, *Mémoires*, p. 366. En 1706, on dresse un état de
45000 liv. pour la confirmation des privilèges des villes de la généralité de Caen. — Voir Brillon, IV, 6.

[4] Dom Vaissète, *Hist. générale du Languedoc*, V, 505.— Le recueil
intitulé *la Haute-Marne* (p. 340) contient le texte du serment de

les commissaires du Parlement, accompagnés des consuls, se rendent à l'hôtel-de-ville, où tous les habitants réunis lèvent la main, en criant : Vive le roi Louis [1] ! Des serments analogues furent prêtés à Dijon, à l'avènement de Louis XV et de Louis XVI [2]. Ils étaient prêtés avec d'autant plus d'enthousiasme et de conviction, que les villes, tout en cherchant à sauvegarder leurs droits, étaient de plus en plus disposées à s'attacher à l'unité nationale, qui se personnifiait dans le roi.

Elles conservaient cependant leur personnalité, qui était antérieure à leur constitution municipale. Les citoyens n'avaient pas toujours eu des maires et des échevins ; sous la juridiction du juge royal ou seigneurial, ils s'étaient constitués en corporation naturelle, en communauté basée sur la solidarité des intérêts. Les rois leur écrivaient directement, en les appelant leurs *chers et bien-amés bourgeois, manans et habitans* [3]. Au XVIe siècle, le tiers état des villes, par opposition aux membres du clergé et de la noblesse, se donnait le nom de république [4] ; il constituait en effet

fidélité des habitants de Langres à l'avénement de Henri IV. Il est suivi de 20 feuillets de signatures.

[1] Ant. de Ruffi, *Hist. de Marseille,* 1696, I, 451.

[2] *Inv. Arch. Dijon,* B. 353 et 408. — Voir aussi : Guinodie, II, 3.

[3] Louis XIV écrivait encore en 1676 : A nos très chers et bien amés les habitants de nôtre ville de Troyes. (Arch. de l'Aube, C. 1844.) — Henri IV avait écrit en 1596 : A nos chers et bien amez les manans et habitans de nôtre ville de Rennes. Le nom des magistrats est souvent indiqué sur la suscription avec celui des habitants. *(Lettres missives de Henri IV. Lettres inédites* recueillies par A. Galitzin, p. 208.)

[4] Dans un projet de décoration de l'époque de François Ier, l'échevinage de Troyes voulait faire figurer l'Eglise, « Noblesse triomphante »

une sorte d'état dans l'Etat, non-seulement par ses institutions communales, mais par son organisation sociale. L'Etat était composé d'associations communales, la ville de corporations religieuses, judiciaires et bourgeoises, et de communautés industrielles; comme l'Etat, elle avait ses coutumes et ses lois. Elle jouissait à des degrés différents, et dans des limites plus ou moins restreintes, du droit d'association, du droit de réunion et du droit électoral. Malgré les entraves que le pouvoir central mit en s'accroissant à l'indépendance locale, malgré la tutelle à laquelle il l'assujettit, le citoyen des villes posséda toujours un plus grand nombre de privilèges que les autres habitants du royaume. Les privilèges étaient pour lui la source et la garantie des droits. « A Paris règne la liberté et l'égalité, » disait Montesquieu en 1721 [1]. S'il ne faut pas prendre cette appréciation du grand publiciste dans le sens plus étendu qu'on lui donnerait aujourd'hui, il est certain que le poids de l'autorité et la différence des rangs se faisaient moins sentir dans les grandes villes que dans les bourgs et les villages.

---

et « Républicque accompagnée de labeur », pour représenter le Tiers-Etat de la ville. (Arch. de Troyes, AA. 44. 2.) — Rappelons que le sceau de Clermont, en 1255, portait cette inscription : SIGILLUM REIPUBLICÆ CLAROMONTENSIS. *Les Armoiries de Paris*, II, 57. — Saint-Malo se constitue presque en république pendant la Ligue. (Antoine, *la fondation d'une république au temps de la Ligue. Revue des Soc. savantes*, 4° sér., IX, 328-329.)

[1] *Lettres persanes*, lettre LXXXVIII.

CHAPITRE II.

LES CORPS ET CORPORATIONS

Multiplicité des associations dans les villes.— Hiérarchie des diverses communautés.—Le clergé.— Défense de ses intérêts.— La noblesse. — Son peu d'influence. — Officiers de justice. — Leur pouvoir. — Offices. — Acquisition des offices. — Plaintes contre les gens de justice. — Divisions. — Corporations des marchands. — Leur importance. — Corporations d'arts et métiers. — Luttes et divisions entre elles. — Caractère nécessaire et légal des corporations. — Leurs statuts, leurs droits, leur administration. — Chefs et représentants élus. — Assemblées des corporations. — Leurs fêtes patronales. — Les confréries. — Maîtres et compagnons. — Assemblées des compagnons proscrites. — Francs-maçons. — Rôle militaire, politique et municipal des corporations.

La commune actuelle est composée d'individus dont les droits sont égaux ; la commune urbaine d'autrefois était une réunion d'associations d'une importance différente selon le rang ou la profession de ceux qui en faisaient partie. Dans les villages, ces associations multiples n'avaient point de raison d'être ; presque tous les habitants, occupés au travail de la terre, avaient les mêmes besoins et les mêmes intérêts ; ils ne for-

3

maient qu'une seule communauté. Il n'en était pas de
même dans les villes, où la variété des professions
amenait la diversité des intérêts. Pour mieux les sauvegarder, il avait fallu recourir à des associations capables de protéger l'individu contre les excès de la
force ou les dangers de la concurrence.

Ces associations, issues des traditions romaines [1], se
fortifièrent au moyen-âge, où les populations éprouvè-
rent le besoin de se grouper sous les pouvoirs locaux
pour la défense et le travail. Elles contribuèrent à la
formation des communes jurées dont elles fournirent
les éléments [2]; elles leur survécurent. La communauté
générale fut composée de toutes les communautés
particulières, que renforça l'institution des confréries.

L'association à la fois civile, professionnelle et religieuse est donc l'âme de la cité. Elle l'enveloppe d'un
réseau qui retient et soutient en même temps ceux
qu'il entoure de ses mailles.

Les communautés nombreuses dont se compose la
ville se rattachent aux institutions de l'époque par leur
inégalité. Elles ont leur ordre, leur rang, leur hiérarchie. Dans le midi, on les divise parfois en échelles.
Dans la première échelle se trouvent les nobles et les
bourgèois [3]. Les officiers de justice et de finances sont
aussi au premier rang, au-dessus des communautés
des avocats et des médecins, que Loyseau qualifie de

---

[1] Mommsen, *de collegiis et sodaliciis romanis.* — E. Gcbhardt,.
les Origines de la Renaissance en Italie, p. 89.

[2] G. Fagniez, *Etudes sur l'industrie et la classe industrielle à
Paris au XIII° et au XIV° siècles,* p. 3.

[3] E. Rossignol, *Instit. municipales de l'arr. de Gaillac*, p. 123.

communautés de gens de lettres[1], au-dessus surtout des corporations marchandes et industrielles. Mais en dehors de cette hiérarchie, s'il ne lui est pas supérieur, se trouve le clergé, dont le rôle est effacé dans les petites villes, mais qui occupe une situation importante dans les grandes par la dignité de ses membres et le nombre de ses établissements.

Le clergé ne saurait être considéré comme une corporation ordinaire; il est une fraction de la grande association catholique qui s'appelle l'église de France, dont le chef spirituel est à Rome, et qui pour le règlement de ses affaires financières avec l'État a ses assemblées générales où tous les cinq ans elle envoie des députés[2]. Aussi, il est tantôt à l'écart de la communauté urbaine[3], tantôt reçu dans son sein et dans son conseil. A Lille, un prêtre ne saurait être admis comme bourgeois; ailleurs, il est exclu des échevinages; s'il est convoqué aux assemblées générales et particulières, c'est au même titre que les autres habitants, sur lesquels il a seulement la préséance. Le droit de figurer dans les conseils de ville ne lui fut reconnu formellement que par les édits de Louis XV.

En dehors de son caractère sacré et de sa suprématie spirituelle, le clergé était un des grands pro-

---

[1] *Traité des Ordres,* ch. VIII, 7 et suiv. — Varin, *Statuts de Reims,* III, 149.

[2] L. de Héricourt, *les Loix ecclésiastiques de France,* IVᵉ partie, ch. VI. Les députés étaient élus par des délégués des différents corps ecclésiastiques de chaque diocèse. *(Mémoire pour les doyen... de l'église de Troyes,* 1768, p. 14.)

[3] Il en était ainsi en Flandre. (Guyot, VII, 405.)

priétaires; sinon le principal, de la cité. Les habitants,
comme nous le verrons plus loin, se plaignaient souvent
de l'accroissement de ses possessions ; car si le clergé
participait d'ordinaire aux charges communales, s'il
payait directement à l'État des sommes à peu près
équivalentes aux impôts royaux dont il aurait été
frappé [1], il était exempt de la répartition locale, qui
pesait d'autant plus lourdement sur la propriété des
autres habitants. Il avait ses privilèges et ses intérêts
à soutenir, et si dans cette tâche il éprouvait souvent
de la résistance, il était à même de la surmonter par
l'influence, la fermeté et l'intelligence de ses membres.

La noblesse occupait une place moindre que le clergé
dans la communauté urbaine. En général, elle vivait
à la campagne, à la cour ou à l'armée, au milieu de
ses inférieurs ou de ses égaux. Sauf en Provence et
dans quelques autres parties du midi, où elle tenait
le premier rang dans les cités, sauf dans les villes de
parlement, où se perpétuaient les vieilles familles de
robe, la noblesse se confondait avec les officiers de
justice et les bourgeois [2]. Elle pouvait être trop peu

---

[1] Le clergé payait chaque année 15,874,200 l. en décimes, capitation et subvention ; son don gratuit était en outre évalué à 3,300,000 l.
outre les dons extraordinaires en cas de guerre. En 1782, il avait offert
16 millions au roi. On lui fit parfois payer le dixième denier, à raison
de 9 millions par an. Sa dette était de 136 millions empruntés pour
payer les dons gratuits ordinaires et extraordinaires. (*Encyclopédie
méthodique. Finances*, 1784; I, 309.)

[2] Il en était ainsi au Puy et dans la plupart des villes du Languedoc; la noblesse et la bourgeoisie y étaient à peu près placées sur le
même rang. (Vissaguet, *Essai sur l'hist. municipale du Puy. Ann. de
la Soc. académique du Puy*, XXII, 295.) En Provence même, on con-

nombreuse pour former une corporation distincte, et, comme le clergé, elle ne fut admise que tardivement à figurer partout dans les conseils de la commune.

Quelquefois même elle en fut écartée. En 1762, les bourgeois de Toul ne voulurent pas siéger à côté des nobles dans une réunion, où les délégués des trois ordres avaient été appelés pour rédiger les usages locaux. Le clergé, ni la noblesse, disait-on, n'avaient le droit de se trouver aux assemblées générales ou particulières de l'hôtel-de-ville. On les repoussait de même en 1788, en alléguant le petit nombre des membres dont se composait le corps de la noblesse [1]. Les jurats de Libourne refusèrent jusqu'en 1763 des lettres de bourgeoisie aux nobles. En 1753, à Vitry-le-François, si ceux-ci étaient admis aux assemblées, on ne leur permettait pas de voter avant les officiers de justice, « les nobles n'ayant, disait-on, ni rang, ni préséance dans les villes [2]. » Il n'en était pas partout ainsi, surtout dans le midi. Dans les villes du nord-est, si les nobles étaient souvent sans influence, ils étaient rarement impopulaires.

Ils se rattachaient par quelques points à l'aristocratie de la cité, mais ils ne la constituaient point à eux seuls. Cette aristocratie se composait principalement des officiers de justice, de finances ou de la maison du roi, qui possédaient leurs charges, et depuis l'édit de la

state que la noblesse avait presque entièrement disparu dans les petites villes. (Ch. de Ribbe, *un Journal à Aix avant la Révolution*, p. 21.)

[1]. Thiéry, *Hist. de Toul*, II, 230.

[2] Raymond Guinodie, II, 126, 127. — Dr Valentin, *Hist. de l'Echevinage de Vitry-le-François*, p. 11.

Paulette les transmettaient à leur famille. Recrutés parmi les marchands ou les praticiens enrichis, ils se regardaient comme supérieurs à eux, et détenant une partie de l'autorité, luttaient à forces égales contre la municipalité, lorsqu'ils ne parvenaient pas à la dominer en s'y introduisant.

Ils formaient autant de corps qu'il y avait de juridictions : parlement, chambre des comptes, bailliage et présidial, élection, monnaie, grenier à sel, traites foraines, eaux et forêts ; ils avaient autour d'eux la clientèle nombreuse et active des avocats, des procureurs, des notaires, des huissiers, des sergents. Leur réunion formait un ensemble redoutable, qui, fort de la supériorité que donnent la science et la pratique des lois, pouvait résister aux corporations des marchands et des artisans, qui avaient pour elles l'activité, souvent la richesse et toujours le nombre.

Les officiers royaux avaient acquis leurs charges avec d'autant plus d'empressement qu'elles leur conféraient des privilèges à la fois honorifiques et pécuniaires. S'ils jouissaient de l'exemption de certains impôts, c'est qu'ils l'avaient achetée. « Louis XII créa les offices, dit un jurisconsulte du temps de Henri IV, pour espargner le pauvre peuple... en mettant une taille... purement volontaire sur l'ambition des plus riches. » Cette ambition était insatiable. « Depuis cinquante ans, ajoute notre auteur, on en a érigé plus de 50,000 ; et tantost dans les villes chasque honeste homme a son office, comme chaque moyne dans les cloistres... Aujourd'huy moitié des habitans des villes sont officiers, de sorte que la marchandise est délaissée et le labour laissé aux paysans [1]. »

A la fin du règne de Louis XIV, les nécessités financières multiplièrent les offices d'une manière inouïe. Ils constituaient de véritables propriétés, pour la transmission et la possession desquelles on payait des droits à l'État [2] ; lorsqu'on voulait s'en défaire ou en acquérir, on recourait, dans la seconde partie du XVIIIᵉ siècle, à la publicité des journaux de là province. Le *Journal de Troyes* annonçait, en 1789, la vente d'un *office et charge de conseiller à grenier à sel de Sézanne. Rapport annuel : 8 à 900 l. On désirerait en trouver 10,000 l.* Avait-on l'ambition d'entrer dans la magistrature ou les finances? si l'on réunissait les conditions nécessaires de moralité et d'instruction, il suffisait de faire insérer dans le journal une annonce ainsi rédigée : *Une personne désirerait acheter dans cette ville une charge de magistrature ou de finance ; elle y mettra depuis 25 jusqu'à 60,000 l. et plus ; cette personne paiera comptant si on l'exige [3].* L'office était à la fois un placement, un emploi et une dignité.

---

[1] Loyseau, *du Droit des Offices,* liv. III, ch. I, 88, 8 et 102. — En 1739, on compte 200 officiers à Châtellerault. (De Saint-Genis, *la Ville de Châtellerault en 1739. Journ. officiel,* 1875, p. 2410.)

[2] Droit dit annuel pour la possession héréditaire, droit de marc d'or payé par l'acquéreur. Ce droit était en 1762 de 660 l. pour une charge de conseiller au bailliage de Troyes; mais il y avait en plus des droits additionnels de 280 l. (Arch. de l'Aube, 22ᵉ reg. des mandements du bailliage, fol. 40 rº.)

[3] *Journal de Troyes et de la Champagne méridionale,* 1784, p. 98. —Le prix des charges variait beaucoup. En Auvergne, au XVIIIᵉ siècle, celle du président de la cour des aides vaut 100,000 l., celle des con-

L'acquéreur n'avait pas toujours l'argent nécessaire
pour payer sa charge; il empruntait; il était gêné; il
s'efforçait de vivre aux dépens de ses concitoyens.
« Voïez, dit un marchand de Reims en parlant des gens
de justice d'Épernay, voïez combien de gens à ronger
un os, à se promener sous la halle, à parler de nouvelles et chercher à manger come chenilles [1]. » Mais à
côté de ces gens de loi faméliques, se trouvaient les
représentants de familles locales, qui remplissaient leur
charge avec honneur et désintéressement, sans autre
ambition que de la transmettre à leurs enfants. On
pouvait dire que le prix qu'ils étaient obligés d'y mettre était la garantie de leur indépendance et de leur
intégrité [2].

La Bruyère affirme qu'il y a une chose qu'on n'a
jamais vue sous le ciel et que selon toutes les apparences on ne verra jamais : c'est une petite ville qui
n'est divisée en aucuns partis [3]. Les officiers de justice
et de finances sont même divisés entre eux.; les uns
sont exemptés des tailles, des logements militaires,
des aides, tandis que les autres y sont soumis, comme
le reste des habitants ; mais d'ordinaire les procureurs,

seillers 20,000, celle d'un trésorier de France, 20,000, etc. (Cohendy,
*Mémoire hist. sur les modes successifs de l'administration dans la
province d'Auvergne*, p. 104 et suiv. 118.) — Les charges de finances
étaient chères. La recette des tailles de Rethel est vendue, en 1746,
150,000 l.; elle rapporte de 11 à 14,000 liv. (Papiers communiqués par
M. B. de Fouchères.)

[1] Oudard Coquault, *Mémoires* publiés par M. Loriquet, II, 460.

[2] Sénac de Meilhan, *le Gouvernement, les mœurs et les conditions
de la France avant la Révolution*, p. 48.

[3] *Caractères*, éd. Servois, I, 233-234.

les notaires, les sergents, qui forment la clientèle des
magistrats, se groupent autour d'eux dans les luttes
qu'ils soutiennent contre les marchands et les artisans.

C'est en effet entre les officiers de justice et les marchands unis aux artisans que la rivalité existe le plus
souvent. C'est l'éternelle lutte du patriciat et de la
plèbe, l'un qui veut conserver le pouvoir et l'influence,
l'autre qui cherche à les conquérir. Mais le peuple
lui-même a ses degrés, et les marchands forment une
aristocratie à l'égard des artisans. Ils ont encore « qualité d'honneur, dit Loyseau, étans qualifiez honorables
hommes, honnestes personnes, et bourgeois des villes ;
qualitez qui ne sont attribuez ny aux laboureurs, ny
aux sergens, ny aux artisans, et moins encore aux gens
de bras qui sont tous réputez viles personnes [1]. » Aussi,
la corporation des marchands est-elle au-dessus des
autres communautés industrielles. Elle a souvent des
privilèges spéciaux comme ceux que possède la *guilde*
des marchands de Montreuil [2]. A Paris et à Lyon, le
premier magistrat municipal ne porte-t-il pas le nom
de prévôt des marchands ? A Poitiers, le corps des
marchands fait élever une statue à Louis XIV en 1687,
et assiste à l'inauguration en robes de cérémonie [3]. Les
marchands élisent leurs juges consuls, et leurs consuls
obtiennent la préséance sur les procureurs [4]. Ils ont
aussi leurs privilégiés. Sans parler des marchands du

[1] *Traité des Ordres,* ch. VIII, 45.
[2] *Monum. inédits de l'hist. du Tiers-Etat,* IV, 759.
[3] N.-J. Foucault, *Mémoires,* p. 192.
[4] Cohendy, p. 189-191.— Max. Quantin, *Hist. des rues d'Auxerre,*
p. 192.

roi,. qui jouissent de certaines immunités, sans parler
de ceux qui achètent une charge ou contractent dès
alliances de famille qui les mettent de pair avec les
officiers, n'y a-t-il pas parmi eux les anciens consuls,
à qui l'honneur d'avoir rempli les fonctions d'une magistrature spéciale confère une situation hors ligne?
N'y a-t-il pas entre les corporations, dont ils font
partie, une sorte de hiérarchie, dont les droits de préséance sont réglés? Les drapiers, les merciers, les orfèvres, ne se disputent-ils point le premier rang? Souvent
pour faire cesser ces divisions, les diverses corporations des marchands.[1] se réunissent en une seule[2],
qui, fière de ses richesses et de son importance, s'em-
pare du pouvoir municipal, et en défend la possession
à la fois contre les officiers et les artisans.

Ceux-ci se divisent en corporations, dont le nombre
est proportionné à l'importance de la ville. Paris en
compte 124[3], et toutes les professions n'y sont pas
comprises; Amiens en renferme 64[4]; Troyes et Châlons-sur-Marne, 50[5]; Angers, 27[6]. Après avoir essayé
de les supprimer en 1776, l'État en réduisit le nom-

[1] Il y avait à Paris 6 corps de marchands, les drapiers, les épiciers,
les merciers, les pelletiers, les bonnetiers et les orfèvres. (Savary,
Dictionnaire du Commerce, 1723; II, col. 650 et suiv.)

[2] A Troyes, en 1680. — A Auxerre, en 1588; (Chardon, *Hist.*
d'Auxerre, II, p. 10).

[3] Savary, II, col. 1343.

[4] Etat de situation envoyé à l'intendant, 1764. *Mon. inédits de*
l'Histoire du Tiers-État, III, 286.

[5] En 1765, pour Troyes. — E. de Barthélemy, *Hist. de Châlons-*
sur-Marne, p. 12:

[6] Debidour, *la Fronde Angevine,* p. 15.

bre. Paris n'en eut plus que 44, et le maximum des
communautés d'arts et métiers fut fixé à vingt dans
les principales villes du ressort du parlement de Paris [1].

L'inégalité et les divisions existaient dans ces corporations comme dans les autres. Quelques-uns de leurs
membres étaient plus riches que les marchands qui les
dédaignaient. « L'abondance de l'artisan, dit un bourgeois de Reims sous Louis XIV, passe sans comparaison celle du petit marchant..., et les artisans travail-
lantz bien en leur art sont plus tranquilles et plus aisez
le pire jour de la semaine que ne sont ces petitz mar-
chantz au meilleur. » Mais ce qui nuisait aux artisans
comme aux autres habitants des villes, c'étaient leurs
perpétuelles divisions. « Depuis quarante ans, écrit le
même bourgeois de Reims, je n'ay veu aultre chose que
la ville contre le clergé, la ville contre l'eschevinage,
des corps de mestiers, de drappiers contre des merciers
et presque tous les aultres mestiers les uns contre les
aultres. Ainsy nous nous consomons les uns les aultres [2]. »

Qu'on se figure en effet un grand nombre de petites
sociétés voisines, rivales, exclusives, jalouses, intolé-
rantes, défendant avec âpreté leurs intérêts et leurs
privilèges, et poursuivant sans relâche tous ceux qui
y portent atteinte. Les procès sont innombrables entre
elles, et parfois interminables [3]. A Lyon, les cordonniers poursuivent les savetiers depuis deux cents ans [4].

---

[1] Edits de février et d'août 1776. Guyot, V, 51 et suiv.
[2] Oudard Coquault, p. 500, 397.
[3] J. de Vroil, *Etude sur Clicquot-Blervache*, p. 113.
[4] *Inv. Arch. Lyon*, BB. 320.

Les serruriers ne veulent pas que les taillandiers puissent vendre des serrures ; les maréchaux prétendent enlever aux bourreliers le droit de vendre des mors. Les rôtisseurs sont en lutte avec les cabaretiers ; les tailleurs avec les ouvriers qui vont en journée ; les boulangers avec les pâtissiers ; les maçons avec les couvreurs[1]. Comme les seigneurs féodaux du xi° siècle, toujours prêts à batailler contre leurs voisins, les corporations, retranchées derrière leurs privilèges, sont toujours disposées à courir sus aux individus ou aux associations qui menacent d'y porter atteinte.

De bon ou de mauvais gré, il faut que l'habitant des villes s'affilie à une corporation. Nul ne peut rester isolé. Si l'on ne peut devenir maître, on est reçu comme ouvrier ou comme compagnon. En vain alléguera-t-on qu'on n'a pas de profession ? la corporation des bourgeois vivant noblement, c'est-à-dire sans rien faire, ouvrira ses rangs, ou s'il n'en existe pas, on en formera une[2]. Les jeunes gens constitueront au besoin une communauté. Le prince de Condé les autorise à former à Auxerre une communauté des garçons, dont les chefs élus prêteront serment devant le maire[3]. La monarchie elle-même favorisa la création de nouveaux groupes, lorsqu'elle établit des élections municipales à

---

[1] Voir l'analyse des cahiers des corporations de Troyes, en 1789. *Hist. de Troyes pendant la Révolution*, I, 122-126.

[2] V. de Beauvillé, *Hist. de Montdidier*, 2e éd. II, 165. Règlement de 1675.

[3] 1640. Chardon, II, 151. — A Romans, ce sont les Esclaffards ou Espiffards, composés de jeunes gens âgés de moins de quinze ans, qui nomment annuellement un abbé et un bourdonnier. (Dr U. Chevalier, *les Abbayes laïques de Romans*, p. 1 et 2.)

deux degrés, où les membres des corporations furent les électeurs du premier degré[1].

La monarchie avait trouvé les communautés d'arts et métiers toutes formées ; elle se garda de les combattre ; elle s'immisça dans leurs affaires, les réglementa et les domina. Primitivement le pouvoir municipal avait réglé leurs statuts, et ce droit lui fut maintenu dans les villes de Flandres et d'Artois[2] ; mais ailleurs le pouvoir royal confirma ou rédigea leurs règlements ; il augmenta ou changea le nombre des maîtrises ; il en créa de nouvelles à l'occasion des avènements, des mariages et des naissances de princes[3] ; il en fit un prétexte de taxes et une source de revenus, et à plusieurs reprises, il ne permit pas qu'aucun marchand ou artisan pût se soustraire à l'obligation de faire partie d'une corporation[4].

Si ce système était contraire à la liberté civile et industrielle, il était favorable à la sécurité du travailleur. Il trouvait dans la corporation une famille professionnelle, qui l'élevait comme apprenti et le soutenait comme maître ; il y trouvait aussi une importance civile, que dans son isolement il n'aurait pas eue. Chaque corporation était une cité dans la cité, on a même pu dire une petite république[5]. Comme la commune, elle avait ses lois particulières, ses chefs électifs, ses assemblées, sa maison ou du moins sa chambre com-

[1] Edit de 1765, art. 34 et 35. *Anc. lois fr.*, XXII, 442.
[2] Guyot, V, 88.
[3] Brillon, IV, 185 et suiv.
[4] Edits de 1581, de 1587 et 1673. Préambule de l'Edit de février 1776 sur la suppression de jurandes. (*Anc. lois,* XXIII, 374.)
[5] Debidour, p. 15.

mune, sa bannière, son blason, ses jetons [1], ses couleurs [2]. Comme la commune, tous ses droits sont consignés dans des chartes, et plus tard dans des règlements ; comme elle, elle a pour but la défense des intérêts communs. « Tout corps ou collège, dit le publiciste Bodin, est un droict de communauté légitime sous la puissance souveraine... Pour que la communauté existe... il suffit que l'assemblée soit commune à tous les collègues, qu'il y ait un syndic commun et quelque bourse commune [3]. » Toutes ces conditions étaient remplies par les corporations d'arts et métiers. Elles avaient des revenus de diverses natures, tantôt en cens, loyers ou rentes, tantôt provenant des droits d'apprentissage et de réception ou des amendes imposées pour infractions aux règlements [4]; elles pouvaient avoir leur trésor et leur argenterie [5] ; elles avaient leurs dépenses ordinaires et exceptionnelles ; elles s'imposaient elles-mêmes. Elles faisaient au roi des dons gratuits ; en 1636, le corps des merciers de

---

[1] Ouin-Lacroix, *Hist. des anciennes corporations d'Arts et Métiers de la capitale de la Normandie*, ch. XXXIII. — Les jetons étaient distribués à ceux qui assistaient aux assemblées en remplacement d'indemnités payées en cire. *(Reg. des délibérations et ordonnances des marchands merciers de Paris*, reconstitué par Saint-Joanny, 1878, p. 74 et 130.)

[2] On pouvait reconnaître les membres d'une corporation à la couleur dont étaient peintes leurs boutiques, et si un horloger s'avisait de prendre la couleur qui était l'apanage des orfèvres, on lui ordonnait de la modifier. (1600. *Inv. Arch. Dijon*, B. 238.)

[3] *De la République*, 1577, p. 384. — Voir aussi Domat, *le Droit public*, liv. I, tit. XV, sect. I et II.

[4] Fagniez, p. 30.

[5] Les merciers de Paris vendirent leur vaisselle d'argent en 1690, moyennant 4,218 l. *(Registre des Merciers*, p. 171.)

Paris lui offre 16,000 livres[1]. Pour payer les impositions qui les frappaient, elles empruntaient; elles avaient souvent des dettes. En 1776, la grande communauté des marchands de Troyes devait 139,550 livres[2].

Pour administrer ses finances, pour soutenir ses intérêts, pour faire observer ses règlements, la corporation avait à sa tête des syndics, des gardes-jurés[3], des maïeurs, dont le nom varia suivant les temps et les pays, mais dont les fonctions furent à peu près partout les mêmes. Dans certaines villes, ceux qui exerçaient la jurande étaient désignés par des magistrats municipaux[4]. Sous Louis XIV, on érigea leurs fonctions en offices vénaux[5]; mais presque toujours ces offices furent rachetés, et les corporations continuèrent comme par le passé à élire leurs mandataires et leurs chefs.

Les maîtres-gardes des communautés importantes portaient à Paris et dans quelques villes la robe de serge ou de drap noir, même de velours violet cramoisi, comme les magistrats, soit en faisant leurs visites pro-

---

[1] *Registre des Merciers,* p. 22, 23.

[2] Ces dettes avaient pour la plupart été contractées pour rembourser des offices nouveaux qu'elle avait rachetés de l'Etat. (Arch. de l'Aube, C. 1935.) — Clicquot-Blervache évaluait, en 1757, à plus de 30 millions les sommes que les corporations avaient empruntées. (J. de Vroil, p. 116.)

[3] L'élection des gardes-jurés est prescrite à toutes les communautés des marchands des villes par un édit d'avril 1597. *(Anc. lois françaises,* XV, 139.)

[4] Le bailli de Reims élit chaque année 12 maîtres de la communauté des drapiers, qui en nomment 3 pour exercer la jurande. 1669. (Varin, *Statuts de Reims,* II, 831.)

[5] La ville de Caen rachète 30,000 liv. les charges de jurés gardes des corps de marchands. (N. J. Foucault, p. 277.)

fessionnelles, soit dans les cérémonies publiques[1]. Chacun, sans sortir de sa sphère, pouvait aspirer à des honneurs et y parvenir à son tour ; chacun, possédant des privilèges, supportait plus facilement ceux d'autrui.

Ces honneurs étaient le plus souvent conférés à l'élection, dans des assemblées auxquelles assistaient les membres de la corporation et qui se tenaient dans la maison commune. La maison commune avait quelquefois pour dépendance une halle où l'on déposait les marchandises ; dans celle des orfèvres était un atelier où l'on essayait et marquait les métaux précieux[2]. En général, ces maisons étaient de modeste apparence. On y conservait les registres et les archives de la communauté.

Les assemblées pouvaient être très-nombreuses. A Troyes, dans la communauté des marchands, les petits marchands, au nombre de trois cents, y faisaient la majorité[3]. Lorsqu'il s'agissait de rédiger un règlement, des commissaires du roi consultaient les membres de la corporation réunis. On y admettait même les principaux ouvriers, et leur opposition était prise en considération[4]. On se réunissait aussi pour approuver les comptes et voter les dépenses. Longtemps, tous les maîtres furent membres de l'assemblée ; mais l'édit de 1777 décida que si leur nombre dépassait vingt-cinq, ils se feraient représenter par deux députés[5].

---

[1] En 1656 et 1660. *Registre des Merciers de Paris,* p. 62. Les pelletiers portaient la robe de velours bleu doublée de fourrures.

[2] *Revue de Champagne et de Brie,* IV, 325-328.

[3] 1752. Arch. de l'Aube, C. 1934.

[4] Varin, *Statuts de Reims,* II, 795.

[5] Guyot, V, 75.

Chaque corporation avait sa fête patronale, et for-mait d'ordinaire une confrérie religieuse, qui resserrait les liens de l'association professionnelle, en donnant à ses membres des occasions plus fréquentes de se réu-nir [1]. Les confréries religieuses, il est vrai, peuvent être distinctes des corporations ; comme celles-ci dans la cité, elles forment dans la paroisse des groupes or-ganisés, qui ont leurs statuts, leurs assemblées, leurs gouverneurs [2], leurs finances, leurs bannières ; mais souvent elles s'identifient à un corps ou à une com-munauté d'arts et métiers. Ce sont souvent des sociétés de secours mutuels ou de charité. Elles ont des jetons ou des méreaux qui peuvent être considérés comme des bons de pain. Elles ont aussi leurs patrons, dont elle font reproduire l'image par la gravure[3]. Ainsi les avocats ont pour patron saint Yves, les orfèvres saint Eloi, les cor-donniers saint Crépin et saint Crépinien, les apothicaires saint Côme et saint Damien, les ménétriers saint Julien. La fête de chacun de ces patrons était célébrée par un service solennel, auquel tous les confrères assistaient, et qui était suivi d'un banquet, servi d'ordinaire avec une telle profusion qu'à de nombreuses reprises le pou-voir supérieur et local essaya d'en modérer les excès [4].

---

[1] Préambule de l'édit de février 1776. Guyot, V, 52.

[2] Ou leurs bâtonniers. A Auxerre, le bâton de la confrérie était remis chaque année par le titulaire à son successeur au moment où l'on chantait dans l'église le verset : *Deposuit potentes de sede.* (Max. Quantin, *Rues d'Auxerre*, p. 252.)

[3] Ouin-Lacroix, ch. XXIV. — Drumond, *Mon vieux Paris*, p. 281-298.

[4] Ord. de 1579, *Anc. lois fr.*, XIV, 391. — 1746, *Inv. Arch. Lyon*, BB. 312... *Mâcon*, GG. 120. — Ouin-Lacroix, chap. XXV. — Il y avait

La confrérie était souvent exclusive comme la corporation. La confrérie de saint Nicolas ou des nobles bourgeois d'Angers était fermée aux artisans [1]. A mesure que
l'on avança vers la Révolution, la séparation entre les diverses classes devint plus tranchée. Certaines confréries,
qui étaient surtout composées d'artisans au xvie siècle,
virent dominer parmi elles les officiers et les bourgeois
au xviii[e][2]. Les confréries d'arts et métiers elles-mêmes
n'admettaient pas toujours dans leur sein les apprentis,
les compagnons et les ouvriers au même titre que les
maîtres. Ceux-ci avaient dans la corporation des droits
que n'avaient pas ceux-là, comme les bourgeois vis-à-vis
des simples habitants.

Les lettres de maîtrises s'obtenaient en justifiant
d'une certaine capacité professionnelle, par la confection de ce qu'on appelait un chef-d'œuvre, et en versant
à l'Etat et à la corporation des sommes déterminées,
en dehors de l'acquisition du fonds de commerce ou
d'industrie. Les bouchers, dans beaucoup de villes,
n'admettaient parmi eux que des fils de maîtres ; ils
étaient les seuls dont la corporation fût une caste [3].
Mais si d'ordinaire la plupart des ouvriers pouvaient

---

même des festins au retour des enterrements. Les merciers les supprimèrent à Paris en 1670, parce qu'ils « alloient à l'excès. » (Registre
des Merciers, p. 98.)

[1] Rapport de Charles Colbert en 1665. Debidour, p. 8.

[2] M. H. Batault a donné l'analyse des délibérations de la corporation des LII de Chalon de 1600 à 1725. (Mém. de la Soc. d'hist. de
Chalon-sur-Saône, VI, 316-326.)

[3] G. Fagniez, p. 104. — La corporation des bouchers fut parfois puissante, comme celle de Limoges.

devenir maîtres [1], parce qu'il y avait rarement de grandes industries dont l'exploitation exigeât un capital important, ils n'en étaient pas moins à l'égard des maîtres dans une situation inférieure.

S'ils étaient appelés au moyen-âge à prendre part à l'adoption et à la révision des statuts, ils ne faisaient pas partie intégrante de la corporation, à laquelle ils se rattachaient par leur travail. Ils avaient leurs confréries particulières et leurs jurés spéciaux [2]. Ils eurent par conséquent leurs assemblées, que l'on toléra jusqu'au xviie siècle; ils eurent leurs associations, qui devinrent secrètes lorsqu'elles furent proscrites. En 1672, il est interdit aux compagnons boulangers de Dijon de s'assembler, de se donner les titres de capitaine, lieutenant, maire, et d'exiger aucune redevance des compagnons nouveaux, « sous prétexte de droit de devoir ou autres [3]. » Un règlement de 1723 défend aux compagnons de faire « aucun banquet, aucune communauté, ni confrérie, ni bourse commune; d'avoir aucun livre, ni registre de confrérie; d'élire aucun marguillier, syndic, prévôt, chef, préposé, ni autres officiers; de faire aucune collecte, ni levée de deniers; et d'agir en nom collectif pour quelque cause et occasion que ce soit... [4] » Certains compagnons n'en continuèrent pas moins leurs assemblées, qui étaient peu dan-

[1] Au Havre, on compte, en 1773, 400 maîtres et 331 garçons dans les 34 corps d'arts et métiers de la ville. (Hippeau, *le Gouvernement de Normandie*, IX, 35-36.)
[2] G. Fagniez, p. 92.
[3] *Inv. Arch. Dijon*, B. 311.
[4] Guyot, IV, 256. — Martin-Doisy, I, col. 930.

gereuses lorsqu'elles étaient consacrées aux festins et à la danse[1] ; ils s'unirent parfois pour plaider contre les maîtres, et lors des élections de 1789, on en vit un certain nombre s'assembler pour formuler leurs doléances et rédiger leurs cahiers[2]. Mais trop souvent, pour échapper aux rigueurs de la police, ils se formèrent en associations occultes, qui, désignées sous les noms de *sans gêne, bons enfants, gavots, droguins, du devoir, dévorans, passés, gorets* ou autres, furent poursuivies par les arrêts des tribunaux[3] sans qu'il fût possible de les supprimer.

C'était surtout comme compagnons qu'ils étaient proscrits ; car, à côté de leurs associations, il s'en formait d'autres, que l'on tolérait malgré le mystère dont elles entouraient quelques-uns de leurs actes. Nous voulons parler des francs-maçons, qui, à partir du ministère du duc de Choiseul, se répandirent à un tel point qu'on en comptait dans deux cent quatre-vingt-deux villes de France. Présidés par des princes du sang, ils avaient des affiliés non seulement dans la noblesse et la bourgeoisie, mais dans l'armée et quelquefois dans

---

[1] En 1737, on interdit les assemblées des garçons serruriers, et l'on condamne à l'amende les violons qui les ont fait danser. *(Inv. Arch. Dijon,* B. 353. Voir aussi B. 357 et 371.)

[2] Cahiers des compagnons des arts et métiers et des compagnons bonnetiers de Troyes. Arch. mun. de Troyes.

[3] Arrêt du Parlement de 1778. Guyot, I, 684. — *Inv. Arch. Dijon,* B. 316. — 1771. *Arch. Lyon,* BB. 99. — Arrêt de 1677, défendant les associations du Debvoir et des Gaveaux — A Mâcon, on défend, vers 1765, de prendre pour ouvriers des compagnons du devoir. *(Inv. Arch. Mâcon,* FF. 52.)— Voir sur les associations occultes, *Coll. des meilleures dissertations,* par Leber, IX, 472.

le clergé[1]. Dès 1775, ils figuraient dans des réjouissances publiques[2], et ils donnèrent à plus d'une reprise des fêtes dont la bienfaisance était le prétexte ou l'objet.

Ces sociétés, comme celles des compagnons du devoir, avaient un caractère plutôt général que municipal. Elles ne constituaient pas, comme les corps et les corporations d'arts et métiers, les éléments primordiaux des institutions de la cité, dont la base était dans l'association. Celle-ci était non-seulement sociale, professionnelle et religieuse, elle fut aussi quelquefois militaire et politique ; elle fut surtout municipale.

A Paris, les corps d'arts et métiers sont organisés militairement au moyen-âge[3]. Au XVIe siècle, on voit leurs principaux membres aller au-devant des princes, vêtus de velours, de satin et de taffetas, déployant tout le luxe du costume qui est un des caractères de cette époque. Au siècle suivant, on les verra encore dans des circonstances semblables former des escadrons équipés avec magnificence. Souvent aussi, les membres des corporations provoquaient la formation de ces sociétés de tirs, qui, sous le nom de sociétés de l'arquebuse et de l'arc, se perpétuèrent jusqu'à la Révolution[4].

Le rôle politique des corporations était intermittent comme celui des bourgeois qui les formaient. On les

[1] Proyart, *Louis XVI détrôné avant d'être roi*, p. 124-134. — Em. Socard, *la Franc-Maçonnerie à Troyes. Mém. de la Soc. académique de l'Aube*, XLI, 119-147.

[2] A Bordeaux. *Journal hist. de la révolution opérée par Maupeou*, VII, 205.

[3] Le guet fut fait à Paris jusqu'en 1559 par les marchands et gens de métier. Edit de 1559. *Anc. lois franç.*, XIII, 518.

[4] Voir plus loin, liv. V, ch. III.

appela, lors des diverses convocations des Etats-généraux, à formuler leurs vœux et à élire des délégués
chargés de les soutenir dans l'assemblée de la ville ou
du bailliage. Mais ce fut surtout le rôle municipal des
corporations qui devint prépondérant, à mesure que
leur indépendance diminua et que leur fin approcha.
Lorsque le pouvoir central supprima dans les grandes
villes les assemblées générales qui étaient composées
des bourgeois et même de tous les contribuables ; lorsqu'il leur enleva le droit d'élire directement les magistrats de la cité, ce fut aux communautés de tout genre
qu'il remit l'élection des députés qui devaient assister
aux assemblées et nommer les magistrats [1]. Les corporations, contraires à la liberté du commerce, furent
une des sauvegardes de la liberté de la commune ; en
devenant les rouages nécessaires du mécanisme municipal, elles le protégèrent contre l'action de plus en
plus forte et directe du pouvoir central. Mais tout en
abritant l'indépendance du citoyen, elles lui permettaient difficilement de s'associer et d'agir en dehors de
leur cercle ; elles étaient une garantie de l'ordre, si elles
étaient, par leur nombre et souvent par leurs dissensions, un obstacle à la manifestation sans contre-poids
des volontés de la majorité des habitants.

[1] Edit de 1765, art. 34. *Anc. lois fr.*, XXII, 442.

CHAPITRE III

LES ASSEMBLÉES GÉNÉRALES

Réunions nombreuses dans les villes. — Assemblées générales des habitants. — Leur convocation et leur tenue. — Délibérations. — Assemblées d'Aix et de Nimes. — Attributions des assemblées. — Esprit d'indépendance. — Tumulte et désordres. — Lettre de l'intendant de Bourgogne. — Réduction des assemblées directes en assemblées représentatives. — Assemblées de paroisses et de corporations pour la nomination des membres des assemblées générales. — Séances et rang des membres. — Vote motivé par corporation. — Assemblées illicites. — Syndicats et opposition légale. — Deux modes d'assemblées usités pour les élections de 1789.

Le droit d'association implique le droit de se réunir et de délibérer sur les intérêts communs; l'exercice de ce droit, qui fut maintenu sous certaines réserves aux corporations, exista longtemps, même sans être reconnu légalement, dans les villes.

Au XVIᵉ siècle, leur population avait de nombreuses occasions de se réunir; elle s'assemblait dans les églises, où tous les paroissiens intervenaient dans la nomination et les comptes des marguilliers ; elle se groupait dans les fêtes des confréries comme dans les banquets des corporations. A certains moments, des missions, des pèlerinages, des processions, des cérémonies exceptionnelles attiraient un concours immense de peuple. Le peuple s'amassait dans les rues et sur les places publiques, soit pour entendre un jugement, soit pour assister à une exécution ou pour écouter un prédicateur, qui parlait en plein air à des milliers d'auditeurs. Il se précipitait aux fêtes populaires, aux cortèges des sots, aux mystères représentés sur des théâtres dressés en dehors des maisons. Et c'est au milieu de la rue, où les citoyens passent une partie de leur existence, que le trompette de la ville sonnera pour les appeler aux assemblées générales des habitants.

Elles ont encore lieu au xviie siècle dans un grand nombre de villes. Tous les chefs de famille, les chefs d'hôtel, les bourgeois ont entendu le trompette et le sergent royal annoncer à tous les carrefours l'ordre du bailli ou de son lieutenant, qui les convoque. Parfois même on le lit au prône des paroisses [1]. Au jour et à l'heure fixés, la cloche du beffroi, de l'hôtel-de-ville ou de la principale église résonne ; quelquefois le tambour bat. De toutes parts, on se rend dans le lieu désigné pour la réunion ; c'est tantôt le cloître ou le réfectoire d'un couvent, tantôt la grande salle de l'hôtel commun ou la halle [2], tantôt la place publique ou l'un des ci-

---

[1] *Inv. Arch. Calvados*, C. 1253. — A. Christophle, *une Election municipale au XVIIIe siècle*, p. 49.

[2] De la Morlière, *les Antiquitez d'Amiens*, 1642, p. 342.

metières qui avoisinent les églises [1]. Sur une estrade
siège le juge royal [2] revêtu de ses insignes, ayant à
ses côtés les officiers municipaux et le greffier ; des
places sont réservées aux membres du clergé, aux
magistrats, aux bourgeois les plus notables. La police
est faite par les sergents du bailliage et de l'échevinage ; mais souvent l'entrée de l'assemblée est libre,
et tous peuvent y assister [3]. D'ordinaire le juge expose
le but de la réunion ; le procureur syndic, comme le
tribun du forum romain, parle au nom du peuple ; les
questions sont agitées, débattues et mises aux voix.
Elles sont souvent importantes ; car on ne convoque
point sans motifs sérieux les habitants, en dehors des
élections qui ont lieu périodiquement. Il s'agit d'emprunts ou d'impositions nécessaires ; il s'agit d'entre-
prendre ou de soutenir des procès [4]. Des débats d'un
autre intérêt peuvent y être soulevés. En 1652, huit
cents personnes sont réunies dans le réfectoire des
Dominicains de Marseille pour modifier la constitution
municipale de la ville ; elles adoptent unanimement la
substitution du sort au système électif. La peste règne
à Aix en 1629 ; tous les citoyens sont appelés sur la
place des Prêcheurs pour entendre un de leurs magis-

[1] Loisel, *Mémoires... de Beauvais et Beauvaisis*, 1617, p. 175. —
Inv. Arch. Dijon, B. 47. — Corrard de Breban, *les rues de Troyes,*
p. 125-126.

[2] Loyseau, *du Droit des Offices*, liv. V, chap. VII, 24.

[3] A Pont-Audemer, on s'y réunit « en tant qu'il en peut être assemblé. » (Canel, *Notice sur les institutions municipales de Pont-
Audemer. Recueil des trav. de la Soc. libre de l'Eure*, 2e série, II,
375.)

[4] O. Coquault, II, 308. — *Inv. Arch. Albi*, FF. 147.

trats, qui, tenant à la main le bâton du roi, les engage
à implorer la miséricorde divine et à faire le vœu d'une
procession annuelle, pour obtenir la cessation de l'épidémie. Les assemblées sont regardées comme tellement indispensables dans certains cas, qu'en 1649 les
magistrats du présidial et un grand nombre d'habitants ayant quitté Nîmes pour fuir la peste, les consuls
leur assignent un rendez-vous dans la campagne,
afin de délibérer avec eux sur la nécessité d'un emprunt ; on se rencontre sur les deux rives d'un canal,
qui sépare les fugitifs des citoyens venus de la ville.
Après des salutations réciproques, les consuls exposent
la situation et provoquent une délibération qui est
suivie du vote de l'emprunt [1].

Dans les circonstances graves, on convoquait l'assemblée générale. Elle était appelée à délibérer sur les
moyens de combattre les épidémies, de conjurer les
disettes, de soulager les misères. Ses attributions varient suivant les localités et les époques. Pendant la
Fronde, à Angers, elle désavoue solennellement un
libelle dirigé contre l'évêque. Ici, elle fait les rôles de
la distribution du sel ; là, elle a pour but d'obtenir le
consentement des habitants à la suppression d'une
ruelle ; là, elle se déclare en faveur de l'établissement
des sœurs à l'hôpital ; elle décide s'il faut confier le
collège à des religieux, et traite avec les professeurs [2].

---

[1] A. de Ruffi, *Hist. de Marseille,* II, 264. — Pitton, *Hist. d'Aix,*
p. 379 et suiv. — Ménard, *Hist. de Nismes,* VI, 88.

[2] C. Port, *Inv. Arch. Angers,* p. 473. — Dél. de 1765. Arch. de
Gray. — Arch. de l'Aube, C. 50. — Lahirée, *Etude hist. sur l'hospice*

Tantôt, elle est unanime à ratifier les propositions qui lui sont soumises; tantôt elle est agitée par les passions qui animent ses membres. Les bourgeois de Brioude sont en lutte avec le chapitre. Une vive altercation s'élève entre eux dans une réunion que préside le doyen. — Nous avons 400,000 liv. à manger contre vous, s'écrie un marchand. — Le chapitre offensé est contraint de se retirer, au milieu des « révérences les plus piquantes » et des adieux ironiques de l'assistance[1].

Le sentiment de l'indépendance municipale se conserva longtemps dans ces assemblées. Plus d'une fois le gouverneur, le juge ou le maire s'y disputent le droit d'y faire des propositions. Les représentants du pouvoir central essaient d'influer sur leurs décisions. En 1632, le prince de Condé, gouverneur de Bourgogne, convoque une assemblée générale à Chalon; il y vient et déclare aux assistants qu'ils doivent admettre les jésuites dans la ville; telle est la volonté du roi. Il se retire ensuite pour « laisser une entière liberté aux voix et aux suffrages. » Il comptait sur la docilité des bourgeois; il fut trompé dans son attente. On vint lui annoncer, pendant qu'il dînait à l'évêché, que la majorité lui était contraire. « Il en fut tellement indigné qu'à peine mangea-t-il un morceau le reste du dîner[2]. » Une pareille résistance de la part des habitants était déjà rare à cette époque; elle l'eût été davantage sous

---

de Sainte-Menehould. — G. Hérelle, *Hist. du collège de Vitry-le-François. Rev. de Champagne*, II, 172-176.

[1] Saint-Ferréol, *Notices hist. sur la ville de Brioude*, p. 228 et suiv.

[2] Perry, *Hist. de Chalon-sur-Saône*, p. 461 et suiv.

Louis XIV. Cependant, en 1682, les bourgeois de Provins
repoussèrent un règlement, « parce qu'il obligeait la
ville à des choses contre sa liberté [1]. »

L'augmentation de la population et les désordres qui
éclataient dans les assemblées furent la cause ou le
prétexte de leur suppression dans les villes importantes. Elles persistèrent cependant dans les petites villes
et dans les bourgs de quelques provinces. « Un très-
grand nombre de villes de ma généralité, écrit en 1784
l'intendant de Bourgogne, a senti l'inconvénient d'assembler tous les habitants pour délibérer souvent sur des
choses de la plus minime importance. Ces assemblées
où tout le monde est admis, où les gens les moins dociles
font taire les citoyens sages et instruits, ne peuvent être
qu'une source de désordres. Elles ont sollicité des règlements qui leur ont été accordés pour substituer, à
l'assemblée générale, des principaux citoyens pris en
nombre fixe dans chaque classe [2]. » C'est aussi ce que
demande la ville de Bar-sur-Seine, lorsqu'elle exprime
le vœu de voir réduire l'assemblée des habitants à deux
députés de chacun des dix corps et des vingt-deux corporations de la commune. « Alors, dit-on, tout le monde
tiendra dans la salle et pourra donner son avis sans trouble, ny confusion. Plan tout simple et qui est adopté même
pour les villages dans la généralité de Champagne [3]. »

[1] Bourquelot, *Hist. de Provins,* II, 306.

[2] Lettre de l'intendant Amelot au contrôleur général, du 19 juillet
1784. Archives nationales, H. 1469.

[3] Note et décision de l'assemblée générale de Bar-sur-Seine, du
2 janvier 1789. Arch. de l'Aube, C. 48. Voir sur les assemblées d'habitants : *le Village sous l'ancien régime,* liv. I, ch. II.

Dans les villes de Bourgogne comme dans les villages de Champagne, ces assemblées étaient en même temps des conseils communaux. Le peuple participait directement à l'administration locale ; mais depuis longtemps, il avait été privé de ce droit dans la plupart des villes du royaume. Depuis le xvᵉ siècle, et surtout au xviiᵉ, le pouvoir central avait supprimé un grand nombre de ces assemblées, dont les réunions fréquentes étaient tantôt tumultueuses [1], lorsqu'elles étaient nombreuses [2], tantôt désertées à un tel point qu'il fallait recourir à des amendes pour y ramener les habitants [3]; mais il avait laissé subsister à côté du collège des échevins et des conseils de ville une assemblée qui

[1] L'intendant d'Herbelay supprime les assemblées à Epernay en 1629, parce qu'elles sont tumultueuses, n'étant composées que de gens de basse extraction, les bons bourgeois négligeant d'y aller, et les riches intimidant les pauvres. (Nicaise, *Epernay*, I, 173.) — A la Ferté-Bernard, en 1698, c'est la municipalité elle-même qui décide qu'il sera nommé des députés, soit par les habitants, soit d'office par le maire, pour assister aux assemblées. *(Inv. Arch. Sarthe*, supp. E, p. 171.)

[2] A Vitry-le-François, au xviiᵉ siècle, le nombre des votants s'élevait d'ordinaire jusqu'à six ou sept cents, et quelquefois ce chiffre était de beaucoup dépassé. (G. Hérelle, *Rev. de Champagne,* II, 172.)

[3] Les amendes étaient souvent comminatoires. « Je ne veux pas, dit le maire de Bar-sur-Seine en 1782, que le jugement ait son effet, attendu le grand nombre de ceux qui y sont insérés. Notre désir est de les amener à ce qu'ils doivent plus par la crainte que par des punitions réelles. »(Arch. de l'Aube, C. 48.)— A Vitry-le-François, l'amende s'élève jusqu'à 50 liv. en 1637. (Dr Valentin, p. 25.) — Ordre du lieutenant particulier de Mâcon engageant tous les chefs de famille à se rendre à l'hôtel-de-ville, pour délibérer, à peine de 10 liv. d'amende. Juillet 1688. (Milfaut, *De quelques anciens usages mâconnais. Mém. Soc. Eduenne,* 1880, p. 372-373.)— Garnier, *Inv. Arch. Côte-d'Or,* Intr., p. XXI. — *Inv. Arch. Sarthe,* Suppl. E, p. 170.)

resta l'organe autorisé des volontés de la cité, et qui,
tout en étant représentative, au lieu d'être directe, ne
cessa point d'être consultée pour les affaires importantes, telles que le vote des emprunts ou des procès.
On essaya souvent de s'en passer au xviii° siècle [1]; les
édits de 1764 et de 1765, en créant des conseils de
notables, semblaient devoir les rendre inutiles. A Rennes, où l'on considérait ces assemblées comme « une
sorte de diète tumultueuse », on les supprima en 1766 ;
mais on y revint en 1779, quoique l'intendant de Bretagne en regardât la convocation « comme une extrémité
très-facheuse [2]. » Lorsque les circonstances devenaient
critiques, lorsqu'il fallait conjurer la famine ou la misère, on ne manquait pas de recourir aux assemblées
générales représentatives.

La corporation, la paroisse, le quartier, fournirent
les éléments nécessaires pour l'élection de leurs membres. Les assemblées de paroisse, dans certaines villes,
étaient appelées à délibérer sur les affaires communes [3];
elles se réunissaient dans la nef de l'église, tantôt sous
la présidence d'un échevin ou d'un syndic, tantôt sous
celle du curé, pour voter et répartir des impôts, pour
faire des élections. On leur demande, à Caen, de donner séparément leur avis sur l'emplacement d'un nouvel
hôtel de l'intendance; on leur fait prendre, à Châtel-

---

[1] Elles furent suspendues pendant dix-sept ans à Clermont-Ferrand.
(*Mém. du corps de ville de Clermont à M. de Villedeuil* (1788).
Mém. Acad. Clermont, VIII, 419 et suiv.)

[2] Mémoire sur la municipalité de Rennes (1779). Rapport au contrôleur général. Mémoire des Etats. Arch. nationales, H. 520 et 521.

[3] 1660-1669. *Inv. Arch. d'Angers,* BB. 88.

lerault, des délibérations rédigées par devant notaires
et remises à leur syndic afin qu'il transmette « leurs
volontés à messieurs du conseil [1]. » Ailleurs, les habitants se groupaient par quartiers pour élire les membres des assemblées générales. Chacun des huit quartiers de Chaumont nommait ainsi huit bourgeois [2]. A
Provins, les délégués étaient pris parmi les dixainiers
des quartiers, même s'ils ne savaient ni lire ni écrire.
En 1774, ils furent choisis parmi les corporations [3].
Les corps et les corporations formaient des groupes
naturellement constitués pour l'élection de délégués.
Ils pouvaient être aussi représentés par leurs chefs.
Les soixante-quatre maïeurs des corps de marchands
et d'artisans d'Abbeville faisaient de droit partie de
l'assemblée générale [4]. L'édit de 1765 confirma ce système en remettant aux délégués des corporations l'élection des notables.

Les assemblées générales représentatives se réunirent
d'ordinaire à l'hôtel-de-ville ; cependant, lorsqu'elles
étaient appelées à prendre des mesures de charité, elles
étaient souvent présidées par l'évêque et convoquées
dans son palais. L'intendant de la province ou son subdélégué pouvait aussi les réunir. Mais le plus souvent
jusqu'en 1692, la présidence appartenait au juge royal

[1] Thiéry, *Hist. de Toul*, II, 179. — *Inv. Arch. Calvados*, C. 206.
— 1635. Lalanne, *Hist. de Chatelleraud*, II, 146.

[2] Depuis 1620. E. Jolibois, *Hist. de Chaumont*, p. 177. — Le même
système fut appliqué à Versailles par un règlement de 1787. *(Encyc.
méth. Jurisprudence*, IX, 380.)

[3] Bourquelot, *Hist. de Provins*, II, 306.

[4] 1764. *Monuments inéd. de l'hist. du Tiers-Etat*, IV, 528 et suiv.

·ou seigneurial [1], · et à partir de cette date au maire. Les questions de préséance entre les ordres et les corpora-tions, dont se composait l'assemblée, soulevaient quel-·quefois de vifs débats, suivis des protestations de ceux à qui l'on donnait tort. L'intendant était obligé d'édic-tér des règlements pour prévenir les difficultés, en assignant aux magistrats, aux gens de loi, aux bour-geois, aux marchands et aux artisans un rang détermi-né [2]. Lorsque les députés étaient nommés par les quartiers et non par les corporations, ils étaient placés sur des bancs correspondant à chaque quartier, et l'on recueillait les voix par bancs [3].

Ces réunions se composaient de cinquante à trois cents personnes, selon l'importance des villes ou les usages qui y dominaient [4]. Outre les délégués des cor-porations, elles contenaient un certain nombre de mem-bres de droit, tels que les officiers et les conseillers municipaux, et quelques magistrats de l'ordre judi-ciaire; à Langres, on y admettait aussi les capitaines

---

[1] En Languedoc, le juge seigneurial conserva la présidence des as-semblées.lorsque le juge royal l'eut perdue. (Avis du syndic général en 1775. Arch. nationales, H. 1000.)

[2] Règlement de 1618, de l'intendant Thevin. Cohendy, p. 186-188.

[3] E. Jolibois, *Hist. de Chaumont,* p. 177.

[4] Un règlement de 1643 en fixe le nombre à 73 à Clermont, dont les 3 échevins, le lieutenant général de la sénéchaussée, 5 magistrats de chacune des juridictions des aides, de l'élection et du présidial, l'un des secrétaires des gabelles, 12 *curiaux* choisis parmi les hommes de loi, 30 bourgeois et marchands, 6 artisans et 3 laboureurs. (Rivière, *Hist. des Institutions de l'Auvergne,* II, 43.) En 1691, le conseil gé-néral de Riom se compose de 52 membres. *(Ibid.,* II, 44.) Voir plus loin, liv. II, ch. IV, LES CONSEILS DE VILLE.

et les centeniers de la milice bourgeoise [1]. L'influence des artisans pouvait y prévaloir. L'intendant de Rennes se plaint en 1779 de la composition de l'assemblée générale, qui renferme « vingt ou trente procureurs, quelques officiers de milice bourgeoise et beaucoup d'artisans, qui n'ont aucune notion des principes et des droits de la municipalité [2]. » Au commencement des séances, le président exposait le motif de la convocation, en faisant connaître les questions à résoudre. Le procureur du roi ou le procureur syndic portait la parole au nom de la ville; il en soutenait les intérêts. Le président prenait les voix par corporation, et c'est alors que chacun, en motivant son vote, faisait connaître l'opinion de la corporation qu'il représentait. Le mandat que le député en avait reçu était le résultat d'une délibération antérieure; il avait par conséquent un caractère impératif, qui rendait inutiles les discussions générales. On voyait souvent sur la même question, les différents corps ecclésiastiques et judiciaires se diviser, les cuisiniers voter de même que les notaires, quelques corps de métiers se séparer des autres [3]. Les opinions de chaque corporation étaient inscrites sur le procès-verbal, qui était ensuite signé par les députés [4].

Les autorités, qui finissaient par admettre ces assemblées légales, essayèrent à diverses reprises de dé-

[1] *Inv. de l'hôtel de ville de Langres. La Haute-Marne*, p. 603.
[2] Rapport au directeur général des finances. Arch. nationales. H. 521.
[3] Assemblée générale du 21 avril 1711, à Troyes. Arch. de l'Aube, C. 1845.
[4] 1764. *Mon. inédits de l'hist. du Tiers-État*, IV, 528 et suiv.

fendre les réunions privées ou publiques qui se tenaient dans les moments de crise ou d'élection. Un arrêt des Grands jours du Puy interdisait les assemblées « ès maisons privées, par des gens monopolés, qui par cet ordre se rendent si puissants dans les communautés que bien souvent ils les ruinent entièrement, ce qui n'arriverait point, si lesdites assemblées étaient tenues en des lieux publicqs destinés à cet usage, en présence d'un magistrat royal [1]. » Il semblait qu'on voulût perpétuer cette coutume des Gaulois, qui leur interdisait de délibérer sur les affaires publiques ailleurs que dans le conseil [2]. On menaçait de peine de lèse-majesté les habitants d'Albi qui, à diverses reprises, s'étaient réunis sans autorisation dans un couvent [3]. Plusieurs ordonnances défendirent aussi de se réunir pour signer des actes et des requêtes [4]; mais il était difficile d'empêcher les corporations de s'assembler ou les particuliers de former des syndicats pour s'opposer à des mesures qui paraissaient nuisibles à la commune. En 1764, divers corps de justice et plusieurs communautés de Troyes formèrent un acte d'union, par devant deux notaires, pour présenter une requête au conseil du roi contre l'administration municipale. Ils nommè-

[1] Arrêt du 20 novembre 1666. *Ann. de la Société académiq. du Puy,* XXX, 149.

[2] De republica, nisi per consilium, loqui non conceditur. (Cæsar, *Comm.,* lib. VI, § XX.) M. Artaud traduit consilium par assemblée générale.

[3] *Inv. Arch. Albi,* BB. 114.

[4] Notamment un arrêt du Conseil de 1717. *Anc. lois franç.,* XXI, 144.

rent des syndics pour agir en leur nom et soutenir
leur cause [1]. En dehors des assemblées générales, il
pouvait donc se former des assemblées partielles dont
le caractère était légal, puisque le conseil du roi
admettait leurs requêtes et même y donnait droit.
Elles permettaient aux citoyens de se faire entendre
et de faire valoir leurs griefs, d'une manière quelquefois plus complète que dans les assemblées officielles, où la main de l'autorité se faisait trop sentir.
Cependant celles-ci, tout en étant plus intermittentes
et plus limitées dans leurs attributions, subsistèrent
jusqu'à la fin de la monarchie, et le second bureau
de l'assemblée des notables dira en 1788 que, si la
forme des assemblées de communautés varie dans
chaque province, « tous les usages peuvent sans
inconvénient être conservés, pourvu qu'ils ne nuisent
pas à l'intégrité des assemblées et à la liberté des
élections [2]. » Aussi l'Instruction, qui fut envoyée pour
la convocation des états généraux, donne-t-elle deux
formules pour les procès-verbaux d'assemblées électorales : l'une, destinée aux villes importantes, s'appli-
que aux réunions du corps municipal auquel viennent
s'adjoindre les représentants des corps et corporations; l'autre, relative aux petites villes, aux bourgs
et aux villages, concerne les assemblées où tous les
Français âgés de vingt-cinq ans et inscrits sur les
rôles des contributions sont appelés à délibérer et à

[1] *Recueil des pièces concernant les octrois des villes,* 2e éd. Paris,
1764, p. 32-40.

[2] *Réimpression du Moniteur.* Introduction, p. 432.

voter [1]. Ces deux modes étaient conformes aux usages des localités, selon que leurs assemblées municipales étaient restées directes ou étaient devenues représentatives.

[1] *Modèles de délibérations.* Imprimerie royale, 1789, p. 9-12.

CHAPITRE IV

LES ÉLECTIONS MUNICIPALES

Droit d'élection. — Edits de 1579 et de 1629. — Principe de l'élection
— Diversité des systèmes. — Suffrage universel. — La populace.
— Suffrage restreint. — Domicile. — Cens électoral. — Exclusion
des habitants des faubourgs. — Vote par paroisses et compagnies.
— Suffrage à deux degrés. — Election des délégués par les paroisses, les quartiers et les corporations. — Influence des communautés d'arts et métiers. — Suffrage à trois degrés. — Suffrage
des conseils de ville. — Conseils renforcés. — Présentation par
les conseils. — Suffrage combiné. — Emploi du sort. — Réduction
des électeurs par le sort. — Elections de Rethel, du Puy, de Marseille. — Assemblées électorales. — Messe du Saint-Esprit. — Appel
et protestations. — Discours de l'orateur de la ville. — Modes de
votation. — Acclamation. — Défilé des électeurs. — « Voie de
royer. » — Scrutin secret. — Dépouillement du scrutin. — Brigues
et monopole. — Corruption et agitation électorale. — Repas. —
Réunions. — Désordres. — Protestations. — Annulation d'élections.

Le droit d'élection est le corollaire des droits d'association et de réunion ; il fut reconnu en principe aux
habitants des villes, notamment par la grande ordonnance de 1579. « Nous voulons, disait l'article 363,
que toutes élections des prévôts des marchands, mai-

res, échevins, capitouls, jurats, consuls, conseillers et gouverneurs, se fassent librement ; et que ceux qui par autres voyes entrent en ces charges en soyent ostez et leurs noms rayez des registres[1]. » Comme beaucoup d'autres lois, cette prescription ne fut pas partout exécutée. Le tiers-état était obligé de demander, en 1614, que nul ne pût être admis aux charges municipales que « par élection pure et sans brigue[2], » et le code Michau, en 1629, confirmant les prescriptions de l'édit de 1579, devait décider de nouveau sans plus de succès que les élections des villes seraient « faites ès manières accoutumées, sans brigue ni monopoles[3]. »

L'histoire des deux derniers siècles nous fait assister dans les villes à une lutte presque incessante entre le principe de l'autorité et le principe de l'élection. La monarchie porte atteinte au principe de l'élection à plusieurs reprises par la nomination indirecte ou directe aux charges municipales, par la création d'offices accessibles à prix d'argent ; mais elle est toujours forcée d'y revenir, tant il est conforme aux traditions et à la constitution naturelle de la cité. Les habitants sentaient toute la valeur des privilèges qu'il leur conférait. « Ce sont des pères que l'on se choisit, disait un jésuite du temps de Louis XIV, quand on fait choix des magistrats municipaux, et ce droit d'élection et de suffrage est comme une ombre et un reste de l'ancienne liberté dont on jouissait quand on n'avait pas d'autres maî-

[1] *Anc. lois françaises*, XIV, 461.
[2] Cahier du Tiers-État. *Des États généraux*, XVII, 2e partie, p. 109.
[3] *Anc. lois françaises*, XVI, 326.

tres[1]. » Si le père Ménétrier se faisait illusion sur la liberté ancienne, il montrait combien on appréciait de son temps les droits électoraux dont l'exercice était accordé aux citoyens des villes.

Le principe de l'élection, admis et reconnu presque partout, subissait de nombreuses modifications dans l'application. La diversité des institutions est un des caractères de l'ancien régime, dont la constitution n'était pas sortie toute faite du cerveau d'un législateur, mais s'était formée lentement avec les siècles. Presque tous les systèmes connus pour la nomination des magistrats municipaux, après avoir été usités au moyen-âge[2], furent employés simultanément ou successivement depuis le règne de Henri IV jusqu'en 1789, et pendant la même période, presque tous les modes d'élection furent essayés ou pratiqués, depuis le suffrage le plus étendu et le plus simple jusqu'au suffrage le plus restreint et le plus compliqué.

Sans remonter au moyen-âge, on trouve le suffrage universel au xviie siècle et même au xviiie. A Gaillac, on le supprime en 1603, parce qu'il introduit dans les assemblées électorales « la plus vile populace[3]. » Sous Louis XIII, on défend aux femmes de Dijon d'assister à l'élection du maire[4]. L'intendant de Bourgogne constate, en 1667, que tous les habitants d'Auxerre ont

[1] Menestrier, *Histoire civile ou consulaire de Lyon*, 1696, p. 539.
[2] V. Fouque, *Recherches sur la révolution communale au moyen-âge et sur le système électoral appliqué aux communes*, p. 216-231.
[3] Elie Rossignol, *Étude sur l'histoire des institutions municipales de l'arrondissement de Gaillac*, p. 125.
[4] *Inv. Arch. Dijon*, B. 13.

droit de suffrage[1]. Plusieurs ordonnances restreignent là liberté des élections, parce qu'elles sont, comme le dit Henri IV, favorables aux « praticques et brigues de la populace donnant communément sa voix à ceulx desquels elle s'attend de proffiter d'une bonne chere ou aultre utilité[2]. » Ce terme de populace, qui n'est que trop usité dans le langage administratif, prouve que le droit de suffrage descendait jusque dans les derniers rangs du peuple. Un subdélégué se plaint, en 1733, de ce que « la populace, composée de plus de quatre cents vignerons, manouvriers et artisans, » avait maintenu en fonctions les syndics de Bar-sur-Aube, malgré les édits du roi et les ordonnances de l'intendant[3].

Le suffrage universel, tel qu'il existe de nos jours, n'est subordonné qu'à certaines conditions d'âge et de domicile. Le suffrage municipal d'autrefois fut restreint la plupart du temps à ceux qui étaient inscrits sur les rôles des tailles. Il était accessible également à tous les bourgeois, tellement, dit-on en 1608, que « le plus souvent sont la pluspart artisans mecanicques et quy ne sont douez de jugement et de consultation pour pourveoir au bien publicq[4]. » A Dijon, on exigea deux ans de domicile, et un minimum de tailles qui varia de 30 sous à 4 livres[5]. A Rethel, le cens de tailles chan-

---

[1] *Corresp. administ. sous Louis XIV*, I, 683.
[2] *Lettres missives de Henri IV*, VIII, 767.
[3] Arch. de l'Aube, C. 361.
[4] C. de Wignacourt, *Échevinage d'Arras*, p. 84.
[5] 1603-1650. *Inv. Arch. Dijon*, B. 15, 16, 240, 248.

gcait tous les ans et était annoncé à son de trompe [1]. A Reims, le droit électoral était l'apanage de ceux qui payaient la taxe des pauvres et qu'on nommait *portiers*, parce que, « en temps de danger, la garde des portes leur était exclusivement confiée [2]. » Les portiers et dixainiers d'Amiens avaient eu les mêmes droits [3]. En général, ceux qui faisaient partie de l'assemblée des habitants étaient électeurs. Ces assemblées, quelque nombreuses qu'elles fussent, admettaient rarement dans leur sein les paysans des faubourgs. Ainsi, le chapitre de Brioude ayant voulu les faire voter pour assurer la majorité à ses partisans, les bourgeois protestèrent vivement, en s'appuyant sur « l'usage de l'ordre politique de toutes les villes, » et l'intendant leur donna raison [4].

Pour éviter les désordres qui auraient pú se produire dans des assemblées trop nombreuses, on réunissait parfois les habitants des grandes villes dans leurs paroisses, pour les faire voter séparément. A Amiens, les procès-verbaux des nominations faites dans chaque paroisse étaient mis dans un coffre à trois clefs, que l'on ouvrait deux jours après, pour en faire le recensement en présence du bailli [5]. A Dijon, les habitants, prévenus à son de trompe pendant trois jours consécutifs, se réunissaient dans leur église paroissiale, pour se rendre, sous la conduite de leurs officiers, au

[1] E. Jolibois, *Hist. de Rethel*, p. 158.
[2] Varin, *Arch. de Reims*, I, Intr., p. LXXXIV, et IV, 561.
[3] Dusevel, *Hist. d'Amiens*, I, 417.
[4] Saint-Ferréol, *Notices hist. sur Brioude*, p. 218-220.
[5] *Mon. inédits de l'hist. du Tiers-État*, II, 729.

couvent des Jacobins, où le conseil de ville était réuni.
Les sergents-majors de la ville appelaient successivement les officiers et les habitants de chaque paroisse,
qui venaient exprimer leur suffrage à tour de rôle[1].

A Reims, les électeurs étaient convoqués par compagnies de milice. Le chef de chaque compagnie recevait, en 1706, le billet suivant : « *Connestable, vous
avertirez tous les portiers, ensemble les archers du guet
de votre compagnie, de se rendre mardy prochain dix-
neuvième du mois de février, une heure de relevée, en
l'hôtel de ville, pour procéder à la nomination de monsieur le lieutenant et autres officiers de la ville; et avertirez dans votre semonce les portiers invitez à l'hôtel
de ville qu'ils n'ayent à entrer en aucun bureau qu'en
celuy de la compagnie dont ils sont, à peine de nullité
de suffrages pour toutes les nominations à faire* »[2]. A
Montdidier, les habitants se réunissaient chez leurs
maires de bannières pour nommer les magistrats[3].

La division par paroisses, par quartiers, par compagnies ou par corporations, fut aussi employée, lorsque le suffrage à deux degrés fut substitué au suffrage
direct. Le second cependant ne cessa point de fonc-
tionner régulièrement dans certaines provinces. « Les
élections des échevins et des officiers d'un rang infé-
rieur, dit un intendant de Bourgogne en 1765, se sont
toujours faites et se font toujours paisiblement et sans

[1] Mémoire de l'intendant de Bourgogne en 1765. Archives nationales, H. 140.
[2] Varin, *Statuts de Reims,* II, 536.
[3] V. de Beauvillé, II, 164.

troubles ni confusions dans des assemblées générales
des habitants des villes et des bourgs[1]. » Mais depuis
longtemps la confusion et le désordre de ces assemblées
avaient été ailleurs la cause de leur réduction. Elle fut
demandée parfois par les habitants eux-mêmes, souvent par les magistrats locaux ou les agents du roi. Le
système, qui prévalut dans les grandes villes, fut l'é-
lection d'un certain nombre de délégués[2], à qui l'on
put donner à juste titre le nom de portant-voix, parce
qu'ils portaient les voix de leurs commettants à l'hôtel de ville[3].

L'élection de ces délégués pouvait être faite par
tous les habitants réunis. Au xvie siècle, les habitants
d'Orléans, après avoir entendu une messe du Saint-
Esprit, s'assemblaient dans la halle pour élire sept
notables chargés de nommer les échevins[4]. Mais les
réunions eurent lieu plus souvent par paroisses ou par
quartiers. A Reims, où, comme ailleurs, les divers
systèmes électoraux furent usités, abandonnés et re-
pris, les paroissiens s'assemblèrent dans leur église
« pour donner leurs voix et suffrages, qui seront re-
çeuz, dit-on, par les coustres et marguilliers, en la

---

[1] Arch. nationales, H. 140. Mémoire de 1765. Cependant, en 1719,
les élections sont mises à deux degrés à Vézelay, pour remédier aux
désordres causés par les artisans, journaliers et manœuvres. (Challe,
Étude hist. sur Vézelay. Bull. Soc. Yonne, 1858, p. 617.) Même réforme à Givry en 1784. (Arch. nationales, H. 1469.)

[2] *Code municipal,* 1761, p. 12.

[3] Boutiot, *Des maires et des conseils de ville. Mém. de la Soc.
acad. de l'Aube,* XXXIV, 23.

[4] Le Maire, *Hist. et antiquitez de la ville et duché d'Orléans,*
p. 265.

présence du curé, s'il y veut assister, non pour y présider et avoir voix eslective, ains (mais) seulement
pour qu'il ne se face point d'irrévérence en l'église ».
Une fois la cloche sonnée, l'église était fermée et les
habitants nommaient leurs électeurs, dont la moitié
était éliminée par le sort[1]. L'élection par quartiers était
usitée à Rouen. Tous les bourgeois se réunissaient à
l'hôtel de ville, et après s'être divisés dans des locaux
différents, nommaient par quartiers 4 électeurs, qui,
avec les 24 membres du conseil de ville, élisaient les
maires et échevins[2]. Mais le système qui fut employé
à peu près dans toutes les villes importantes à partir
du xvie siècle, ce fut l'élection de délégués par les corps
et les corporations. Tantôt ils exerçaient ce droit isolément, nommant chacun leurs mandataires ; tantôt les
moins considérables se groupaient pour les désigner.
Lorsqu'ils avaient leurs représentants distincts, il arrivait que les corporations d'arts et métiers, étant de
beaucoup plus nombreuses que les corps judiciaires ou
aristocratiques, l'emportaient sur eux dans les élections
définitives. On se plaint à Troyes, en 1659, de l'abus
qui s'était glissé « de donner voix et suffrage aux personnes mécaniques et de basse condition, parce que,
dit-on, les gens de la lie du peuple se laissent corrom-
pre par brigue et par argent. » Cent ans plus tard, les
mêmes réclamations se formulent. « Tout le monde

---

[1] Varin, *Statuts de Reims*, II, 455.
[2] Arrêt du Conseil de 1665. *Corresp. adm. sous Louis XIV*, I, 756.
— Farin, *Hist. de Rouen*, 1738, t. I, 2e partie, p. 109.— A Rethel, on
nomme deux électeurs par quartier (Jolibois) ; à Versailles huit.
(*Enc. méthodique. Jurisprudence*, IX, 380.)

sait, disent les marchands de Troyes, en parlant des artisans, combien ils sont ordinairement peu propres à la conduite des affaires, incapables de les discuter par eux-mêmes [1]; » et cependant, à ces deux époques, le suffrage à deux degrés existait dans la ville. Comme dans le suffrage direct, c'était toujours le nombre qui dominait. On essaya d'y remédier à Soissons, en défendant d'élire pour députés les artisans qui ne paieraient pas 40 livres de tailles et de capitation [2]. L'édit de 1765 réduisit d'une manière plus générale l'influence des artisans, en établissant des catégories d'éligibles et en n'accordant aux délégués des corporations marchandes et industrielles que le droit d'élire un nombre restreint de notables. La Déclaration de 1766 aggrava encore ces dispositions, en forçant les communautés d'artisans, qui contenaient moins de huit ou de douze membres, à se réunir à d'autres pour les élections [3].

Dans tous les cas, les membres des communautés recevaient chaque année une assignation pour élire un certain nombre d'entre eux, qui devaient procéder à l'élection des échevins, dans l'assemblée générale de l'hôtel de ville. Quand l'échevinage ne faisait pas les convocations nécessaires, les communautés industrielles pouvaient obtenir un arrêt du parlement pour les

[1] Arrêt du Parlement sur la requête de l'évêque, qui demande le retour aux anciennes formes, et qui obtient seulement pour les ecclésiastiques le droit d'avoir un rang plus honorable. (Requête de 1765. Archives de l'Aube, 44. E. 10.)

[2] Arrêt du Conseil du 15 déc. 1750. — Dénombrement de Champagne, man. de M. B. de Fouchères, *verbo* Châlons.

[3] *Anc. lois françaises*, XXII, 442 et 456.

faire elles-mêmes [1]. Il est vrai que leur influence se trouvait contrebalancée fréquemment par la présence d'électeurs de droit, tels que certains magistrats, les officiers municipaux, les capitaines des quartiers ou de la milice [2].

Malgré toutes ces précautions, le suffrage à deux degrés ne parut pas toujours offrir les garanties suffisantes contre les brigues, les menaces et la corruption. On imagina, à diverses époques et dans diverses villes, des degrés plus nombreux et des systèmes plus compliqués. Le système d'élection par les conseils de ville constituait le suffrage à trois degrés le plus simple. Il existait depuis longtemps dans le midi. Les consuls de Carcassonne étaient nommés par les vingt-quatre conseillers politiques ; les échevins de Rennes par les membres de l'assemblée municipale [3]. Souvent, on adjoignait au conseil un certain nombre de notables pour procéder à l'élection [4]. C'est ainsi que les 16 dé-

---

[1] Arrêt du Parlement du 12 mai 1769. La convocation fut faite par la communauté des marchands de Troyes sous cette formule : Messieurs, vous êtes invités de la part des grand garde et gardes des différents corps de commerce réunis de la ville de Troyes, d'envoyer un député à l'assemblée qui se tiendra à l'hôtel-de-ville... (pour élire deux notables). (Arch. de l'Aube, 44. E. 10.)

[2] *Mon. inédits de l'hist. du Tiers-État*, III, 168.

[3] Requête des conseillers politiques en 1775. Arrêt du conseil de 1780. Arch. nationales, H. 999 et 520.

[4] Le conseil prenait alors dans le Midi le nom de Conseil renforcé. A Pont-Audemer, 40 notables élus par les paroissiens nomment 4 prud'hommes qui en élisent 16, avec lesquels ils se réunissent au corps de ville pour élire les officiers municipaux. (Arrêt du conseil de 1748. Canel, *Inst. mun. de Pont-Audemer. Tr. Soc. Eure*, 2e S., II, 387.)

légués des quartiers de Rouen s'unissaient au conseil des 24, et les 32 délégués des quartiers de Bourges à l'échevinage[1].

Quelquefois le conseil de ville présentait les candidats ou les choisissait. A Montdidier[2], à Abbeville[3], les officiers et les maires de bannières en indiquaient trois au peuple. Les consuls d'Albi en désignaient quatre par quartier à des électeurs qu'ils avaient eux-mêmes choisis[4]. Les consuls de Grenoble présentaient six candidats, dont deux recommandés par le gouverneur étaient d'ordinaire élus[5]. Les échevins de Chartres proposaient des candidats, mais sans les imposer[6]. A une certaine époque, les bourgeois des quartiers de Rouen soumettaient une liste de candidats au conseil; ils pouvaient en désigner autant qu'ils voulaient, et le conseil avait le droit de choisir parmi ceux qui figuraient dans la liste, même s'ils n'avaient eu qu'une voix[7]. Il arrivait aussi que les membres du conseil, réduits une première fois par le suffrage des anciens maires, se réduisaient ensuite eux-mêmes pour nommer les consuls[8].

[1] Thaumas de la Thaumassière, *Hist. de Berry*, p. 138. Voir aussi Durand, *Privilèges de Chalon*, p. 30.

[2] V. de Beauvillé, II, 148.

[3] *Mon. inédits de l'hist. du Tiers-État*, IV, 535.

[4] E. Jolibois, *Inv. Arch. Albi*, Intr., p. 21.

[5] A. de Rochas, *Mémoire sur le corps de ville de Grenoble. Bulletin de la Société de statistique de l'Isère*, 1875, p. 289 et suiv.

[6] De Lépinois, *Hist. de Chartres*, II, 441.

[7] *Corresp. adm. sous Louis XIV*, I, 753.

[8] A Montauban, le conseil des 40 se réduit à 12 pour élire les consuls. (Devals, *de l'organisation municipale à Montauban. Congrès*

Ce système avait quelque analogie avec celui que nous trouvons en Lorraine au xviie siècle. Le maire de Charmes désignait comme électeurs neuf bourgeois, parmi lesquels les maires anciens en choisissaient trois, et l'un des trois était nommé maire par le lieutenant général du bailliage[1]. Mais ce procédé, qui conservait seulement les apparences de l'élection, ne pouvait être admis partout. Le sentiment d'indépendance, qui existait dans les villes du midi, fit aussi repousser par elles, autant qu'elles le purent, l'intervention de l'Etat ou des seigneurs, et lorsqu'elles en eurent la faculté, elles essayèrent de corriger par le sort les abus et les inconvénients de l'élection.

Le sort paraissait à quelques jurisconsultes une manifestation d'une volonté supérieure et divine ; ils rappelaient que c'est ainsi que saint Mathias et les lévites avaient été choisis ; ils trouvaient dans son emploi le meilleur remède pour mettre un terme aux brigues et faire disparaître les partis[2]. Montesquieu déclarait même que le suffrage par le sort était de la nature de la démocratie, comme le suffrage par le choix était de celle de l'aristocratie[3]. Souvent on se contentait de

---

archéologique, 1865, p. 529.) — A Toulouse, les huit capitouls présentent 48 candidats, qui réduits de moitié par 8 notables sont soumis au vote du sénéchal, du viguier et de 30 personnes à leur choix. (Roschach, *Hist. gén. du Languedoc*, XIII, 169.) — A Aurillac, à partir de 1644, les trois consuls sont élus par les consuls en exercice et ceux des dix années précédentes, à qui l'on donnait le nom de vocaux. (G. Rivain, *Notice sur le consulat d'Aurillac*, p. 168.)

[1] 1702. *Inv. Arch. Charmes*, BB. 1.

[2] Claude Henrys, *OEuvres*, II, 964.

[3] *De l'Esprit des lois*, liv. II, ch. ii.

combiner le sort avec le choix, comme on le faisait dans certaines villes d'Italie ; mais à l'exemple de l'Espagne, on y eut quelquefois recours uniquement.

Le sort avait été usité dans les républiques grecques et les cités italiennes ; il était d'origine méridionale ; il pouvait se rattacher au fatalisme oriental, qui substitue au libre arbitre l'influence d'un pouvoir aveugle. On le trouve cependant dans le nord et dans l'est de la France. La réduction des électeurs secondaires par moitié, comme elle eut lieu à Reims[1], était un mode assez naturel, qui sauvegardait à peu près la liberté électorale des bourgeois. Il n'en était pas de même à Gray, où l'on se contentait de mettre dans une boîte les noms de tous les bourgeois et d'en tirer vingt-deux au sort pour élire l'échevinage[2]. A Aix, trente notables, à Sisteron six[3], sont désignés de même. A Rabastens, on décida, en 1655, de confier les élections à trente-et-un anciens consuls tirés au sort[4].

Ces derniers systèmes étaient simples en comparaison de celui que prescrivit un règlement de 1682 à Rethel. Les soixante-douze bourgeois nommés dans les six quartiers étaient réduits par le sort à vingt-quatre, qui en nommaient soixante-douze autres ; les soixante-douze en désignaient par quartier six, parmi

---

[1] Varin, *Arch. de Reims,* IV, 561.

[2] Arch. mun. de Gray, Délibérations communales de 1680, 1685, 1713, 1714.

[3] Pitton, *Hist. de la ville d'Aix,* 1666, p. 140. — Ed. de Laplane, *Essai sur l'hist. municipale de Sisteron,* p. 63-64.

[4] Elie Rossignol, *Institut. Gaillac,* p. 126.

lesquels le sort indiquait les trois échevins [1]. Mais l'exemple le plus remarquable est celui du Puy, où un système
analogue fut en vigueur jusqu'à la fin du XVIIe siècle.

Le 25 novembre de chaque année, les vingt-trois
corps de métiers nommaient chacun trois de leurs chefs,
qui se rendaient à l'hôtel de ville où le sort en élimi-
nait deux sur trois. Les vingt-trois restants choisissaient avec les six consuls sortants vingt-quatre éligibles aux six places de consuls. Les éligibles désignés
étaient mandés dans la salle électorale ; là, un enfant
de dix ans recevait des « boulettes blanches et creu-
ses ; » dans le quart de ces petites boules, il mettait
un billet sur lequel était écrit le mot consul, et les ayant
jetées dans un sac, il faisait tirer les éligibles. Celui
qui mettait la main sur une boule où se trouvait le
billet était proclamé consul [2].

A Montpellier, cinq habitants choisis par les consuls
nommaient trente-cinq électeurs, qui désignaient pour
le consulat vingt-sept candidats, dont les noms renfer-
més dans des boules de cire étaient tirés au sort [3].

Le système du tirage au sort, qu'on appelait l'*insa-
culation* en Catalogne, existait depuis le moyen-âge
dans le midi [4]. Le roi René l'avait établi à Toulon, pour

---

[1] E. Jolibois, *Hist. de Rethel*, p. 164.

[2] E. Vissaguet, *Essai sur l'hist. municipale du Puy. Ann. de la
Soc. académiq. du Puy*, XXII, 289 et suiv.

[3] Avant 1660. Arch. nationales, H. 1022.

[4] Les noms des éligibles étaient mis dans des sacs, d'où ils étaient
tirés par un enfant. (Clos, *Essai sur l'ancienne constitution municipale de Perpignan. Mém. Acad. Sc. Toulouse*, 5e série, III, 143. —
Béchard, I, 588.)

faire cesser les fraudes et les collisions en matière électorale[1]. C'est pour la même raison qu'il fut introduit
à Marseille, en 1652. « Pour couper la racine des ini-
mitiés et querelles... on reconnaît qu'il n'y a pas de
moyen plus assuré que de recourir au sort pour les
élections municipales, comme il s'est pratiqué et se
pratiquait encore aux meilleures villes de la chrétienté
et même de cette province[2]. » On fit ainsi le règlement
du sort, qui était observé comme il suit en 1717 : on
plaçait dans la salle de l'échevinage un vase sur un
piédestal élevé ; le secrétaire y mettait six balottes
bleues et six blanches. Les échevins, qui tiraient les balottes bleues, désignaient quatre négociants ou gens de
loges pour le premier chaperon, et quatre marchands
ou bourgeois pour le second. Les noms ainsi désignés
étaient soumis au conseil qui les approuvait ou les reje-
tait. Les quatre noms approuvés étaient mis dans des
boules d'argent, que l'on plaçait dans une boîte dorée ;
la première boule que le secrétaire tirait, après avoir
remué la boîte, contenait le nom du candidat appelé à
devenir échevin[3].

Le système du sort, s'il calma les ambitions locales,
eut l'inconvénient d'éteindre parfois toute émulation.
En 1714, aucun des notables de Gray, désignés par le
sort pour élire le maire, ne se présente au scrutin[4].

---

[1] O. Teissier, *Arch. comm. Toulon*, p. 184.

[2] A. de Ruffi, *Hist. de Marseille*, II, 264. — A Nîmes l'élection se
faisait en 1636 au sort des pommeaux. (Ménard, VI, 7.)

[3] *Édit du Roy portant règlement pour la ville et communauté de
Marseille. Mars* 1717, art. XL à LII.

[4] 1714. Délibérations mun. Arch. de Gray.

« On ne sollicite plus les charges, » disait avec regret,
en 1764, le corps municipal de Marseille[1]. Le calme
du tirage au sort devait constraster en effet avec l'a-
nimation et la vie qui se rencontraient dans les assemblées électorales, même réduites par l'électorat au second degré.

Les convocations à ces assemblées étaient faites,
d'après les ordres du magistrat royal ou municipal,
par les sergents du bailliage ou de l'échevinage. Ils
portaient des billets, dont la formule était imprimée,
et, à Reims, ils devaient « se purger par serment » de
les avoir remis à leur adresse[2]. Le jour de l'élection
était le plus souvent fixé de temps immémorial : à
Lyon, c'était la Saint-Thomas ; à Nevers, la Saint-Mi-
chel ; à Bourges, la Saint-Jean-Baptiste ; à Châlons, la
Saint-Martin[3]. A l'heure indiquée, les électeurs se
rendaient dans le local où le vote devait avoir lieu ;
c'était quelquefois un couvent[4], presque toujours l'hôtel de ville. Lorsqu'ils étaient réunis, les magistrats
et les électeurs se rendaient en cortège, soit à la cha-

[1] Mémoire sur l'administration actuelle de Marseille. Archives nationales, H. 1314.

[2] Varin, *Statuts de Reims*, III, 285.

[3] La Thaumassière, p. 138. — Carnandet, *Trésor des pièces rares*, I,
38. — E. de Barthélemy, p. 11. — A Chaumont, l'élection a lieu le 1er
janvier ; à Abbeville, le 24 août ; à Langres, le premier dimanche de
septembre ; à Sisteron, le 8 décembre ; à Bordeaux, le 1er août ; à
Toulouse, le 26 novembre ; à Troyes, le 11 juin ; à St-Dizier, le 2 février, etc.

[4] Il en est ainsi à Dijon (Arch. nationales, H. 140), à Gray en 1674
(Dél. municipales), à Troyes avant 1654 (Arch. Aube, 44. E. 10) et
à Libourne (R. Guinodie, II, 132.)

pelle de l'hôtel de ville, quand il y en avait une, soit
à l'église la plus voisine, pour y entendre une messe
du Saint-Esprit célébrée solennellement [1]. On rentrait
ensuite dans la grande salle de la maison commune. Le
lieutenant général du bailliage ou le maire occupait le
fauteuil de la présidence ; il avait à ses côtés le procureur du roi, les échevins, quelquefois le lieutenant
de police. Le président recevait dans certaines villes le
serment des électeurs, et procédait à leur appel. C'est
alors que se produisaient les protestations, soit contre
la présence de certains magistrats royaux au bureau,
soit contre l'admission des députés de certaines corporations. Elles étaient quelquefois très vives, et si l'on
y faisait rarement droit, elles étaient toujours consignées au procès-verbal. Elles pouvaient même provo-
quer l'emploi de la force. En 1667, le sénéchal de
Montpellier ayant voulu assister au choix des électeurs
contre les privilèges de la ville, le gouverneur de la
citadelle vint avec cinquante mousquetaires et cinquante
citoyens armés investir l'hôtel de ville pour protéger la
liberté des élections [2].

L'appel et les protestations terminés, un orateur
prenait officiellement la parole et prononçait un discours pour engager les électeurs à voter d'après les
inspirations de leur conscience. A Dijon, ce discours
était débité par le premier échevin ou par le procureur

---

[1] Musique à la messe le jour de l'élection des sujets pour la jurade.
40 liv. Etat des dépenses de Bordeaux en 1777. Arch. nationales,
H. 93³.

[2] Arch. nationales, H. 1022.

syndic dans la chapelle du Rosaire [1] ; à Troyes, il l'était dans l'assemblée même par l'avocat de la ville, qui était qualifié d'orateur de la ville [2] ; à Arras, c'est le procureur général qui s'en acquitte [3] ; à Lyon, ce fut, en 1773, le secrétaire de la commune qui en fut chargé ; pour le récompenser de ce morceau d'éloquence, qu'on appelait l'oraison doctorale, on lui donna une tabatière d'or et une veste brochée or et soie et brodée, qui valaient 682 livres [4].

Après le discours, des auditeurs des voix, des scrutateurs, des contrôleurs, ou, dans quelques pays, des évangélistes, étaient nommés, soit par le bureau, soit par les électeurs. A Reims, les officiers municipaux ténaient lieu de scrutateurs ; en 1617, ils prêtaient serment de « procéder fidèlement à la scrutine [5]. » A Vitry-le-François, les électeurs juraient sur leur part de paradis de voter en leur âme et conscience pour des candidats dévoués et intelligents [6]. Tout était prêt pour le vote. Il arrivait parfois à ce moment qu'on demandait de faire sortir de la salle ceux qui n'avaient pas le droit de voter, et de faire fermer les portes [7]. Ailleurs,

[1] Arch. nationales, H. 140. — Alexandre Thomas, p. 281.

[2] Arch. de l'Aube, C. 1844. Cet usage cessa en 1765. Voir aussi Dʳ Valentin, *Échevinage de Vitry-le-François*, p. 8.

[3] En 1693. Arch. nationales, K. 1145.

[4] *Inv. Arch. Lyon*, BB. 341. Ce discours devait être, à partir de 1620, soumis aux échevins avant d'être prononcé. (*Ibid.* BB. 156.) Voir un arrêt du Conseil de 1643 pour la conduite de l'orateur le jour de la Saint-Thomas. (*Rec. des Privilèges de Lyon*, p. 346-357.)

[5] Varin, *Statuts de Reims*, II, 451.

[6] Dʳ Valentin, p. 8.

[7] Procès-verbal de l'ass. électorale du 29 août 1765, à Troyes. Arch. de l'Aube, 44. E. 10.

elles étaient closes aussitôt que la cloche de l'hôtel de ville avait cessé de retentir pour convoquer les électeurs.

Longtemps le mode de votation fut laissé à la volonté des électeurs. C'est ainsi qu'à Limoges, le président dit aux bourgeois réunis pour élire un magistrat qu'il y avait « trois voyes et manières d'élections : scruptine, compromys et *via spiritus sancti* » et leur demande quel mode ils veulent choisir. Les assistants se décidèrent en faveur du compromis, qui remettait l'élection à trois *compromissaires* élus par eux[1]. Souvent on avait recours au vote à haute voix[2], qui pouvait avoir certains inconvénients. On racontait à Reims qu'un artisan, en criant sur différents tons le nom d'un candidat, réussit à faire croire qu'il réunissait le plus grand nombre de voix. Sur de vives réclamations, on recourut au scrutin, et le candidat n'eut alors qu'une voix, sans doute celle de l'artisan, au grand étonnement du narrateur qui s'écrie : « Chose étrange qu'un seul homme eût fait tant de bruit[3]. » D'ordinaire ce mode était une sorte d'acclamation, s'il s'agissait, soit d'élire des candidats populaires, soit de confirmer des candidatures imposées ou proposées par l'autorité supérieure.

---

[1] *Registres consulaires de Limoges*, I, 45. Ces trois procédés étaient usités pour l'élection des évêques par les chapitres avant le concordat de 1516. Un mystère du XVe siècle en donne une curieuse description. (*La vie et passion de monseigneur sainct Didier*, p. 16.)

[2] A Bayeux, on prenait d'abord les voix des plus cotisés et des plus anciens bourgeois. (*Inv. Arch. Calvados*, C. 1075.)

[3] Lettre attribuée au jurisconsulte de Ferrières. 1720. Varin, *Statuts*, III, 147.

Le système de votation usité à Abbeville avait quelque analogie avec celui que l'on pratique encore aujourd'hui au Parlement anglais. Les électeurs défilaient un à un devant l'auditeur des voix, et sortaient de la salle après avoir exprimé leur vote [1]. A Arras, les bourgeois appelés à élire des conseillers de ville venaient tour à tour, sur un tapis placé au centre de la salle de l'échevinage, rayer les noms qu'ils voulaient éliminer, en présence d'un lieutenant du gouverneur et d'un échevin, qui prêtaient le serment de ne pas divulguer les « roies » [2].

Mais le mode qui prévalut au xviiie siècle, parce qu'il était celui qui présentait le plus de garantie d'indépendance et d'exactitude, ce fut le scrutin secret. On y avait recours depuis longtemps dans certaines villes. L'échevinage d'Angers adopta ce vote au xvie siècle, en s'appuyant sur les usages « des élections des sénateurs à Gênes, Venise, Milan, Rome [3]. » Tant, à cette époque, l'esprit municipal était éveillé et désireux de chercher des modèles! Le vote au scrutin, qui fut prescrit par l'édit de 1765 [4], était entouré de certaines formalités. A Amiens, en 1693, les électeurs remettaient leurs billets pliés entre les mains du maire ; le greffier les parafait et les déposait lui-même dans un coffre à deux clés [5]. A

[1] Mon. inédits de l'hist. du Tiers-État, IV, 541.

[2] On appelait ce mode de suffrage la voie de royer. (Wignacourt.)— En 1693, 260 bourgeois prennent part à un vote de ce genre. (Arch. nationales, K. 1145.)

[3] Port, Inv. Arch. Angers, BB. 28.

[4] Art. XXXVI.

[5] Monuments inédits de l'hist. du Tiers-État, III, 168.

Troyes, en 1765, l'on vote dans un coffre fermant à clef posé sur le bureau [1].

Le dépouillement du scrutin avait lieu séance tenante. À Amiens, c'était le procureur du roi qui lisait les bulletins et les remettait au maire. Ils étaient brûlés publiquement avant la fin de la séance.

Les assemblées, même restreintes, n'étaient pas à l'abri des brigues et des compétitions électorales. C'est en vain que l'on avait maintes fois édicté des pénalités contre ceux qui s'y livraient. Au xvie siècle, le Parlement de Dijon avait dû même défendre les « brigues, monopoles ou poursuites indehues... à peine d'estre penduz et estranglez ; et affin, disait-il, qu'on n'en prétende cause d'ignorance, sera dressée une potence double devant le portal des jacobins, lieu accoustumé à faire ladite élection, pour pugnir sur le champ tous ceux qui feront et commettront lesdites brigues.» Mais quelque menaçante qu'elle fût, la double potence n'y fit rien. Il fallut que le Parlement défendît de nouveau de briguer les suffrages, au scandale des gens de bien, « par épanchement d'argent, port de feuillettes de vins, banquets, assemblées populaires aux cabarets et jardins pour enharrements de voix à l'élection du maire [2].» Les banquets électoraux persistèrent jusqu'au xviiie siècle. « Il est rare, dit un jurisconsulte de ce temps, que la modération et la frugalité accompagnent les repas qui sont les préliminaires des brigues et des élections [3].»

---

[1] Arch. de l'Aube, 44. E. 10.

[2] *Inv. Arch. Dijon*, B. 197, 238, 12, 13.

[3] Brillon, III, 25.

Surtout, quand les habitants étaient divisés, ce qui
n'arrivait que trop souvent, la lutte prenait un caractère de vivacité et d'acharnement qui est propre
aux rivalités locales. Chacun s'associait à la querelle
de l'un des partis, et si l'on n'en venait pas aux
mains, on luttait à coups de pamphlets, de chansons
et de médisances[1]. A défaut de journaux, la feuille
volante, la brochure, les petits vers satiriques étaient
répandus à profusion, et les querelles s'éternisaient
par les répliques de gens qui connaissaient à fond la
loi et la chicane, et voulaient avoir le dernier mot. Telles
furent les rivalités des partis dits de la Grande Croix
et de la Petite Croix à Nîmes en 1657[2]; tels furent à
Auxerre, la lutte des « grecs » et des « latins ». Les
grecs étaient soutenus par l'évêque, et ayant échoué
aux élections, ils réussirent à les faire casser deux fois
pour triompher la troisième[3].

Lorsque l'élection approchait, l'activité des meneurs
redoublait. On les voit à Troyes en 1765 convoquer
les électeurs à des réunions privées, les réunir au palais
de justice, leur servir à déjeûner et à boire, et leur
remettre des bulletins écrits d'avance, qu'on avait eu
le soin de numéroter « afin que si quelqu'un eût manqué de parole, on pût s'en apercevoir. » On poussait
la précaution plus loin ; un des meneurs les plus actifs
surveillait les votants de près, s'érigeait, comme le dit

---

[1] V. de Beauvillé, *Hist. de Montdidier*, II, 157.

[2] Ménard, *Hist. de Nismes*, VI, 124-136.

[3] Challe, *une Élection municipale à Auxerre il y a cent ans. Ann.
de l'Yonne*, 1836, p. 15-23.

un contemporain, en « inspecteur des voix », et lorsqu'un second tour de scrutin était nécessaire, écrivait
lui-même les bulletins que les électeurs devaient dépo-
ser [1]. Aussi n'est-il pas surprenant que les assemblées
fussent parfois tumultueuses [2]. On avait beau prêter
serment, comme à Nîmes, de ne nommer « aulcun qui
aye voulu obliger par promesse à la nomination de sa
personne ou de quelque autre, directement ou indirectement [3] ; » trop souvent, « la force de la brigue [4] »
faisait l'élection, et l'on pouvait dire, comme un historien de Marseille, qu'il était « honteux de voir toutes
les années briguer ouvertement les fonctions municipales [5]. » Il était encore heureux que la minorité se
résignât paisiblement à son sort, et ne fît pas, comme
à Orléans en 1777, où non contente de protester, elle
se livra à une discussion d'une telle nature « que les
coups furent distribués sans mesure [6]. »

Les protestations étaient d'ordinaire plus calmes et
plus légales. Tantôt les électeurs réclament contre la
conduite d'un lieutenant-général, qui, en prenant note
des suffrages des citoyens, a « porté atteinte à leur

[1] Arch. de l'Aube, 44. E. 10.

[2] *Inv. Arch. Lyon*, B B. 156-192. — Perry, *Hist. de Chalon*, p. 415.
— Gandelot, *Hist. de Beaune*, p. 162. — A. Christophle, *une Élection municipale au XVIIIe siècle*, p. 83.

[3] 1613. Ménard, V, 356.

[4] Oudard Coquault, II, 274. — *Inv. Arch. Lyon*, B B. 192.

[5] De Ruffi, II, 247.

[6] *Mém. de la Société d'ag. d'Orléans*, 1877, p. 34. — Il fut interdit
à plusieurs reprises de se rendre avec des armes aux assemblées électorales. En 1561, à Dijon, cette interdiction est faite « sous peine
d'être pendu et étranglé ». (*Inv. Arch. Dijon*, B. 199.)

liberté [1], » ou se plaignent des échevins, qui, voyant
que les élections ne paraissaient pas devoir être favorables à leurs candidats, lèvent brusquement la séance [2].
Tantôt les consuls soutiennent un procès à l'occasion
des élections et envoient une députation pour le soutenir à Paris [3]. En droit, c'était au parlement que ces
plaintes devaient être déférées [4]. En fait, c'était le conseil du roi et même le gouverneur ou l'intendant qui
trop souvent décidaient.

Les élections pouvaient être annulées pour vice de
formes ou pour violation de la coutume; c'est ainsi
qu'on casse la nomination de deux consuls, qui, contre l'ordre et l'usage, ont été continués dans leurs fonctions [5], et qu'on déclare nulle l'élection de tous les
conseillers d'une ville, parce qu'on en a élu un de plus
qu'il ne fallait [6]. La cause de brigues était souvent invoquée. Sur ce grief quelquefois un peu vague intervenait une lettre de cachet, qui ordonnait de faire de
nouvelles élections [7]. Le gouverneur, l'intendant ou le
subdélégué venaient y présider; mais à Gignac, le subdélégué attend vainement à l'hôtel de ville les électeurs
municipaux, qui se réunissent dans une maison parti-

[1] Dél. de 1765. Arch. mun. de Gray.

[2] 1670. Canel, *Inst. mun. de Pont-Audemer, Tr. Soc. Eure*, 2ᵉ s.,
II, p. 385.

[3] *Inv. Arch. Albi,* BB. 30.

[4] Brillon, II, 380. — Edit de 1765, art. 41.

[5] *Corr. adm. sous Louis XIV,* I, 640.

[6] Arrêt de 1674, Brillon, III, 59. Voir aussi p. 20.

[7] Th. de la Thaumassière, *Hist. de Berry*, p. 217, 260. — Chardon,
Hist. d'Auxerre, II, 268. — *Corr. adm. sous Louis XIV,* I, 859.

culière pour élire un candidat que l'administration veut
écarter; il ne lui reste qu'à faire casser l'élection [1].
L'intervention administrative peut être protectrice;
mais elle porte plus d'une fois atteinte au principe
d'après lequel les citoyens des villes jouissaient du
droit d'élire leurs magistrats. Si les abus et les excès
qui se produisirent sur certains points la justifièrent
plus d'une fois, ils servirent trop souvent de prétexte
aux mesures par lesquelles l'autorité royale restreignit
le droit d'élection municipale, qu'elle reconnaissait elle-
même dans une déclaration de 1771, comme « si naturel et si précieux [2]. »

[1] Lettre de 1774. Arch. nationales, H. 1000.

[2] Préambule d'un édit de mai 1771. *Anc. lois françaises,* XXII,
529. Cet édit rétablissait les communautés de l'île de Corse « dans le
droit si naturel, si précieux d'élire leurs administrateurs et leurs
chefs, » six mois avant l'édit qui allait l'enlever en droit aux villes
de France.

CHAPITRE V

L'INTERVENTION DE L'ÉTAT

Intervention de l'État dans la nomination des magistrats municipaux.
— Nomination par le roi sur une liste de trois candidats. — Nomination par les seigneurs ou l'intendant. — Intervention dans les
élections. — Éloignement des électeurs. — Pression exercée sur
les candidats. — Candidature officielle. — Lettres de cachet. —
Violation et garantie des privilèges. — Élection du prévôt des marchands de Paris. — Candidats imposés. — Le gouverneur de Bourgogne. — Édit de 1692. — Créations et suppressions des offices. —
But fiscal. — Rachat par les villes. — Maintien en grande partie
des élections. — Acquisitions d'offices. — Refus des villes de les
acquérir. — Rachat imposé aux villes et aux provinces. — L'homme
vivant et mourant. — Administration par commission. — Pays
d'états. — Offices en Languedoc et en Bourgogne. — Persistance
des élections.— Les règlements de 1787 et les cahiers de 1789.

Depuis le XIIᵉ siècle, la monarchie intervint dans
l'administration des villes, soit pour favoriser les libertés des habitants, soit pour les restreindre. Sentant
qu'il était nécessaire de reconnaître aux citoyens des
droits pour se les attacher, et de leur imposer ses
volontés pour les retenir, elle usa, suivant les circons-

tances, de l'une ou de l'autre de ces politiques ; mais par la force des choses et des traditions, l'arbitraire fut pour elle l'expédient, et la liberté électorale le principe. Malheureusement, elle méconnut trop souvent le principe pour recourir à l'expédient.

L'intervention de l'État dans l'administration municipale est légitime, quand elle est maintenue dans de justes limites. A moins d'être une république souveraine et de constituer un état à elle seule, la commune fait partie de la nation ; elle a des devoirs envers la nation, et celle-ci est en droit d'exiger qu'elle les remplisse. L'État doit donc exercer sur elle le contrôle et la direction par des agents qu'il nomme et qu'il révoque. C'est ce qu'il fit en soumettant les villes à l'autorité des prévôts, des baillis et des gouverneurs. Il put aussi intervenir d'une manière efficace en désignant le premier magistrat municipal, soit sur la présentation des citoyens, soit en l'indiquant lui-même aux électeurs.

On peut faire remonter à saint Louis le système de la nomination des maires par le roi sur une liste de trois membres [1]. Ce système fut souvent usité au xvie et au xviie siècles, sans être prescrit par des ordonnances générales. Henri IV, en l'imposant aux habitants de Troyes, déclarait qu'il était appliqué « en la pluspart des autres bonnes villes de son royaume [2]. » On le trouve plus tard à Compiègne, à Soissons, à Angers,

---

[1] Ordonnance de 1256 sur l'élection des maires en Normandie. *Anc. lois franç.*, II, 278.

[2] *Lettres missives de Henri IV*, VIII, 767.

à Orléans, à Sens[1], à La Rochelle[2], à Arras, à Rennes[3], à Metz[4] et ailleurs ; mais il ne fût décrété d'une manière générale que par l'édit de mai 1765.

Dans les petites villes, où la présentation était usitée, le choix était remis au juge, au sénéchal, au gouverneur ou à l'intendant de la province[5]. Dans celles qui étaient assujetties à la juridiction seigneuriale, c'était le seigneur qui désignait[6]. L'abbé de Corbie nommait ainsi le maire sur une liste de candidats[7].

Il pouvait arriver qu'aucun de ces candidats ne réunît les qualités suffisantes pour qu'on pût lui confier les fonctions municipales. Le subdélégué de Sainte-Menehould écrivait à l'intendant de Champagne que les trois bourgeois présentés étaient âgés et impotents, et qu'il fallait demander une autre présentation. Ce ne fut pas l'avis de l'intendant[8]. Il restait aussi à l'administration supérieure la faculté d'en nommer un quatrième, comme on le fit pour la nomination d'un pre-

---

[1] *Corr. administ. sous Louis XIV*, 1, p. 630, 639, 645, 842, 844.

[2] Arcère, *Hist. de la Rochelle*, II, 522.

[3] En 1728. Arch. nationales, K. 1145, H. 520.

[4] Edit de 1640. *Code municipal*, p. 17. — A partir de 1686, le roi désigne les capitouls de Toulouse sur une liste triple. (Roschach, *Hist. de Languedoc*, XIII, 596.)

[5] Augier, *Thrésor des titres de Nyort*, 1675, p. 305. — *Lettres de Henri IV*, t. IV, 550.

[6] Gravier, *Hist. de Saint-Dié*, p. 304. — *Mém. hist. de Domfront. Nouv. recherches sur la France*, I, 335. — Élie Rossignol, *Inst. Gaillac*, p. 120. — Devisme, *Hist. de Laon*, II, 149. — Ce droit fut contesté en Languedoc par l'intendant de Saint-Priest, et soutenu par le syndic général en 1775. (Arch. nationales, H. 998 et 1000.)

[7] *Mon. inédits de l'hist. du Tiers-État*, III, 625.

[8] Buirette, *Histoire de Sainte-Menehould*, p. 491.

mier président de Toulouse ; le roi appela à ces hautes fonctions un conseiller qui n'était pas inscrit sur la liste, « pour n'attrister pas, dit-il, les deux qui seroient demeurez en arrière par le choix de l'un des trois[1]. »

Le roi intervient d'une manière moins cavalière dans les élections, lorsqu'il recommande à un gouverneur « de tenir la main à ce qu'on n'admette aux charges consulaires que des personnes de probité, bien affectionnez à son service[2]. » Pour assurer le calme et prévenir les brigues, il ordonnera au besoin à des bourgeois influents de « se retirer » de la ville ou de « changer d'air » pendant ce que nous appellerions aujourd'hui la période électorale[3]. Si le candidat est suspect, on agit sur lui pour le faire renoncer à sa candidature. « Monsieur, écrit en 1735 le ministre Chauvelin à l'intendant de Champagne, le sieur Dufour, marchand à Troyes, paroist avoir des vues pour la place de maire dont l'élection doit se faire le 11 juin prochain. On est informé que c'est un homme de party. Il ne conviendrait point dans cette place. Vous aurés agréable de vous assurer par luy mesme s'il y pense, et suivant l'exigence, vous aurés agréable ou de l'en détourner sur la considération de son âge avancé et de ses infirmités, ou de lui donner l'exclusion, s'il persiste. Vous me ferés part de ce qui se passera à cet égard[4]. » Le sieur Dufour n'essaya pas de résister ; il

---

[1] De la Faille, *Annales de Toulouse*, II, 528.
[2] Depping, *Corresp. adm. sous Louis XIV*, I, 629.
[3] *Ibid.*, I, 644, 749. — *Inv. Arch. Basses-Pyrénées*, C. 275.
[4] Lettre datée de Compiègne, du 18 mai 1732. Arch. de l'Aube, C. 1844.

s'excusa avec esprit en disant que depuis quarante ans
qu'il était conseiller de ville, il connaissait mieux que
personne la peine et les désagréments des fonctions de
maire. On vit aussi l'intendant demander au roi des
lettres de cachet pour être autorisé à nommer des consuls, dans le cas où ses avis ne seraient pas suffisamment écoutés [1].

Le pouvoir central ne recourait pas toujours à ces
moyens détournés. S'il rendait hommage au principe
électoral, en respectant les formes consacrées, il manifestait ses intentions d'une manière qui ne permettait pas de les méconnaître. A Dijon, sous Louis XIII,
les échevins étaient invités à voter pour le « candidat
du roi [2]. » A Lyon, lorsque des lettres de cachet imposèrent le choix d'un prévôt des marchands, on essaya de résister. En 1601, le procureur général de la
commune se fit l'organe des protestations de l'échevinage ; le gouverneur, transporté de fureur, menaça de
lui passer une brasse de son épée à travers le corps.
En 1674, l'on se contentait de décider que le maire
serait élu en « la forme et manière accoustumée, et
néanmoins qu'on apporteroit toutes les précautions pos-
sibles pour que les intentions de Sa Majesté fussent
ponctuellement exécutées [3]. » La lettre de cachet était
d'ordinaire impérative, et ses termes n'admettaient pas
d'opposition. « Chers et bien amez, écrit en 1677 le
roi aux échevins de Beauvais, voulant que le sieur Le

---

[1] En 1689. A. de Boislisle, *Corr. des contrôleurs gén.*, I, n° 758.
[2] 1607 à 1630. *Inv. Arch. Dijon*, B. 15 et 16.
[3] *Inv. Arch. Lyon*, BB. 138, 172, 230 et 381.

Gay, ancien maire de nostre dite ville de Beauvais, fasse les fonctions de maire pendant la présente année, nous vous faisons cette lettre pour vous dire que nonobstant l'eslection cy devant faite du sieur de Là Motte, vous ayez à vous assembler de nouveau à eslire ledit Gay, maire de nostre dite ville, en la manière accoustumée. Si n'y faites faute, car tel est nostre plaisir. » Il était difficile de résister à des injonctions de ce genre, qui étaient souvent atténuées par l'assurance qu'elles ne porteraient point préjudice aux droits de la ville. « Ce n'est pas pour nuire à vos privilèges et à vos libertés que nous le désirons, écrit Louis XIV au conseil de ville d'Amboise en lui imposant un maire, mais seulement par ce que nous le croyons nécessaire pour vostre bien [1]. » La monarchie n'était pas si absolue qu'elle ne se crût obligée de justifier ses actes arbitraires.

Le respect des anciennes formes couvrait de l'apparence de l'assentiment public des choix décidés par la volonté seule du souverain. On sait comment se pratiquait à Paris, au xviiie siècle, l'élection du prévôt des marchands et des échevins. Les quartiniers et trente-deux notables étaient amenés en carrosse à l'hôtel de ville ; après avoir entendu la lecture d'une lettre de cachet du roi qui désignait le nouveau prévôt des marchands, ils recevaient un billet où le nom de ce dernier était écrit, et le déposaient dans un sac de velours

[1] *Corresp. administ. sous Louis XIV*, I, 873. Voir aussi sur les nominations imposées : *Ibid.*, I, p. 631, 633, 634, 637, 874, 875, etc. *Lettres missives de Henri IV*, III, 442.

cramoisi, après avoir prêté serment de bien fidèlement
procéder à l'élection. L'avocat Barbier, qui fut électeur
en 1750, trouve que ce mode de procéder était le plus
simple et le plus convenable, parce que dans le temps
où il vivait, la plupart des notables qu'on appelait
mandés auraient pu, selon lui, vendre leurs suffrages,
s'ils avaient été libres d'en disposer [1]. Une docilité pareille à celle des *mandés* de Paris ne se rencontrait
pas partout; à Bourges, en 1682, les échevins désignés par le roi ne purent obtenir la majorité ; ils n'en
furent pas moins proclamés et confirmés, avec cette
restriction que c'était « pour cette fois et sans tirer à
conséquence [2]. » On reconnaissait le droit tout en le
violant.

Il ne faut pas croire que la désignation des magistrats municipaux par lettres de cachet fût générale et
permanente [3]. Elle n'était usitée que dans des cas ex-
ceptionnels, sauf à Paris et dans quelques provinces.
Le gouverneur de Bourgogne, entre autres, s'était arrogé le droit de recommander les candidats d'une manière impérative. Il n'était pas toujours écouté. En
1659, son candidat n'eut à Dijon que 318 voix sur

---

[1] *Journal*, éd. 1857, IV, 462. Voir aussi Le Roux de Lincy, *Hist.
de l'Hôtel de Ville de Paris*, p. 160-163.

[2] La Thaumassière, *Hist. de Berry*, p. 265. La même formule est
souvent employée. (1668. *Inv. Arch. Dijon*, B. 307.)

[3] Le maire d'Abbeville fut nommé par le roi de 1638 à 1655. De
1656 en 1692, il fut élu par les habitants. (*Mon. inédits de l'hist. du
Tiers-État*, IV, 499.) On pouvait aussi destituer les consuls par lettres
de cachet. (*Inv. Arch. Basses-Pyrénées*, C. 269.) — Voir aussi : C.
Riva n, *Notice sur le consulat d'Aurillac*, p. 169, 170.

1420 votants[1]. A Beaune, il échoua de même en 1664.
L'intendant blâmait cette intervention comme abusive.
« On ôte par là toute liberté, écrivait-il à Colbert,
mais même on remplit l'hôtel de ville de magistrats
où il y aurait beaucoup à redire. » Mais le ministre
donna raison au gouverneur, qui était un prince du
sang, et cassa l'élection pour la faire recommencer
sous la direction de l'intendant[2]. Le gouverneur de
Guienne intervenait aussi dans les élections municipales,
soit pour recommander un candidat, soit pour l'imposer[3]. L'administration supérieure n'était cependant
point toujours hostile aux élections ; elle refusa de laisser
nommer un conseil de ville par un intendant qui le demandait. « Il suffit, écrit Pontchartrain, de faire eslire
un échevin chaque année à la majorité des suffrages des
habitants qui doivent avoir voix, ainsi qu'il se pratique
dans la plupart des autres villes du royaume[4]. »

C'est en 1691 que Pontchartrain parlait ainsi, et
c'est en 1692 que devait être portée l'atteinte la plus
grave que le principe électoral ait reçue dans notre
histoire. L'édit qui érigeait les charges de maires en

[1] L'élection fut, il est vrai, cassée par le Parlement qui continua
le maire sortant en fonctions, mais le rival heureux du candidat officiel fut élu l'année suivante à la presque unanimité. (*Inv. Arch.
Dijon*, B. 298-300.)

[2] *Corresp. adm. sous Louis XIV*, I, 677. Colbert écrivait en 1672 à
son fils, évêque d'Auxerre, pour lui demander des candidats : « Que
cela soit secret, » lui disait-il. Il devait transmettre les noms de ces
candidats au gouverneur de Bourgogne, qui faisait le choix définitif.
(*Ibid.*, I, 851 et 853.)

[3] R. Guinodie, *Hist. de Libourne*, II, 140 à 142.

[4] *Corresp. adm. sous Louis XIV*, I, 888.

offices vénaux fut un expédient fiscal, qui a été jugé avec une juste sévérité [1], mais qui eut pour conséquence d'établir des maires dans un nombre considérable de villes où il n'en existait pas. S'il fut nuisible aux droits des citoyens et aux usages anciens, il augmenta, en les précisant, comme nous le verrons plus loin, les préro- gatives et les droits des magistrats municipaux.

Ce qu'il faut surtout blâmer dans la politique qui substitua le système de la vénalité au principe électif, ce furent les créations et les suppressions d'offices qui eurent lieu à diverses reprises. Les offices furent éta- blis en 1692, en 1722, en 1733, et en 1771 [2], et sup- primés en 1714, en 1724 et en 1764. La véritable cause de leur création était dans les embarras finan- ciers causés par les guerres ou la mauvaise adminis- tration. Les préambules des édits de 1716 [3] et de 1722 le reconnaissent formellement. L'obligation imposée aux habitants ou aux municipalités d'acheter les offices était sans doute un moyen de rétablir l'équilibre entre les campagnes surchargées d'impôts et les villes qui étaient exemptes de quelques-uns d'entre eux ; mais la forme et le principe de ces contributions quatre fois renou- velées n'en étaient pas moins arbitraires [4], et les ré- sultats n'en justifièrent point les motifs.

---

[1] A. de Tocqueville, 4e édit., p. 88 et 89.

[2] Edits d'août 1692, août 1722, nov. 1733, novembre 1771. *Anc. lois*, XX, 156, XXI, 209, 381, XXII, 539.

[3] L'édit de juin 1716 confirme, en l'appliquant à tous les offices municipaux, celui de septembre 1714. (*Anc. lois*, XVI, 116.)

[4] Il est vrai que les édits stipulaient le mode de remboursement des offices, Cependant le ministre reconnaît en 1773 que « la ques-

Pour supprimer les élections, on invoqua d'ordinaire les cabales et les brigues, qui, disait-on, en étaient inséparables[1] ; mais on ne tardait pas à reconnaître, comme en 1716, que les « nouveaux établissements causaient beaucoup de désordre dans l'administration publique[2]. » C'est que l'édit de 1692, qui avait voulu établir l'uniformité dans les municipalités, n'y parvint en aucune façon ; si quelques offices furent achetés par les particuliers, les autres furent acquis par les villes elles-mêmes qui recouvrèrent, en les payant, les privilèges électoraux dont elles avaient joui jusqu'alors. Lorsque les embarras des finances avaient cessé, on était donc prêt à renoncer à un système qu'aucune raison politique sérieuse n'avait recommandé, et l'un des premiers actes, qui suivirent la conclusion de la paix de Bade en 1714, fut la suppression ou la réunion aux villes des offices que « les conjonctures et la longue durée des guerres » avaient forcé de créer[3].

On ne saurait avoir une idée exacte de l'ancien régime par ses lois. Quelques-unes d'entre elles trouvaient à leur application des obstacles invincibles dans les usages, les coutumes et les droits dont jouissaient les associations du royaume. Toute règle comporte des

---

tion de savoir si des offices rachetés en 1754 par le Languedoc doivent être vendus de nouveau est épineuse. Il y a là une question d'indemnité à voir, écrit-il, mais on ne peut pas faire d'exception pour le Languedoc, parce qu'il faudrait en faire pour la plupart des provinces. » (Arch. nationales, H. 999.)

[1] Préambules des édits de 1692, 1733, 1771. *Code municipal,* p. 290.

[2] *Anc. lois françaises,* XXI, 117-118.

[3] Edit de septembre 1714. *Anc. lois françaises,* XX, 637.

exceptions, et les exceptions sont parfois si nombreuses qu'elles paralysent la règle. Au premier abord, on
croirait que les élections furent partout et pendant longtemps proscrites ; ce serait une erreur. Quoique de
1692 à 1789, elles aient été légalement supprimées
pendant soixante-treize ans, elles ne cessèrent pas d'être
pratiquées dans certaines villes, et dans la plupart ne
furent suspendues que pendant quelques années.

Il est à remarquer que les charges de maires furent
pendant longtemps seules érigées en offices, et que les
fonctions d'échevins, de consuls, de conseillers restèrent presque toujours électives. Il n'y avait pas de maires dans un certain nombre de villes, notamment dans
le midi, et la loi qui en créait ne portait point sous ce
rapport atteinte à des droits antérieurs. Il en était de
même des nouveaux officiers, tels que les assesseurs
et les lieutenants de maire établis en 1692 et en 1706.
Ce fut seulement en 1704 qu'on enleva aux citoyens
la nomination des échevins et des consuls [1] ; mais ce
fut pour peu de temps ; dès 1710, on en reconnaissait les inconvénients, et l'on ne revint en 1771 à la
vénalité de ces charges, que pour augmenter le chiffre
de la rançon qu'on espérait tirer des villes.

Les offices de maires, grâce aux prérogatives et aux
exemptions qui y furent attachées, trouvèrent au dé-
but un assez grand nombre d'acquéreurs [2]. Il était sé-
duisant pour un bourgeois de posséder la première di-

---

[1] *Anc. lois françaises*, XX, 441.

[2] A Montpellier, l'office de maire est payé 40,000 écus en 1692.
(D'Aigrefeuille, p. 468.)

gnité de la ville, moyennant une somme d'argent dont
le placement était honorifique sans être onéreux[1] ; mais
l'acquéreur ne trouvait parfois que des déboires dans
ses fonctions, et avait à lutter contre le mauvais vouloir des échevins et des conseillers élus[2]. Il finissait
souvent par céder aux offres que lui faisait la ville pour
rentrer dans ses droits, dont elle sentait tout le prix
depuis qu'ils étaient aliénés. Elle pouvait aussi les recouvrer à des conditions avantageuses, lorsque le titulaire était décédé. Troyes rachète ainsi en 1711 la
charge de maire, moyennant 40,000 liv., et comme
le procureur du roi y fait des objections en assemblée
générale, un des assesseurs s'écrie : « Le privilège dans
lequel les habitants rentreront de nommer leur maire
est si précieux qu'il n'estime pas qu'aucun député
veuille perdre une occasion sy favorable[3]. » Les offices avaient pu être achetés également par le seigneur
ou par une corporation ; la mairie de Chartres fut ad-
jugée en 1692 moyennant 35,000 liv. au corps des

---

[1] La charge rapporte des gages prélevés sur le produit des octrois
ou payés par la ville et le roi. En Languedoc, les Etats et le diocèse
fournissaient leur quote-part. Le maire de Gaillac avait payé sa charge
16,000 liv., il touchait 500 liv. de gages. (E. Rossignol, p. 128.) Mais à
Roquemaure, en 1773, le maire, qui a acheté sa charge 12,000 liv.
avec gages du denier vingt sur les octrois, ne peut se faire payer,
vu l'insuffisance de ces octrois, que 40 livres.. (Arch. nationales,
H. 999.)

[2] L'archevêque de Narbonne, dans un discours aux Etats de Languedoc sous Louis XV, les traite de personnes viles et sans nom. (Inv.
Arch. Albi, BB. 153.)— Voir aussi le chapitre intitulé : Les tribula-
tions d'un maire imposé. G. Bussière, Etud. historiq. sur la révol. en
Périgord, I, 24-30. — Chardon, Hist. d'Auxerre, II, 344.

[3] Arch. de l'Aube, C. 1845.

marchands, tandis que la ville n'en avait offert que
20,000 [1]; mais, d'ordinaire, les municipalités n'avaient
pas commis une faute aussi grave. Elles s'imposèrent
ou empruntèrent sans hésiter [2], pour conserver leurs
privilèges et n'être pas assujetties à l'obligation de
subir des chefs à la nomination desquels les citoyens
seraient restés étrangers.

Lorsqu'il ne se présentait point d'acquéreurs parmi
les habitants, la ville se gardait bien de faire des offres.
Mais l'intendant n'entendait pas que l'on frustrât ainsi
l'Etat des sommes qu'il était en droit d'attendre de la
vente des offices ; il en imposait l'achat à la ville moyennant un prix déterminé. La ville contestait le prix,
marchandait, criait à l'insuffisance des ressources, à
la difficulté des emprunts, invoquait toutes les raisons
bonnes et mauvaises qu'elle pouvait trouver. L'intendant était obligé de menacer : « Je ne puis m'empescher de vous témoigner mon desplaisir, écrit l'intendant de Besançon aux échevins de Gray, et de vous
dire que si dans peu vous ne faites pas à l'exemple
des autres villes de la province des soumissions pour
la somme qui vous a esté demandée, je seray contraint de vous saisir comme vous le méritez et de faire
saisir les effets de ceux qui composent votre magistrat.
C'est un avis que je vous donne dont vous devrez pro-

---

[1] De Lépinois, *Hist. de Chartres,* II, 452.

[2] Dijon, Amiens, Reims rachètent les charges du maire en 1692,
Nîmes en 1706, etc. — Vitry, qui les racheta toujours, donne 177,100
en 1723 pour le rachat de ses offices municipaux, 40,000 liv. en 1771.
(Dr Valentin, p. 29.)— Troyes les paye plus de 270,000 en 1723. (*Arrêt
du Conseil du 26 juillet* 1723.)

fiter.[1] » Les membres du Magistrat[2] en profitèrent,
mais au lieu de demander de l'argent à leurs concitoyens, ils se cotisèrent entre eux et achetèrent en leur
nom l'office de maire, à la condition stipulée dans l'acte
que chacun d'eux serait maire pendant une année à
son tour. A Chaumont, les officiers de justice firent
de même, et désignèrent chaque année le maire parmi
eux[3].

Ce fut surtout en 1733 qu'on éprouva de grandes
difficultés à vendre les offices. Les bourgeois ne se
souciaient point d'acheter des charges qu'un édit nouveau pouvait leur enlever ; les villes espéraient conserver leurs droits sans avoir besoin d'en payer la rançon.
On avait rencontré un traitant qui s'était chargé de la
vente des offices et en avait avancé les fonds ; il avait
trouvé des sous-traitants dans les provinces, et dans
la généralité de Poitiers seulement, le droit de lever
cet impôt fut adjugé moyennant 348,480 liv.[4] Mais,
on eut beau réduire les frais d'acquisition et de transmission, tels que le marc d'or, l'enregistrement, le sceau
et l'annuel ; on eut beau abaisser de moitié le prix des
charges qui n'avaient pas été achetées[5], les acquéreurs
ne se présentèrent pas, et l'on fut obligé de contraindre les villes et les états à les acquérir, en leur per-

[1] Lettre du 22 juin 1693. Arch. de Gray.

[2] Le corps de ville était désigné à Gray sous ce nom, qui fut appliqué surtout aux municipalités de Flandre et d'Artois.

[3] E. Jolibois, *Hist. de Chaumont*, p. 181.

[4] Lalanne, *Hist. de Châtelleraud*, II, 223.

[5] Arrêts du Conseil des 24 août 1738, 5 août 1749, 22 décembre
1744. Arch. nationales, H. 998.

mettant de pourvoir par de nouveaux droits d'octroi au remboursement de leur prix. Quelques villes [1] et les états de Bourgogne avaient seuls racheté leurs offices avant 1746, treize ans après la publication des édits; les autres provinces, grâce aux prescriptions nouvelles, les réunirent à leurs municipalités de 1746 à 1754. La province du Languedoc paya 11,400,000 liv. pour cette rançon [2].

Les villes, qui rachetaient les charges de maire, étaient obligées de les faire enregistrer au nom d'un titulaire, que dans le langage de la jurisprudence on appelait l'«homme vivant et mourant. » C'était lui qui payait les droits fiscaux, et s'il venait à mourir, il fallait lui donner un remplaçant et payer de nouveau. On réclama longtemps contre cette imposition qui était surtout onéreuse, lorsqu'on tombait sur un sujet qu'une maladie imprévue emportait. Un arrêt du conseil décida en 1759 que l'on devrait s'en racheter; rachat singulier, puisque les villes, dont les offices n'avaient pas été incorporés à l'échevinage, n'avaient jamais eu à se procurer d'«homme vivant et mourant. [3] »

---

[1] Angers. Arras paie 50,000 liv. en 1739 pour la réunion de la charge de maire à son domaine. (Arch. nationales, K. 1145.)—Calais taxé à 232,500 en avait offert 100,000; il dut payer 320,000 en 1748. (Lefebvre, *Hist. de Calais*, II, 716.)

[2] *Code municipal*, 1761, p. 308-519. — Le chiffre du rachat s'élevait à 10,485,664 liv. en 1751. (Arch. nationales, H. 998.)

[3] Bar-sur-Aube refuse en 1759 de se racheter de ce droit, parce qu'il n'a jamais rien acquis. (Arch. de l'Aube, C. 361.) — Rochefort paie en 1761 ce rachat 2616 l. (*Inv. Arch. Rochefort*, nº 47.) — Voir *Hist. de Chartres*, par M. de Lépinois. — P. Levot, *Hist. de Brest*, III, 82. — *Inv. Arch. Angers*, BB. 111. — Arch. nationales, H. 998.

Pour remédier au mauvais vouloir des villes, qui refusaient d'acheter les offices, on imagina de les faire administrer par des individus munis de commissions révocables. Ce système fut surtout suivi en 1771. Les syndics généraux du Languedoc en signalaient vivement les désavantages. « Le roi, disaient-ils, ne reçoit aucune finance et les porteurs de commissions jouissent des émoluments qui sont à la charge des communautés, tels que gages et livrées... Cet abus est d'autant plus sensible que ces porteurs, souvent étrangers à l'administration, ne sont pas même de la qualité requise pour être à la tête du corps municipal, et moins encore pour entrer aux Etats. Peut-on voir en eux des représentants des communautés?[1] » Les charges ne se vendaient pas plus rapidement[2]. On se plaignait, en 1773, du syndic du diocèse de Nîmes qui cherchait à dégoûter les acquéreurs de charges municipales, afin que les communautés pussent conserver la liberté de choisir leurs officiers[3]. Il arrivait même que les bourgeois, auxquels les commissions étaient destinées, refusaient de les accepter et que la ville continuait à être administrée par des magistrats de son choix[4].

---

[1] Second mémoire des syndics généraux de Languedoc, au sujet de là déclaration du 11 mai 1772, qui ordonne en Languedoc l'exécution de l'édit de novembre 1771. Arch. nationales, H. 999.

[2] On déclare en 1787 à la ville de Coutances que tous les membres de son corps municipal resteront nommés par le roi, parce qu'elle n'a pas racheté les offices créés en 1771. (*Inv. Arch. Calvados,* C. 1173.) — La ville de Saint-Emilion reste de 1771 à 1774 administrée par ses quatre jurats. (Guadet, p. 187.)

[3] Arch. nationales, H. 999.

[4] Corneille Saint-Marc, *Tablettes historiq. de la ville de Saint-Amour. Mém. Soc. d'émulation du Jura,* 1868, p. 101.

Les provinces, désignées sous le nom de pays d'états, telles que le Languedoc et la Bourgogne, traitaient directement avec les ministres pour le rachat des offices. En Languedoc, il avait donné lieu, après 1733, à de longues contestations. La province finit par payer des sommes considérables en 1754, et plus tard en 1774, pour conserver aux villes les droits qu'elles possédaient. Le remboursement des charges acquises par des particuliers souleva d'assez nombreuses difficultés. Afin de multiplier les charges et de les empêcher de se perpétuer dans les mêmes mains, l'Etat s'était avisé de créer des maires alternatifs et mitriennaux, qui partageaient successivement l'autorité avec les titulaires. A Montpellier, le maréchal de Richelieu avait acheté l'office de maire ancien ; il le faisait exercer par le sieur Cambacérès, à qui il avait promis que l'office de maire alternatif et mitriennal, créé par le même édit, ne serait pas levé. La province, rentrée en possession de ses droits, voulut faire élire un maire alternatif. Mais le maréchal de Richelieu était influent ; il obtint un arrêt du conseil qui supprima cette dernière charge, et en fit payer le prix au roi par la province [1]. Celle-ci avait rarement affaire à des adversaires aussi puissants. Plusieurs officiers municipaux s'élevèrent, en 1775, contre le mode de remboursement arrêté par les Etats ; de ce nombre était l'évêque d'Agde, qui avait acheté tous les offices de sa ville épiscopale [2]. D'autres, comme les

---

[1] Arrêt du Conseil du 14 octobre 1754. La charge de maire ancien avait été payée 92,250 l.; l'autre fut cotée 48,000. (Arch. nationales, H. 998.)

[2] Arch. nationales, H. 1000.

maires de Carcassonne et de Saint-Pons, réclamaient vivement, parce que les Etats ne voulaient leur payer que la moitié des finances de leur office[1]. Les uns disaient que le rétablissement des élections ramènerait les cabales et les dissensions, tandis que la ville de Toulouse craignait de voir porter atteinte à ses privilèges par l'arrêt du conseil qui avait autorisé le rachat[2].

En Bourgogne, les Etats s'étaient empressés, dès 1696, de racheter les offices des villes de la province ; mais ils avaient gardé pour eux le droit de nommer les maires, sauf à Dijon, où, suivant eux, « les divisions et les cabales étaient moins à craindre que dans les petites villes[3]. Ils avaient bien voulu laisser aux habitants de ces localités la faculté d'élire les échevins et les autres officiers. Comme on le voit, la liberté provinciale s'exerçait en Bourgogne au détriment de la liberté municipale. Si l'on pouvait dire que les maires avaient un rôle politique, qu'ils n'avaient pas ailleurs, puisqu'ils participaient à l'administration de la province, comme députés-nés, alcades ou élus du tiers-état, il n'en était pas moins vrai que leur nomination n'était pas conforme aux principes généralement adoptés dans

---

[1] Arch. nationales, H. 999. Le Languedoc devait payer 7,472,963 liv. pour les offices rétablis en 1771. Il en restait encore pour 5,937,400 à vendre en 1775. Albi, Beaucaire, Carcassonne, Castelnaudary, Montpellier, Narbonne, étaient du nombre des villes qui s'étaient abstenues. Béziers, Castres, Cette, Frontignan, Nîmes, le Puy s'étaient exécutées. (Etat des offices municipaux du Languedoc à lever.)

[2] Arrêt du 27 octobre 1774. Arch. nationales, H. 1000.

[3] Ce droit leur avait coûté 5,350,000 liv. jusqu'en 1765. (Arch. nationales, H. 140.)

le royaume, et que consacrèrent les édits de 1764 et de 1765. Aussi, lorsque l'intendant Amelot réclamait, en 1767, au nom des Etats, le maintien des usages et des privilèges existants, le contrôleur général pouvait-il lui répondre avec justesse : « La propriété des charges municipales par les Etats est un abus. La loi qui les rend aux villes est une loi d'équité[1]. »

Le système des offices était condamné par l'administration qui en avait tiré profit et qui devait y recourir encore. La Bourgogne recouvra de nouveau, en 1773, le privilège de nommer les maires et de faire exercer la police dans les villes[2]. Les abus, que la monarchie voulait détruire, renaissaient d'eux-mêmes, parce que ses ministres, pour remédier aux embarras financiers, n'hésitaient pas à recourir aux expédients au détriment des principes ; cependant, malgré les atteintes qu'ils subissaient, ces principes s'affermissaient dans les esprits et, depuis 1764, prenaient un caractère de généralité et d'uniformité qu'ils n'avaient jamais eu dans le passé. Les Etats de Bretagne protestaient, en 1775, en faveur de la liberté des communautés, parce que, disaient-ils, « elle était le principe de leur existence[3]. »

---

[1] Lettre du 28 janvier 1767. La même lettre dit qu'on se plaint de l'arbitraire avec lequel les villes sont administrées en Bourgogne. (Arch. nationales, H. 140.)

[2] Edit du 31 décembre 1773 acceptant l'offre d'un million faite par les élus de Bourgogne, à rembourser sur les revenus des octrois de la rivière de Saône de 1783 à 1788, pour le rachat des offices municipaux de la province. (Arch. nationales, H. 140.)

[3] Mémoire au roi pour demander le rétablissement des assemblées générales de Rennes. Arch. nationales, H. 520.

Si, en Bourgogne, ce principe restait méconnu, s'il l'était encore dans un trop grand nombre de villes, il n'avait pas cessé d'être mis en pratique dans la plupart d'entre elles, surtout dans les petites villes. « Il y a dans la province, disaient, en 1772, les syndics généraux du Languedoc, 2800 communautés, sur lesquelles il n'y en a pas un cinquième qui puisse être susceptible de la création des offices[1]. » Les villages, grâce à leur humilité, avaient échappé aux offices vénaux ; les villes, grâce à leur richesse, les avaient souvent rachetés. La loi de 1789, qui établit partout des municipalités électives, ne fit que généraliser, en les étendant, des règlements, déjà appliqués sur beaucoup de points, et des principes dont la source jaillissait des couches les plus profondes de notre histoire.

C'est pour cette raison que tant de cahiers de 1789 réclamaient le rétablissement des libres élections dans toutes les villes où elles avaient été supprimées[2]. Les règlements de 1787 avaient donné un caractère légal à ces élections dans les communautés rurales de la plupart des provinces[3], et grâce au zèle des assemblées provinciales, des institutions municipales uniformes venaient d'être appliquées aux villages. Tandis que ceux-ci, sous l'influence de l'unité monarchique, avaient acquis peu à peu des droits communaux, les villes, qui avaient inégalement joui de ces droits, les avaient vu tantôt s'accroître, tantôt se restreindre. Mais l'esprit

[1] Arch. nationales, H. 999.
[2] *Arch. parlementaires*, VII, 557-564.
[3] *Anc. lois françaises*, XXVIII, 366.

municipal avait persisté chez elles ; au moment même
où il semblait le plus étouffé par les lois restrictives,
il reprenait une véritable vigueur ; il était disposé à se
développer d'une manière normale, si les événements
eussent permis à la monarchie de faire pour les villes
ce qu'elle venait de faire pour les villages ; il était prêt,
au premier signal, à prendre un essor que de prime
abord la Révolution devait rendre sans limites.

LIVRE II

LA MUNICIPALITÉ

———

CHAPITRE I

L'HOTEL DE VILLE

Double signification de l'hôtel de ville. — Rareté des édifices de ce genre antérieurs au xvᵉ siècle. — Hôtels de ville des trois derniers siècles. — Constructions nombreuses au xviiiᵉ. — L'hôtel de ville et le bailliage à Rennes. — Plan de l'hôtel de ville de Rouen. — Grande salle. — Sa décoration. — Portrait des princes. — Salle de délibérations. — Chapelle. — Archives. — Importance des chartes. — Armoires, classement et inventaire. — Registres municipaux, cartulaires, annales. — Miniatures historiques. — Balcon, perron, brétèche. — Place de l'Hôtel de Ville. — Horloge. — Beffroi. — Guetteur. — Cloches. — Enlèvement des cloches. — Emeutes. — Troubles d'Aix et de Carcassonne. — Prescriptions de raser des hôtels de ville.

« Toutes les villes de France ont leur hôtel de ville, écrit un publiciste en 1784 ; c'est un privilège qu'elles tiennent du monarque ou de leurs seigneurs particuliers ; privilège véritablement précieux, puisqu'il est le fondement de la liberté de nos cités.[1] » Si ces hôtels

---

[1] *Recueil des règlements et recherches concernant la municipalité*, par M*** (M. L. J. de Boileau), avocat, 1784, t. I, p. 1.

de ville, dont le nom s'appliquait à l'ensemble des institutions communales, existaient partout sous Louis XVI,
il n'en avait pas toujours été ainsi. C'est seulement à
la suite de l'édit de 1692 qu'ils s'étaient établis, avec
la double acception qu'on attachait à leur nom, dans
toutes les villes du royaume. Depuis le xiii° siècle,
depuis la disparition des communes jurées, il en avait
été créé un grand nombre ; mais il restait encore au
xvii° siècle beaucoup de localités, où le juge avait la
haute main sur l'administration communale et où le
seul édifice civil était l'auditoire.

Sauf dans le nord et dans le midi, il s'est conservé
peu de souvenirs des édifices municipaux du moyen-
âge. Sans remonter aux époques romaines et mérovin-
giennes, on peut citer en Picardie et dans les Flandres
des halles en bois, au-dessus desquelles étaient les
salles de justice et d'échevinage, et qui précédèrent les
quelques édifices en pierres, flanqués de tours ou sur-
montés de beffrois, que l'on construisit au xii° siècle.[1]
Mais la France ne peut montrer, comme les Pays-Bas,
l'Allemagne du Nord et l'Italie, de nobles et superbes
témoins de la grandeur municipale du moyen-âge ; elle n'a
aucun édifice de ces époques reculées, qui puisse rivali-
ser avec Ypres, Brunswick et Sienne, et le seul hôtel de
ville antérieur au xv° siècle qu'elle ait conservé est celui
de la petite ville de Saint-Antonin, en Languedoc[2].

[1] Tailliar, *Congrès archéologique*, XXV° session, p. 485.
[2] Viollet-Leduc, *Dictionnaire de l'architecture française du XI°
au XVI° siècle*, VI, 94. — Trulat, *Bulletin de la Soc. archéologique
de Tarn-et-Garonne*, t. IV, 158-164.

C'est seulement à la fin du xvᵉ siècle que nous voyons apparaître des édifices communaux en assez grand nombre. On peut en voir encore des spécimens à Poitiers, à Orléans, à Luxeuil, à Compiègne, à Saint-Quentin[1]. Jusqu'à cette époque, les habitants se réunissaient sur les places, dans les églises ou dans les cloîtres, pour délibérer sur leurs affaires ; lorsque l'on créa des échevinages et des conseils de ville, ils eurent d'abord une ou deux chambres dans des maisons, que rien ne distinguait des habitations particulières, ou dans la partie supérieure d'une tour ou d'un clocher[2]. Quelques villes, comme Bordeaux, Carcassonne, Evreux et Avallon, conservèrent même au xviiiᵉ siècle le siège de leur administration communale dans l'édifice flanqué de tours, le donjon ou le beffroi où il était établi depuis le moyen-âge[3]. Mais, à partir du règne de Louis XI, les villes auxquelles des constitutions municipales étaient octroyées s'empressèrent d'acquérir des hôtels ou d'en faire élever. L'échevinage de Troyes en achète un en 1495[4] ; Orléans construit en 1498 son hôtel commun[5] ;

---

[1] Viollet-Leduc, VI, 96.

[2] A Rethel les élections municipales ont lieu dans la salle haute de la porte à l'Image. (Jolibois, *Hist. de Rethel*, p. 158.) Voir aussi son *Hist. de Chaumont*, p. 398. Les assemblées de ville d'Epernay se tiennent dans le clocher des Martiniens. (A. Nicaise, *Epernay*, p. 111.)

[3] Foncin, *Guide à la cité de Carcassonne*, p. 284. — Piganiol de la Force, *Nouveau voyage en France*, 1780, II, 415. — Ernest Petit, *Avallon*, p. 375.

[4] T. Boutiot, *Hist. de Troyes*, III, 209.

[5] Le Maire, *Hist. et antiquitez d'Orléans*, p. 299. — Bourges le fait construire en 1488. (*Not. hist. sur l'hôtel de ville de Bourges*, p. 42. *Ann. du Berry*, 1840.)

vers la même époque, la maison que possédait Jacques
Cœur à Lyon devient le siège des conseils de ville et des
assemblées électorales, qui depuis le treizième siècle
se tenaient dans une chapelle[1]. Le XVIe siècle vit élever
un nombre plus considérable d'hôtels de ville. Paris
remplaça la maison aux piliers par l'élégant édifice, qui
a subsisté jusqu'à nos jours, au milieu des ailes et des
pavillons que des édilités successives y avaient ajoutés.
Mais, ce fut surtout à partir du règne de Henri IV
qu'on vit surgir partout des constructions de ce genre.
Amiens[2], Toulouse[3], La Rochelle[4] commencent des
hôtels de ville sur de vastes plans, qui ne furent complètement exécutés que plus tard. Dans le cours du
XVIIe siècle, Troyes et Lyon font bâtir les leurs. Celui
de Lyon est construit avec un luxe et une grandeur
en rapport avec la richesse de la cité; on vante son
escalier, ses salles et ses galeries superbes. C'est désormais dans toute la France monarchique une émulation
digne d'éloges pour élever de riches et de nobles édifices municipaux. Les intendants y concourent avec les
échevinages. Si l'on avait parcouru les grandes villes de
province sous Louis XVI, on aurait admiré, comme les
contemporains, les palais que l'on avait construits à
Reims, à Angers, à Nantes, à Aix, à Montpellier[5].

---

[1] La chapelle Saint-Jacques construite dans ce but en 1200. (Rolle,
Inv. des Archives de Lyon, Intr., p. 1.)

[2] *Manuscrits de Pagès*, I, 480. — Dusevel, *Hist. d'Amiens*, II, 5.

[3] De La Faille, *Annales de Toulouse*, II, 532.

[4] Arcère, *Hist. de La Rochelle*, II, 579.

[5] *Nouveau voyage de France*, 1760, p. 38, 331, 289, 434. — Piganiol
de la Force, 1780, I, 128.

Jamais les villes n'avaient eu de maisons communes
plus vastes et plus belles qu'à cette époque, où leur
importance municipale, au dire de la plupart des
historiens, aurait presque disparu. Chose remarquable :
tandis qu'on élève partout des hôtels de ville[1], on construit peu de palais de justice. C'est que les parlements
et les présidiaux sont installés dans de vieux édifices,
dont l'agrandissement ne répond point à des besoins
nouveaux. Les autorités judiciaires restaient cependant
avec les autorités municipales à la tête de la cité, et
c'est un emblème assez juste de l'administration à cette
époque que le double palais qui fut élevé à Rennes en
1744, où la tour de l'horloge, placée au centre au-
dessus de la statue du roi, dominait l'aile droite affectée
au présidial et l'aile gauche qui formait l'hôtel de ville[2].

Il arrivait parfois que le bâtiment où se trouvait la
chambre de ville servait à différents usages. A Bruyères,
il renfermait aussi les halles et la prison ; sous les arcades du rez-de-chaussée, les marchands étalaient les
jours de fêtes[3]. L'hôtel de ville de Marseille s'appelait
la Loge ; le rez-de-chaussée était une sorte de Bourse
où les négociants et les marins se donnaient rendez-

[1] Citons parmi ceux qui furent construits au xviiiᵉ siècle : Bruyères
(1703), Mézières (1732), Saint-Amour (1733), Rethel et Vassy (1750),
Charmes (1760), Uzès (1763), Sainte-Menehould (1766), Mâcon (1767),
Châlons-sur-Marne (1771), Tours (1777), Langres (1778), Bar-sur-
Seine (1779), Chaumont (1780). Celui de Chalon-sur-Saône fut agrandi
en 1740.

[2] Patte, *Monuments élevés à la gloire de Louis XV*, pl. 22, p. 149
et suiv.

[3] Lepage, *Notice historique sur la ville de Bruyères. Annales de
la Soc. d'émul. des Vosges*, 1878, p. 159, 164.

vous. Au premier étage, étaient placées les chambres
des consuls et des juges de la Bourse[1].

Les hôtels de ville, construits au xviii° siècle, admettaient rarement ces différentes affectations. Ils renfermaient une grande salle, une ou plusieurs salles de
délibérations où d'audience, des bureaux, parfois une
salle à manger et une chapelle. La salle à manger peut
surprendre, mais nous verrons plus loin qu'elle n'était
pas inutile. Toutes ces pièces figurent sur le plan de
l'hôtel de ville qu'on voulait construire à Rouen en 1758.
Il s'y trouvait en outre une salle de concert, une salle
pour l'académie, une cuisine et ses dépendances[2].

. La grande salle était le lieu de réunion des assemblées générales et communales; elle était la pièce essentielle de l'hôtel de ville, qui parfois n'en contenait pas
d'autres. Il en était ainsi à Auxerre, en 1635, et comme
cette salle unique ouvrait sur la rue, on se plaignait
de ce que les délibérations fussent connues du public
avant qu'on voulût l'en instruire[3]. La grande salle
servait à des usages multiples. Au xviii° siècle, on y
donnait des concerts et des bals, non-seulement des
bals officiels, mais des bals publics où l'on était admis
en payant[4]. A Bayonne, à Boulogne, elle était éclairée
avec des lustres de cristal. La décoration en était parfois luxueuse et artistique; des tapisseries de haute

[1] *Nouveau voyage de France*, 1760, p. 32.
[2] Patte, Chapitre VII.
[3] Chardon, *Hist. d'Auxerre*, II, 127.
[4] *Inv. Arch. Angers*, BB. 114 et 132. — On y donnait même des bals
masqués. (Ch. de Ribbe, *Un journal à Aix avant la Révolution*,
p. 23-24.)

lice, des tentures semées de fleurs de lis en couvraient
les murs; une large cheminée de pierre ou de marbre
sculpté se dressait à l'une de ses extrémités. Au lieu
le plus apparent étaient suspendus les portraits du roi,
du dauphin et même du gouverneur[1]. On pouvait
aussi y voir ceux des anciens magistrats municipaux,
alignés autour de la salle, comme les portraits des
doges au palais ducal de Venise. On y plaçait les bustes
des hommes qu'on voulait honorer[2]; on y inscrivait
sur des tables de bronze les noms des citoyens éminents et des bienfaiteurs de la ville[3]; on y gravait sur
des lames de cuivre le texte de ses privilèges[4]. C'était
pour ainsi dire le sanctuaire de la cité. Ses armes et
ses emblêmes y figuraient, quelquefois même d'une
façon étrange. A Nîmes, quatre crocodiles empaillés
étaient pendus avec des chaînes de fer aux poutres de
son plafond, parce qu'un crocodile se trouvait dans
les armes de la ville[5].

La grande salle était trop vaste pour les réunions et
les audiences des échevins ou des conseils de ville. Les
réunions se tenaient dans une autre salle, autour d'une
longue et large table, tantôt couverte d'un tapis de drap
vert, tantôt garnie, comme les chaises, d'une tapisserie
bleue parsemée de fleurs de lis d'or et ornée de l'écus-

[1] *Inv. Arch. Bayonne*, CC. 330... *Albi*, CC. 287... *Boulogne*, nos 65
et 192... *Mâcon*, CC. 135.
[2] Au Capitole de Toulouse, par exemple.
[3] Léop. Niepce, *Note sur l'ancien hôtel de ville de Chalon. Mém.
de la Soc. d'hist. de Chalon*, III, 163.
[4] A Poitiers, *Les Délices de la France*, 1728, II, 212.
[5] Ménard, *Hist. de Nismes*, V, 293.

son de la ville[1]. Sur les murs étaient placés les portraits des princes et un crucifix[2]. La salle d'audience contenait dans un angle un espace carré entouré d'une balustrade, et qu'on appelait le parquet. Dans cette enceinte, un banc à dossier, recouvert d'étoffes fleurdelisées, s'étendait le long du mur; au centre du banc, un fauteuil plus élevé était destiné au maire ou au lieutenant général. En face, une table longue, avec des bancs de chaque côté. Le public se tenait autour de la balustrade[3]. Cette salle était aussi ornée d'un crucifix suspendu au-dessus de ce qu'on appelait à Arras la « chaise de judicature[4]. »

L'esprit religieux se manifestait également par la construction et l'entretien d'une chapelle, comme celles qu'on pouvait voir au xviii° siècle dans les hôtels de ville de Lyon, de Bordeaux, de Dijon et de Toulouse[5]. On y disait trois messes par semaine à Arras. Les consuls de Pézenas payaient 20 liv. par an pour les cierges qu'on y brûlait, et 90 liv. aux Capucins chargés d'y célébrer la messe tous les jours[6]. Ailleurs, l'hôtel de ville avait son aumônier en titre[7].

[1] *Inv. Arch. Boulogne*, n° 19... *Angers*, BB. 101.
[2] *Inv. Arch. Lyon*, BB. 190, 198.
[3] Manuscrit de la bibliothèque de Troyes.
[4] C. de Wignacourt, *Echevinage d'Arras*, p. 6.
[5] *Inv. Arch. Lyon.* BB. 206. Elle fut bénie à Lyon en 1652.—*Inv. Arch. Dijon.* B. 413.—Piganiol de la Force, II, 29.—Voir aussi : Le Bret, *Hist. de Montauban*, I, 115; d'Aigrefeuille, *Hist. de Montpellier*, 582.
[6] C. de Wignacourt, p. 7. — 1742. Arch. nationales, H. 1030.
[7] En 1777, Bordeaux paie 250 liv. à son chapelain de l'hôtel de ville. (Arch. nationales, 93³.) — Achat d'une soutane en 1647 à Bayonne pour l'aumônier du corps de ville. (*Inv. Arch.* CC. 418.)

Dans un cabinet attenant aux salles de réunion, quelquefois dans un réduit reculé, voûté avec soin, étaient placées les archives. A Paris [1], à Abbeville, à Troyes, la salle voûtée était éclairée par des fenêtres grillées et fermée par une porte de fer ; ces précautions conjuraient les dangers d'incendie, mais non les risques d'humidité. Les trois clés de la chambre du trésor d'Abbeville étaient remises au mayeur, au procureur du roi et au greffier [2] ; le prévôt des marchands et le premier échevin de Lyon avaient chacun une des deux clés de la porte de fer des archives [3]. Les précautions étaient plus minutieuses au XVIe siècle ; le trésor de Limoges avait vingt clés confiées à dix bourgeois ; les six consuls d'Albi détenaient chacun une des six clés nécessaires pour ouvrir l'armoire où étaient enfermées les chartes de la commune [4]. A l'époque où l'imprimerie n'existait pas, ces chartes avaient été les seuls titres que la ville pût invoquer pour le maintien de ses privilèges. Si l'on ne faisait pas comme à Nimègue, où l'on fermait les portes de la ville et l'on envoyait les artilleurs aux remparts, tandis qu'un serrurier, en présence des échevins, procédait à l'ouverture compliquée de l'armoire des archives [5], en France, on mettait du moins les titres à l'abri des dangers extérieurs, en les renfermant, s'il n'y avait pas d'hôtel de ville, soit dans

---

[1] Leroux de Lincy, *Hist. de l'hôt. de ville de Paris*, p. 49.
[2] *Monuments inédits de l'hist. du Tiers-Etat*, IV, 534.
[3] 1625. *Inv. Arch. Lyon*, BB. 167.
[4] *Reg. consulaires de Limoges*, I, 82. — Jolibois, *Inv. Arch. Albi* Introd., p. 4.
[5] Havard, *les Frontières menacées*, p. 366.

un donjon, soit dans un couvent ou dans la tour d'une
église[1].

Les chartes, placées au moyen-âge dans des coffres
ou des arches, furent rangées plus tard dans des armoires ou des buffets à tiroirs. Au xvi⁰ siècle, les
archives d'Orange étaient réparties entre quatorze armoires qui portaient des noms empruntés à la Bible
ou à la mythologie. C'est ainsi que les privilèges de
la ville se trouvaient dans l'armoire *Moyse*; ceux de
l'université dans l'armoire *Minerva*, tandis que les
papiers divers ou non classés étaient dans l'armoire
Chaos[2]. Mais dans beaucoup de localités, les titres et
les papiers de la commune, abandonnés à des échevins
peu lettrés, étaient négligés et en désordre. L'administration royale et les états de Languedoc prescrivirent à
diverses reprises de les enfermer dans un lieu spécial,
fermé à deux clés, et d'en faire l'inventaire[3]. En Languedoc, des commissaires spéciaux furent chargés de
vérifier l'exécution du règlement que les états avaient
édicté en 1662. En 1734, ils se firent ouvrir à Albi
deux armoires; ils y trouvèrent beaucoup de papiers,
« mais fort dérangés et en partie rongés des rats, parmi
lesquels, disaient les commissaires, qui ne cherchaient
pas à voir de près, il y a quantité de vieux papiers
qu'on nous a dit pouvoir être des titres[4]. » Un pareil

---

[1] *Inv. Arch. Dijon*, B. 271 et 399. La tour de l'église Notre-Dame
s'appelait encore en 1765 la tour du Trésor-des-Chartes.

[2] Rapport de M. de Mas-Latrie, *Doc. inédits*, I, 717, IV, 18.

[3] *Anc. lois franç.*, XX, 108, 498-499. — Arch. nationales, H. 1046.

[4] E. Jolibois, *Inv. Arch. Albi*, Intr., p. 4. — *Inv. Arch. Verdun-
sur-Garonne*, BB. 22.

désordre existait dans beaucoup d'archives communales au xviie et au xviiie siècles. Aussi les villes, souvent stimulées par l'Etat [1], sentirent-elles la nécessité
de les classer et d'en prescrire les inventaires. Paris,
Nîmes, Villefranche, Bergerac, Bayonne, Moulins, et
beaucoup d'autres y firent procéder [2]. Si Chaumont ne
donnait que 6 livres de sucre au « bonhomme » chargé
de mettre en ordre les archives, Auxerre dépense 6025
liv. en 1760 pour ce travail [3]. La rédaction de l'inventaire des précieuses archives d'Amiens est confiée, en
1732, au père du poète Gresset [4]. A Troyes, un arpen-
teur et son frère doivent, en 1737, tirer les titres du
trésor pour en « faire sortir les mauvaises exhalaisons »
et en rédiger l'inventaire [5]. L'inventaire et les classe-
ments, tout défectueux qu'ils pouvaient être, facilitaient
les recherches et permettaient de mieux garantir la
propriété des titres. Si l'on en entourait parfois la
communication de précautions minutieuses [6], si on la

---

[1] Edit de 1764, art. 32. *Anc. lois*, XXII, 413.

[2] Ménard, VI, 64, 640. — *Inv. Arch. Villefranche*, BB. 6. — *Doc.
inédits*, I, 115. — *Inv. Arch. Bayonne*, BB. 49.— *Inv. Arch. Moulins*,
no 135.

[3] E. Jolibois, *Hist. de Chaumont*, p. 178. — Chardon, II, 499.

[4] De Boyer de Sainte-Suzanne, *les Intendants de la généralité
d'Amiens*, p. 184.

[5] Dél. municipales. Arch. de Troyes, A. 51. — A Dijon, le garde des
archives touche 800 l. par an en 1788. (*Inv. Arch. Côte-d'Or*, C. 450.
Voir aussi C. 1422.) Toul donne en 1742 des honoraires de 750 l. à un
archiviste, chargé de classer les papiers de l'hôtel de ville. (Maggiolo,
Pouillé scolaire du diocèse de Toul, 1880, p. 27.)

[6] Varin, *Statuts de Reims*, III, 282. A Reims, aucune copie ou ori-
ginal conservé au cartulaire de la ville ne pouvait être remis au pro-

refusait d'une manière absolue, non-seulement à des
agents du fisc [1], mais à des écrivains [2], on était ailleurs obligé de faire des sommations à un historien
qui n'avait point rendu des registres empruntés par lui
depuis onze ans [3].

Ces registres étaient souvent d'un prix inestimable.
Ils contenaient les comptes et les délibérations de la
communauté et remontaient parfois à des époques reculées; Marseille peut montrer avec orgueil sa collection de registres municipaux qui commence en 1293 [4];
celle de Périgueux date de 1360; celle de Toulon de
1395 [5]. Ces registres, qui portaient parfois pour épi-
graphes des devises pieuses ou des extraits d'auteurs
classiques [6], renfermaient aussi les délibérations des
échevins et des consuls, et à Albi, les testaments politiques que ces derniers, en sortant de charge, laissaient

---

cureur syndic même, sans l'autorisation du conseil de ville et sans
une mention spéciale sur un registre de la sortie de la pièce.

[1] *Inv. Arch. Bayonne*, CC. 102.

[2] Le procureur syndic s'oppose à ce que l'abbé Chenevet consulte
les registres pour un ouvrage local. (*Inv. Arch. Dijon*, B. 397.)

[3] *Inv. Arch. Angers*, BB. 101.

[4] Rapport de M. de Mas-Latrie, *Doc. inéd.*, I, 44.

[5] Rapport de M. Martial Delpit, *Doc. inéd.*, I, 99. — O. Teissier,
Notice sur les Arch. de Toulon, p. 37. — Ces registres datent à Troyes
de 1429; à Nantes, de 1565 (115 reg. jusqu'en 1789), à Albi, de 1558
(80 reg.).

[6] *Inv. Arch. Moulins*, nos 128-131. Les registres de Moulins sont
précédés au xvie siècle et au commencement du xviie de sentences de
Cicéron, de Plaute et de Cassiodore. Celui de 1616-1634 porte cette
épigraphe de Cassiodore : *Civis non habetur qui urbis suæ gratiam
non tuetur.*— A Gray, les registres commencent jusqu'en 1725 par ces
mots : *In nomine domini*; à partir de cette époque, ils sont parafés
par le maire et les échevins.

à leurs successeurs. Ils contenaient les noms des bourgeois qu'on admettait au droit de cité. Ils conservaient sur leurs feuillets les chartes, les règlements et les annales de la ville. L'un des volumes du cartulaire d'Albi est intitulé : *Cecy est le livre des antiennes libertez, privileges, franchises, coustumes et prerogatives que ont accoustumé avoir les consulz et habitanz de la cité et juridiction d'Alby.* Dans les volumes suivants se trouvaient des annales rédigées par les soins de l'échevinage, ornées des armes et quelquefois des portraits des consuls[1]. A Périgueux[2], comme à Limoges[3], on inscrivait aussi sur des registres spéciaux les chartes, les procès-verbaux d'élections, les faits mémorables, les noms des magistrats municipaux. Cet usage, qui existait surtout dans le midi, se retrouve à Montbéliard, où la chronique contemporaine était écrite sur des registres, dont l'un, connu sous le nom de *Livre doré,* fournit sur le XVIIe siècle des détails curieux[4]. Mais c'est à Toulouse surtout que l'histoire de la ville était conservée sur de grands registres de vélin, ornés de miniatures doublement précieuses, qui représentaient les capitouls et les événements officiels, tels que les entrées de souverains[5].

---

[1] Le cartulaire d'Albi comprend 7 volumes depuis 1220. *(Inv. Arch. Albi,* AA. 1 à 7.)

[2] Rapp. de M. Martial Delpit. *Doc. inéd.,* I, 99.

[3] Les registres consulaires de Limoges sont en cours de publication.

[4] Duvernois, *Doc. inéd.,* I, 131. — Nantes possède aussi son *Livre Doré,* recueil de ses privilèges, qui a été imprimé plusieurs fois, notamment en 1873, où il a été réédité par MM. Perthuis et de la Nicollière.

[5] De Mas-Latrie, *Doc. inédits,* I, 155. — Voir plus loin, même livre, ch. III.

On pouvait dire que le passé de la cité, passé souvent plein de gloire et d'honneur, s'il avait été traversé de malheurs et de revers, était renfermé dans les registres, dans les liasses et les cartons conservés sous les triples serrures. L'histoire présente se faisait dans les salles de délibérations ; elle se manifestait au dehors par les proclamations que l'on adressait au peuple sur les balcons et le perron ; elle était annoncée à tous par la cloche du beffroi ou du campanile, et les heures en étaient sonnées à l'horloge communale.

Dans le nord, où la vie municipale eut plus d'activité que dans le centre de là France, tous les hôtels de ville avaient un balcon saillant sur lequel l'échevinage entrait en communication avec les habitants. On l'appelait la bretèche ou, selon l'accent picard, la brétèque [1]. C'était là que l'on faisait les publications officielles [2], que l'on proclamait la paix et la guerre, que l'on présentait les nouveaux magistrats municipaux. A Cambrai, c'était une large tribune de pierre, supportée par six colonnes de grès et surmontée d'un toit ; aux jours de fête, on y exposait le portrait du roi. On y disait aussi la messe, à laquelle une partie de la population et toute la garnison, réunies sur la place d'armes, assistaient dévotement [3]. A Paris et dans les autres

[1] Viollet-Leduc, *Dict. d'architecture,* VI, 95.— *Doc. inédits,* IV, 334. — Il y a encore des bretèques à Douai et en Belgique, à Alost.

[2] C. de Wignacourt, *Echevinage d'Arras,* p. 20.— *Inv. Arch. Roubaix,* FF. 16.

[3] *Congrès archéologique,* XXV⁰ session, p. 561. — Durieux, *Mém. de la Soc. d'émulation de Cambrai,* XXXIII, 91.— Blin, *Cambrai il y a un siècle, Ibid.,* XXXIV, 331. — Dans l'ancien hôtel de ville de

villes du centre, les proclamations se faisaient sur un large perron, élevé de plusieurs marches.

La foule s'assemblait pour les écouter sur la place qui presque toujours s'étendait devant la façade principale de l'hôtel de ville. C'était là que se tenaient souvent les marchés. Le pilori, les piliers de justice s'y dressaient[1]. On pouvait y voir soit une croix ornée avec luxe[2], devant laquelle le soir priaient les habitants, soit une petite chapelle où l'on célébrait la messe dès le matin pour les ouvriers et les voyageurs[3]. Les feux de la Saint-Jean, les feux de joie et d'artifice étaient allumés sur cette place; les troupes y étaient passées en revue, et les jours de cérémonies publiques, les habitants y étaient appelés par la cloche de l'hôtel de ville ou du beffroi.

Cette cloche avait été le premier signal de la liberté communale; elle en était la voix qui se faisait entendre de toute la cité. Avant même d'avoir un hôtel de ville, on avait eu une horloge et une cloche. L'horloge fut d'ordinaire placée sur la tour ou beffroi, qui fut longtemps la seule maison commune[4], ou qui y fut annexé. On l'entretenait avec soin; on lui donnait un ser-

Châlons, il y avait un large balcon couvert placé sur un porche formé de trois arcades. (Dénombrement de Champagne en 1764. Man. communiqué par M. B. de Fouchères.)

[1] *Inv. Arch. Albi*, CC. 285.

[2] Leroux de Lincy, p. 59. — A Troyes, c'était la Belle-Croix. (Arnaud, *Voyage archéologique dans l'Aube*, p. 73.)

[3] Blin, *Cambrai il y a un siècle*.

[4] *La tour de l'horloge d'Avallon*, Ann. de l'Yonne, 1866, p. 322. — *Note sur l'horloge de la ville d'Auxerre. Ibid.* 1868, p. 216-219. Ces deux tours existent encore aujourd'hui. La tour de l'horloge fut détruite en 1780 à Chaumont. (Jolibois, p. 398.)

rurier ou un horloger pour « gouverneur » ; on l'or-
nait des armoiries de la ville, de différents attributs,
de devises et d'emblèmes. A Beaune, elle faisait tour-
ner un globe de cuivre noir et doré qui représentait
les phases de la lune[1] ; à Arcis-sur-Aube, la Sainte-
Vierge et les douze apôtres sonnaient successivement
ou ensemble les heures[2] ; à Aix, sept statues représentant les jours de la semaine se montraient tour à tour[3] ;
à Dijon, les deux Jacquemarts, transportés de Courtrai
comme un trophée ; à Cambrai, un nègre et une né-
gresse vêtus à la moresque, frappaient d'un marteau
cadencé sur le timbre de l'horloge ; à Montdidier, un
suisse, nommé Jean Duquesne, tintait les heures sur
la cloche[4]. Il y avait aussi dans une partie de la France
les carillons qui, chaque jour et aux heures de fêtes,
interprétaient sur un timbre clair et sonore les airs populaires[5]. Les grosses cloches étaient dans le beffroi ;
le beffroi, tour carrée, crénelée et sévère dans le midi,
flèche élancée dans le nord[6], portait à sa pointe les
emblèmes de la religion, de la patrie ou de la cité ; à
Beaune, la statue de la Vierge[7] ; à Boulogne, la fleur

---

[1] Aubertin, *Notice sur le beffroi communal de Beaune,* p. 17.
[2] Dénombrement de la province de Champagne, manuscrit de 1764.
[3] Ch. de Brosses, *Lettres écrites d'Italie,* éd. 1858, I, 20.
[4] Jean Duquesne, créé en 1651, a péri en 1873. (De Beauvillé, II,
181.) — A Lambesc, il y avait aussi deux Jacquemarts. (Millin, *Voyage
dans les départements du midi de la France,* 1807, II, 187.)
[5] On connaît l'air du carillon de Dunkerque et l'air de Gayant de
Douai. M. H. Batault a publié l'état des jours où l'horloger devait
carillonner au beffroi de Chalon. (*Mém. Soc. hist.,* VI, 346.)
[6] *Congrès archéologique,* XXIIᵉ sess., p. 141 et 412.
[7] Elle fut remplacée par un Mercure au xviiᵉ s. (Aubertin, p. 11.)

de lis[1] ; à Arras, le lion d'or rampant ; à Amiens, un bonnet de maire ou d'échevin.[2]. Le beffroi, dans sa lanterne ou sa salle supérieure, abritait le guetteur, qui parcourait du regard les plaines environnantes, signalait en temps de guerre l'approche de l'ennemi, en temps de paix, les incendies. Le guetteur, qui s'appelle encore à Cambrai le *gallus*, attestait sa vigilance en répétant, sur un cornet à bouquin, aux quatre coins de l'horizon, les heures que sonnait l'horloge communale[3]. A Bordeaux, quatorze sonneurs reçoivent 700 liv. par an pour sonner la cloche de l'hôtel de ville[4]. A Cambrai, à Chalon-sur-Saône, à Amiens, les cloches sont au nombre de trois ; à Amiens, la première était agitée pour les incendies, pour les processions, pour l'élection et le serment des maires, pour les victoires et les naissances des princes ; la seconde sonnait la retraite des soldats, la fermeture et l'ouverture des portes ; la troisième appelait les échevins et le peuple aux assemblées municipales[5]. Noblesse de cloche, disait-on des échevins anoblis, parce que la cloche, en célébrant leur

[1] *Inv. Arch. Boulogne,* no 154. A Boulogne, on donnait 42 liv. pour la sonnerie de l'installation du maire. *(Inv. Arch.,* no 429.)

[2] *Manuscrits de Pagès,* II, 50.

[3] Il y a quatre guetteurs, qui reçoivent 584 liv. par an en 1765. (Durieux, *Mém. Soc. Cambrai.*) — A Châlons, le guetteur se tenait dans la tour de l'église où était placée l'horloge. (Dénombrement de Champagne en 1764.) — A Rouen et ailleurs, la cloche du beffroi sonne encore le couvre-feu. (De La Quérière, *Revue rétrospective rouennaise,* p. 33.)

[4] Etat des dépenses de 1777. Arch. nationales, H. 93[3].

[5] *Manuscrits de Pagès,* II, 50. — L. Niepce, *Mém. Soc. d'hist. de Chalon,* III, 158.

installation, avait pour ainsi dire proclamé leur ano-
blissement [1] ; elle sonnait aussi leurs réunions et leurs
travaux. Si on l'agitait pour les exécutions de justice,
si elle accompagnait de ses tintements réprobateurs le
coupable qu'on bannissait de la ville [2], elle était plus
souvent mise en jeu pour annoncer le repos et les fêtes. *Je fus faite doulce et courtoise*, lit-on autour de la
cloche du beffroi de Beaune [3]. *Ceux de Cambrai nous
firent faire*, lit-on ailleurs, *pour resjouir le populaire* [4].
A Arras, le jour où les échevins vont prêter serment,
on fait « bondir la cloche joyeuse tant en allant qu'en
venant [5]. » En entendant ces cloches pour ainsi dire
accortes et bienveillantes, l'étranger se sentait rassuré,
le bourgeois éprouvait un sentiment d'émotion et d'orgueil patriotiques.

Aussi n'était-il pas de châtiment plus grand pour
une ville que de la priver de ses cloches. Elle s'empres-
sait de les racheter à prix d'argent à l'ennemi vain-
queur qui entrait dans ses murailles et qui, selon l'usage,
avait le droit de s'en emparer et d'en tirer une rançon [6]. Elle était également prête à tous les sacrifices

[1] Brillon, II, 199.
[2] V. de Beauvillé, *Hist. de Montdidier*, II, 142.
[3] Aubertin, *Notice sur le beffroi de Beaune*, p. 20.
[4] *Congrès archéologiq.* XXVᵉ session, p. 573.— Voir sur les inscriptions des cloches communales de Compiègne et de Péronne : Woillez,
Revue des Soc. savantes, 5ᵉ série, II, 443-448.
[5] En 1664. Mémoire sur l'ancienneté de la ville et échevinage
d'Arras. Arch. nationales. K. 1145.
[6] La ville de Gray rachète ses cloches 2250 liv., lorsqu'elle est
conquise par la France. (Reg. des délibérations municipales.) Les
cloches appartenaient de droit au grand maître de l'artillerie, aussitôt

pour les recouvrer, lorsque le roi, pour la punir d'une
rébellion, les lui avait enlevées. A Limoges, comme à
Bordeaux [1], au xvi° siècle, à la suite de mouvements
séditieux, toutes les cloches furent descendues des clo-
chers, « sans nulz exempter jusques aux orloges inclu-
sivement, tellement que l'espace de trois ans ou environ, on demeura sans ouyr cloche ne orloge [2]. » C'est
que si la cloche était d'ordinaire joyeuse et fidèle, elle
avait ses accès de révolte et d'emportement. Aux heures de troubles et de colère, son tocsin soulevait les
habitants. Ces jours-là, jours heureusement rares dans
la vie des cités, la place de l'hôtel de ville devenait un
forum où s'agitaient les masses insurgées, qui mena-
çaient l'édifice communal et parfois s'en emparaient
par la force. On en vit des exemples à Paris et dans
d'autres villes pendant la Fronde, et surtout dans le
midi au xvii° siècle. On croit assister aux scènes agitées des républiques italiennes, lorsque l'on voit le
peuple d'Aix soulevé se répandre sur la place des
Prêcheurs et forcer l'hôtel de ville; lorsque l'on suit
les luttes des parlementaires et de leurs adversaires;
lorsqu'on contemple les excès auxquels peut se livrer
une multitude triomphante. En 1630, les révoltés s'attachent aux bras des sonnettes, qu'on appelle des *cas-*

que le canon avait été tiré devant une place. (Freminville, *Traité
du gouvernement des biens des communautés d'habitants*, p. 454.)

[1] Sentence de 1548. *Livre des Privilèges*, p. 278.

[2] *Registres consulaires de Limoges*, I, 448. — Cet usage existait au
moyen-âge. Lorsque la commune de Laon fut supprimée en 1331, les
cloches du beffroi furent ôtées et confisquées par le roi. (Aug. Thierry,
Lettres sur l'hist. de France, 11° éd., p. 271.)

caveaux, et s'unissent à ce ralliement bizarre ; en 1651,
les *sabreurs* opposés à Mazarin dispersent à coups de
pistolet tirés en l'air le peuple assemblé sur la place
des Prêcheurs, et s'emparent de l'hôtel de ville ; mais
le parlement fidèle à Mazarin arme le petit peuple et
reprend l'hôtel de ville. Déjà, deux ans auparavant, le
gouverneur s'y était installé par surprise ; mais le parlement avait appelé le peuple aux armes ; des barrica-
des s'étaient dressées ; les chaînes avaient été tendues
au coin des rues, et le gouverneur bloqué avait capitulé
et quitté la ville [1]. L'établissement de la traite foraine
soulève le peuple de Sisteron, qui massacre les commissaires du fisc, sans que les consuls essaient de les
défendre [2]. A Carcassonne, les visites fiscales exaspè-
rent la population ; elle sonne le tocsin, prend deux
canons, et parcourt les rues en criant : Vive le roi
sans gabelles. D'autres émeutes du même genre éclatè-
rent sous Louis XIV [3]. Elles étaient traitées tantôt avec
une sorte d'indulgence, tantôt avec une implacable sévérité. Lorsque La Rochelle révoltée eut été soumise
à l'autorité du roi, le maire Guiton, qui avait soutenu
le siège avec une inébranlable énergie, fut seulement
invité « à changer d'air pendant quelque temps [4]. »
D'autres villes obtinrent des lettres d'abolition après
leur rébellion ; d'autres furent traitées plus rigoureu-

[1] Pitton, *Hist. d'Aix*, p. 384, 454.
[2] E. de Laplane, *Hist. de Sisteron*, II, 184-196.
[3] P. Clément, *la Police sous Louis XIV*, ch. XII.— De la Borderie,
la Révolte du papier timbré en 1675.
[4] Louvet, *Biographie générale Didot*, XXII, col. 802.

sément. Lorsque Louis XIII s'empara de Privas, où s'étaient retranchés les Huguenots, il livra la ville au pillage et à l'incendie[1]. D'ordinaire, c'était l'hôtel de ville qui avait été le théâtre de l'insurrection ; c'était lui qu'on se contentait de frapper. A Bordeaux, en 1548, on prescrit le rasement de la maison de ville[2] ; à Sisteron, en 1617, sa démolition[3]. En 1657, on ordonne que la maison consulaire de Carcassonne sera « démolie et rasée... les cloches qui ont servi à sonner le tocsin... brisées et fondues[4] » ; mais ces prescriptions ne s'exécutent point ; après avoir menacé, on pardonne, on accepte une rançon, et si l'on ne se fait point faute d'autres châtiments, on laisse du moins à la cité le signe extérieur de son existence municipale.

[1] Dom Vaissète, *Hist. générale du Languedoc*, V, 571.

[2] *Livre des Priviléges*, p. 278.

[3] E. de Laplane, II, 164.

[4] Bouges, *Histoire de Carcassonne*, p. 444.

CHAPITRE II

LE CORPS DE VILLE

Importance des corps de ville. — Utilité de leur établissement. — Diversité de leur organisation. — Règlements spéciaux. — Administration collective. — Réduction du nombre des officiers municipaux. — Systèmes principaux. — Syndicats. — Echevinages et Consulats. — Mairies. — Composition des corps de ville. — Exclusion des nobles, des prêtres, des hommes de loi. — Marchands. — Partage entre les officiers de justice et les marchands. — Préséance et divisions entre consuls ou échevins. — Répartition des fonctions municipales. — Durée du mandat. — Fonctions obligatoires. — Oligarchies. — Appareil déployé par le corps de ville dans les cérémonies publiques. — Cortége officiel. — Magistrats à cheval et à pied. — Armoiries et carrosses. — Les consuls aux Etats de Provence.

Si l'hôtel de ville est épargné après les troubles, le corps de ville, qui y siège, est plus sévèrement traité. Il est supprimé à La Rochelle, lorsque cette ville se fut soumise à Louis XIII [1] ; on réduit le nombre de ses

---

[1] Arcère, *Hist. de La Rochelle,* II, 347. On en réclama longtemps le rétablissement. En 1652, un factum publié à La Rochelle disait :

> On ne saurait me voir, ni me dire une ville,
> Si je n'ai point de corps.

membres à Amiens pour le punir d'avoir laissé surprendre ses portes par les Espagnols. Le corps de ville,
c'est la représentation de la cité ; c'est sa personnalité
civile et politique. « Le premier privilège des villes,
dit Loyseau, c'est d'avoir un corps ou collège que nos
livres appellent droit de république. Ce collège serait
sans teste, s'il n'y avoit des chefs et des officiers... En
France, ajoute ce contemporain de Henri IV, le peuple
rend le plus d'honneur qu'il peut aux officiers des villes comme à ses propres officiers et les exalterait, s'il
pouvait, par-dessus les magistrats royaux. Ce qui tend
à la démocratie, voire à l'anarchie, et de vérité leur trop
grande autorité a été souvent la cause de séditions populaires [1]. » L'Etat, voulant donner satisfaction à l'opinion
tout en sauvegardant son propre pouvoir, s'efforça donc
de réduire l'autorité des officiers municipaux, mais en
même temps de l'établir partout. Les deux derniers siècles de la monarchie nous présentent ce spectacle en
apparence contradictoire : l'extension des municipalités
à toutes les villes et la diminution de leurs attributions.

La commune du moyen-âge avait depuis longtemps
disparu, en droit comme en fait, sauf dans quelques
cités privilégiées. Presque partout, au xvᵉ siècle, le
juge royal ou seigneurial présidait à la gestion des
affaires communales, qui se débattaient dans les assemblées générales des habitants. Mais à l'époque où
l'on réduisit l'importance de ces assemblées, on sentit
la nécessité de donner aux citoyens des mandataires
autorisés, qui pussent agir et stipuler en leur nom. On

[1] *Du droit des offices,* liv. V, ch. vii, 2 et 56.

ne les prit point parmi les magistrats. « Le mieux que nous pourrions faire, disait Henri II en parlant des villes, est d'en laisser l'administration aux bourgeois et marchands... qui ont cognoissance, soing et cure de l'administration des deniers, et qui ne sont si ordinairement occupez et detenuz en autres affaires que nos officiers de justice [1]. » L'Etat devait aussi trouver chez eux des intermédiaires capables d'exécuter ses ordres et, au besoin, de recueillir ses impôts. Le roi créa des échevins ou des consuls, « pour éviter, disait-il, la négligence et le retardement de plusieurs affaires concernant notre service, lesquelles ne pourraient si promptement s'expédier dans une multitude difficile à convoquer, ni avec le secret requis en pareil cas, comme par un corps particulier de consuls et de gouverneurs entièrement fidèles [2]. » Ce furent ces motifs d'ordre et de sage administration qui déterminèrent au xve et au xvie siècle la monarchie à octroyer des échevinages aux villes qui n'en avaient pas. Elle était persuadée que les habitants auraient « courage et meilleure volonté... de bien et mieulx se gouverner, régir et policer, [3] » lorsqu'ils obéiraient à des chefs élus par eux.

Les pouvoirs de ces chefs étaient rarement semblables. Chaque ville avait sa constitution spéciale inscrite dans sa charte ; on dit bien au xvie siècle que les magistrats communaux seront électifs et pris en dehors

---

[1] *Anc. lois françaises*, XIII, 34.

[2] Arrêt du Conseil de juillet 1618. Saint-Ferréol, *Notices hist. sur Brioude,* 106.

[3] Lalanne, *Hist. de Châtelleraud*, II, 17.

des gens de loi ; mais on n'en fixe ni le nombre, ni le nom, ni les attributions. C'est en 1692 seulement qu'on veut établir des maires dans toutes les villes ; c'est en 1764 qu'on cherche à leur donner une administration uniforme. Mais on revient bientôt aux règlements partiels ; on laisse même à la ville de Langres, lorsqu'elle rachète ses offices en 1773, la faculté de donner à son administration la forme qu'elle jugera à propos[1]. Quelquefois, il est vrai, ces règlements s'appliquent à des provinces entières ; un édit de 1751 avait réglementé l'organisation municipale de la Lorraine ; un édit de 1778 détermina celle de l'Artois[2]. On fait des ordonnances provinciales en attendant qu'on parvienne à appliquer les lois à la nation tout entière.

Au milieu de cette législation diverse et variable, on peut discerner et dégager un trait principal. C'est que l'administration municipale n'est jamais conférée à un seul magistrat, mais à plusieurs. Elle est collective et non individuelle. On dit les maire et échevins, et non pas le maire et les échevins. Le maire ne peut agir sans les échevins ; il est le premier d'entre eux, plutôt que leur supérieur ; de même, les consuls, les jurats, les capitouls peuvent reconnaître entre eux des distinctions de préséance, sans qu'aucun d'eux puisse avoir d'autorité sur les autres.

Il y eut une variété infinie dans le nombre des membres des corps de ville, selon les temps et selon les

---

[1] Arrêt du Conseil du 16 mars 1773. *Almanach historique de la ville et du diocèse de Langres,* 1787, p. 81.

[2] Guyot, XI, 737 et 73.

lieux. « Ce nombre, disait-on, ne doit pas dépendre
du nombre des habitants, mais des anciens usages [1]. »
La tradition passait avant la logique. Mais on peut signaler, comme un fait général, depuis le xv⁰ siècle,
la tendance constante à la réduction du nombre des
officiers municipaux. Il était d'abord assez considérable [2] : soit que l'esprit de défiance naturelle aux démocraties ait préféré confier la gestion des intérêts
communs à plusieurs plutôt qu'à un seul ; soit que ce
système permît de satisfaire plus facilement des ambitions locales ; soit qu'il inspirât moins d'appréhensions
au pouvoir central. Dans tous les cas, depuis le xv⁰
siècle, la tendance vers l'unité se manifesta par la diminution du nombre des consuls ou des échevins. Cette
réforme fut quelquefois provoquée par les villes. « Le
trop grand nombre des officiers revenant à grande confusion, dit une assemblée générale de Saint-Emilion,
leur république en est paoùvrement conduite et gou-
vernée [3]. » « Plus le nombre des administrateurs est
grand, dit-on à Rennes, moins ils sont d'accord [4]. » Ce
fut pour ces divers motifs que les seize consuls de
Montauban furent réduits à dix, puis à six [5] ; les vingt-

[1] Arch. nationales, H. 140.
[2] Angoulême conserva longtemps, outre son maire, ses 12 échevins,
ses 12 conseillers de ville et ses 75 pairs, institués en 1373. (*Arch.
parlementaires*, II, 16.) Poitiers conserve aussi ses 24 échevins et ses
75 pairs.
[3] Guadet, *Saint-Emilion, son histoire et ses monuments*, p. 126.
[4] Mémoire sur la municipalité de Rennes. Arch. nationales, H. 520.
[5] Le Bret, *Hist. de Montauban*, I, 118.— Les six consuls d'Aurillac
sont réduits à trois en 1605. (C. Rivain, *Notice sur le consulat d'Aurillac*, p. 167.)

quatre échevins d'Amiens à sept [1] ; les trente consuls de Saint-Maixent [2], les vingt échevins de Dijon [3], les douze jurats de Bordeaux [4] et les douze échevins d'Orléans à six [5] ; les douze échevins de Lyon [6] et d'Auxerre [7], les huits échevins de Troyes [8] à quatre. Malgré ces réductions qui furent presque générales, on ne put atteindre à l'uniformité, même en 1765.

Les différences que l'on signale au moyen-âge [9] dans la composition des administrations municipales existaient encore, mais atténuées, au xviiᵉ siècle, où ces administrations pouvaient être réduites à trois types principaux, que nous appellerons le syndicat, le système consulaire ou échevinal, et la mairie.

Le syndicat, appliqué aux petites villes comme il l'était aux villages, n'avait pas de titre légal ; il résultait de l'association naturelle des habitants de la même communauté ; il était exercé par un ou plusieurs syndics.

[1] *Mon. inédits de l'hist. du Tiers-Etat,* II, 1090, III, 486.

[2] *Inv. Arch. Saint-Maixent,* BB. 9.

[3] En 1668. *Inv. Arch. Dijon,* B. 295 et 306. — Les vingt échevins d'Angers sont réduits à quatre en 1601. (F. Desrues, *Description de la France,* p. 225.)

[4] Ord. de 1550. Les jurats avaient été réduits antérieurement de 50 à 24 et de 24 à 12. *Livre des Privilèges,* p. 56, 386. — Quelques bourgs non réformés d'Angleterre ont conservé les appellations d'autrefois ; il y a encore des « jurats » à Brading et des « barons » à Corfe-Castle. (*The Graphic,* 1880, XXII, 491.)

[5] En 1686. *Correspond. adm. sous Louis XIV,* I, 883.

[6] Edit de 1595. *Rec. des Privilèges de Lyon,* p. 49-53.

[7] Chardon, *Hist. d'Auxerre,* II, 260.

[8] En 1704. Arch. de l'Aube, 44. E. 10.

[9] Aug. Thierry, *Tableau de l'ancienne France municipale, Hist. du Tiers-Etat,* 3ᵉ éd., II, 38-136.

ou procureurs chargés d'exécuter les décisions de l'assemblée générale qui les nommait[1]. C'était le système primitif que l'on rencontrait dans une grande partie de la France et qui fut partout supprimé au xviie siècle, dans les centres de population un peu importants[2].

Le régime consulaire ou échevinal était une administration municipale exercée par plusieurs magistrats, qui prenaient le nom de consuls dans le Languedoc, d'échevins[3] dans la partie de la France qu'on désignait jadis sous le nom de langue d'oil. Ces magistrats, souvent assistés par un conseil de ville, avaient des attributions de police et une juridiction plus ou moins étendue, que n'avaient pas les syndics. Les échevins pouvaient être présidés par un officier de justice, qui faisait partie du corps de ville, comme le prévôt à Lille et à Valenciennes, le viguier à Marseille[4]. Leur institution était le premier degré de la municipalité. C'est ainsi qu'à Rochefort, on substitua quatre échevins au syndic des habitants[5] ; c'est ainsi qu'à Rennes et à

---

[1] Voir le *Village sous l'ancien régime,* liv. I, ch. iii. Aujourd'hui encore, les habitants des hameaux formant des fragments de commune peuvent se grouper en syndicats pour plaider et défendre leurs intérêts.

[2] En Bresse, au xviie siècle, nous trouvons des syndics qui sont de vrais officiers municipaux, dont le nom et les attributions avaient sans doute une origine italienne. Aujourd'hui, en Italie, le syndic remplit des fonctions analogues à celles du maire. (*Legge,* 20 *marzo* 1865, capo V. Del sindaco.)

[3] Ils s'appelaient aussi gouverneurs en Picardie, attournés à Compiègne, jurats à Bordeaux. (Brillon, III, 25.)

[4] Guyot, XI, 73. — *Edit de* 1717 *pour la ville de Marseille,* p. 3.

[5] Arrêts du Conseil de 1695, *Inv. Arch. Rochefort,* no 55.— Lorsque la mairie de La Rochelle fut supprimée en 1628, on laissa à chaque

Quimper, le roi établit des échevins avant d'y établir un maire[1]. Dans certaines villes d'importance moyenne ou restreinte, il n'y eut jamais que des échevins[2]. Les consuls avaient une situation plus relevée, surtout dans les grandes villes ; les consuls de Nîmes et d'Arles, les capitouls de Toulouse[3] étaient fiers de leurs traditions romaines, et lorsqu'on imposa aux cités du Languedoc l'acquisition des offices de maires, plus d'une fois leurs magistrats municipaux les achetèrent collectivement, comme à Montpellier, où ils s'intitulèrent les *consuls-maire* de Montpellier[4].

Le troisième système, celui des maires, existait depuis longtemps dans le nord et le centre de la France ; il fut prescrit à tout le royaume par l'édit de 1692, comme la forme définitive du régime municipal. Il complétait le régime échevinal par l'adjonction d'un chef autorisé. Le maire partageait le pouvoir avec les échevins ; il était assisté de divers officiers, tels que le greffier, le procureur syndic et le receveur, qui formaient avec lui et les échevins le corps de ville[5] ; il avait le

paroisse ses syndics, qui assistaient aux séances de la direction générale nommée par l'Etat. (Callot, *La Rochelle protestante*, p. 59.)

[1] Aug. Thierry, *Hist. du Tiers-Etat*, II, 78.

[2] On trouve en 1756 et 1773 trois échevins électifs à Carentan, à Cherbourg, à Granville. (Hippeau, IX, 86 et 99.) — L'édit de 1765 établit seulement des échevins au nombre de deux dans les villes et bourgs qui contenaient moins de 2000 habitants (art. 54).

[3] Les consuls étaient d'ordinaire au nombre de quatre ; il y avait huit capitouls.

[4] Arch. nationales, H. 1022.

[5] A Rennes, il portait le nom de bureau servant, et se composait en 1780 du maire, de six échevins, du procureur-syndic, du trésorier et du greffier. (Arch. nationales, H. 520.)

10

concours d'un conseil des notables et, dans les circonstances importantes, de l'assemblée générale directe ou
indirecte.

Prenons pour exemple de ce régime municipal le
corps de ville de Langres, tel qu'il fut constitué en 1668.
Il se compose du maire et des échevins, de vingt-quatre notables et d'un conseil général formé des officiers
de justice et de police, des capitaines de quartier et de
soixante-douze bourgeois [1]. Le nombre des échevins,
comme nous l'avons vu, pouvait varier ; le conseil des
notables était plus ou moins nombreux ; parfois même
il n'existait pas ou était remplacé par des assesseurs
nommés à vie. L'édit de 1765 voulut rendre les municipalités plus uniformes en les composant d'un maire
et de quatre échevins, de six conseillers de ville et de
quatorze notables, dans toutes les villes dont la population dépassait 4,500 habitants [2]. Le même système
se retrouva dans la loi de 1789, qui établit dans chaque commune un maire, des officiers municipaux et un
conseil général.

Aux municipalités composées comme il précède vinrent s'adjoindre, à différentes époques, d'autres offi-

---

[1] *Inv. de l'hôtel de ville de Langres, la Haute-Marne*, p. 603.

[2] Paris, Lyon, Toulouse, Bordeaux et d'autres villes furent excep-
tées. Des lettres patentes d'août 1764 établirent à Lyon, outre le
prévôt des marchands et les 4 échevins, 12 conseillers de ville et 17
notables élus par les corporations. (*Inv. Arch. Lyon*, BB. 337.) — Bordeaux a un maire, un lieutenant de maire, 6 jurats, 12 conseillers de
ville, 32 notables. (Lettres patentes de mai 1767. *Livre des Priviléges*,
p. 616.) — Les villes de 2000 à 4500 habitants n'avaient, outre le maire,
que 2 échevins, 4 conseillers de ville et 10 notables. (Art. 51 et 52 de
l'édit de 1765.)

ciers perpétuels ou électifs. Lorsque Louis XIV créa,
en 1692, des maires perpétuels, il leur donna des assesseurs dont les charges furent également érigées en
offices, et qui, marchant après les échevins ou les consuls, pouvaient être considérés comme leurs lieutenants ; il donna aussi aux maires des lieutenants, qui
les suppléaient en cas d'absence [1]. Ces charges, inven-
tées dans un but fiscal, disparaissaient lorsque la vénalité était supprimée pour reparaître avec elle. Dans
certaines villes il en existait d'autres qui étaient confé-
rées par l'élection et dont l'origine remontait au moyen-
âge. Tel était à Dijon le garde des évangiles, sceaux et
gouvernement de la ville ; c'était une sorte de chancelier qui remplaçait le maire absent [2]. Tels étaient à Rennes les deux connétables qui prétendaient précéder les
échevins [3] ; à Auxerre, les deux gouverneurs du fait
commun, nommés l'un par le clergé, l'autre par les
électeurs municipaux, et le procureur du fait commun
chargé des affaires contentieuses [4]. Dans l'Artois, un
avocat pensionnaire de la ville faisait partie de l'échevinage [5]. L'administration municipale, qui avait presque toujours une juridiction, revêtait les formes de la
justice ; comme un tribunal, elle avait son ministère

---

[1] *Recueil concernant la municipalité*, I, 69-82, 309-312, 316-321.

[2] *Inv. Arch. Dijon*, B. 18 et 298. — Quinze jours avant l'élection
d'un nouveau maire, le maire sortant remettait ses pouvoirs au garde
des évangiles. (Journal inédit de Gaudelet, man. bibl. de Troyes;
n° 686, III, f. 59.)

[3] Arrêt du Conseil de 1757. Arch. nationales, H. 520.

[4] Chardon, *Hist. d'Auxerre*, II, 6.

[5] C. de Wignacourt, *Echevinage d'Arras*, p. 55.

public, rempli par le procureur-syndic, le procureur du roi ou le procureur fiscal ; elle avait son greffier, ses assesseurs et ses conseillers qui délibéraient avec le maire ; le costume de ses membres était analogue à celui des magistrats de l'ordre judiciaire, et ses décisions étaient souvent libellées comme des arrêts.

La manière dont se recrutait le corps de ville n'était pas moins variable que le nombre de ses membres. Souvent aucune condition de fortune, de rang ou de capacité n'était exigée pour le choix de l'officier municipal. Loyseau regrettait qu'on ne se crût pas obligé « d'informer de la vie et mœurs des échevins et de leur demander caution de leur future gestion [1]. » Cependant d'ordinaire on voulait que les premiers magistrats municipaux fussent nés dans la ville même ; cette condition était imposée aux prévôts des marchands de Paris et de Lyon [2]. Ce fut par dérogation aux anciennes coutumes qu'on admit, en 1603, aux charges échevinales les habitants forains de Lyon qui avaient dix ans de résidence et dix mille livres d'immeubles [3]. Il fallait parfois avoir rempli une fonction municipale pour être appelé aux charges supérieures ; le prévôt des marchands de Paris, le maire de Langres [4], devaient avoir été échevins ; on ne pouvait devenir jurat à Bordeaux

---

[1] *Du droit des offices*, liv. V, ch. VII, 42.— On se plaint en 1664 de ce que des condamnés à mort et effigiés ont été nommés consuls à Condom et à Nérac. (*Corresp. admin. sous Louis XIV*, I, 692.)

[2] Arrêts du Parlement de 1596. Arch. Aube, 44, E. 10. — Leroux de Lincy, I, 157. — *Inv. Arch. Lyon*, BB. 319.

[3] *Rec. des Privilèges de Lyon*, p. 63.

[4] *Inv. de l'hôtel de ville de Langres, la Haute-Marne*, p. 603.

sans avoir été trésorier de l'hôpital Saint-André ou consul des marchands[1].

La nomination des membres de l'échevinage ne s'exerçait pas toujours indifféremment dans toutes les classes dont se composait la communauté. Dans le midi principalement, on choisissait chacun des quatre consuls dans des groupes de corporations formés d'après leur importance sociale et qui portaient parfois le nom d'échelles. Ainsi, à Gaillac, le premier consul était noble ou avocat ; le second bourgeois ; le troisième marchand ou notaire ; le quatrième artisan ou paysan[2]. Des charges furent réservées exclusivement à la noblesse en Provence, en Languedoc et en Guienne. Les deux premiers consuls d'Aix[3], le premier consul de Beaucaire[4], deux des six jurats de Bordeaux[5] devaient être nobles. Au Puy, la première place du consulat était dévolue soit à un noble, soit à un avocat[6]. Mais dès le xvie siècle, on excluait des consulats de certaines villes du Languedoc les nobles qu'on n'y admettait qu'en nombre limité depuis la fin du xiiie[7]. A Grenoble, en 1692, le maire ne fut plus choisi parmi eux[8], et l'on cessa à partir de 1660 de réserver aux gentils-

[1] Déclaration de 1747. *Livre des Privilèges*, p. 552.

[2] Elie Rossignol, *Inst. municipales de l'arr. de Gaillac*, p. 123-124.

[3] Depping, *Corresp. adm. sous Louis XIV*, Intr. I, p. xli.

[4] Des Essarts, *Dictionnaire de Police*, 1786, VIII, 548.

[5] Barckhausen, *Livre des Privilèges*, Intr., p. xvii.

[6] Vissaguet, *Annales Soc. du Puy*, XXII, 296.

[7] E. Rossignol, *Inst. municipales de Gaillac*, p. 122.

[8] A. de Boislisle, *Corr. des contrôleurs gén.*, I, no 1649.

hommes le premier chaperon de Marseille qui jusque-
là avait été leur partage [1].

La présence des prêtres fut également contestée
dans les corps de ville. Deux chanoines de Chartres
étaient échevins de droit ; leurs collègues voulurent
les écarter [2]. En 1767, l'administration supérieure
n'admettait pas en Normandie que les prêtres pussent
remplir les fonctions d'échevin et de maire [3]. Mais, ni
les nobles, ni les ecclésiastiques n'étaient en mesure
d'exercer la prépondérance dans les corps de ville ;
c'étaient les hommes de loi et les marchands qui se
la disputaient.

Les hommes de loi, plus instruits que les marchands,
avaient quelquefois moins qu'eux la pratique des affaires ; c'est pour cette raison qu'Henri II voulut réserver
les fonctions municipales aux bourgeois et aux marchands. De même Louis XIV appela exclusivement à
l'échevinage de Marseille « les gens de loge tenant banque ou négociants, ainsi que les autres bourgeois [4]. »
Il crut aussi pouvoir relever le commerce, « presque
anéanty dans les principales villes de son royaume, »
en donnant aux marchands plus « d'entrée dans les

---

[1] A. de Ruffi, II, 273. — La noblesse réclamait encore le premier
chaperon en 1759. La municipalité se divise à ce sujet. Un tiers est
d'avis de maintenir ce qui est ; un second tiers d'admettre la noblesse,
mais sans préférence ; le troisième d'accueillir sa demande. (Arch.
nationales, H. 1315.) — En revanche, les nobles sont admis parmi
les capitouls de Toulouse à partir de 1778. (Roschach, *Hist. de Languedoc*, XIII, p. 1291.)

[2] De Lépinois, II, 453. — *Corr. des contr. gén.*, I, 1178.

[3] 1767, à Avranches. (*Inv. Arch. Calvados*, C. 1062.)

[4] En 1660. *Revue des quest. historiques*, oct. 1878, p. 579.

charges publiques[1]. » Colbert écrivait en 1670 que sur
les vingt-quatre échevins de Niort aucun n'était marchand, « ni intelligent dans les manufactures, » et qu'il
fallait appeler parmi eux des marchands drapiers. Il fit
décider à la même époque que deux des trois jurats élus
chaque année à Bordeaux seraient choisis parmi les marchands[2]. A Rennes, on leur réserva au xviiie siècle deux
places d'échevins[3]. Mais, quand les corps de ville n'é-
taient composés que de négociants, on ne s'en plaignait
pas moins; on trouvait qu'ils « manquaient de connaissances et de l'exercice nécessaire, soit à l'administration
de la justice, soit à la conduite des affaires[4]. » On disait
qu'ils étaient parfois insolvables et qu'ils étaient « bien
ayses de se recourre de leurs pertes sur leur patrie[5]. »
Aussi, si l'on continua dans certaines provinces d'écarter
les juges seigneuriaux des charges municipales, ailleurs
on permit aux officiers de justice d'y prétendre[6]. Mais

---

[1] Décl. de 1665. Depping, *Corr. adm. sous Louis XIV*, I, p. xxxvii.
— Louvois suivit d'autres errements. On le vit recommander de faire
entrer dans les échevinages des gentilshommes et les gens des meilleures familles de préférence aux marchands. (De Boyer de Sainte-
Suzanne, *les Intendants de la généralité d'Amiens*, p. 361.)

[2] *Corr. adm. sous Louis XIV*, I, 815. — Arrêt de 1670 révoqué pour
Bordeaux en 1674, où l'on rétablit l'ancien usage d'après lequel les
jurats étaient choisis par tiers parmi les nobles, les avocats et les
marchands. (*Livre des Privilèges*, p. 410 et 417.)— Un arrêt du Conseil
de la même année décide qu'il y aura au moins quatre marchands
dans l'échevinage d'Arras. (Arch. nationales, K. 1145.)

[3] Archives nationales, H. 520.

[4] *Mon. inédits de l'hist. du Tiers-Etat*, II, 631.

[5] Loyseau, *Du droit des offices*, liv. V, ch. vii, 43.

[6] Avis du syndic général du Languedoc en 1775. Arch. nationales,
H. 1000.

pour les empêcher d'y dominer d'une manière permanente, on décida, tantôt qu'ils les partageraient avec les
marchands, tantôt qu'ils les occuperaient alternativement avec eux. Ici, la moitié des échevins dut être
prise parmi « les marchands exerçant le fait de marchandise[1] ; » là, on attribua la charge de maire pendant
un an aux officiers de justice et l'année suivante aux
marchands[2]. Si ces moyens faisaient cesser les compétitions dans les élections, ils ne les empêchaient pas
de se produire dans le corps de ville lui-même pour
les questions de préséance.

Qui doit opiner le premier d'un procureur ou d'un
notaire, d'un avocat ou d'un marchand qui a été échevin, d'un procureur ou d'un marchand, d'un grand-
vicaire ou d'un juge mage? Un nouvel échevin, de
condition plus élevée que l'ancien, peut-il le précéder?[3]
Les jurisprudences varient à cet égard. Ce n'est pas
toujours le rang ou l'ancienneté qui décide de la prio-
rité ; à Lyon, c'est le quartier[4] ; à Paris, c'est la plu-
ralité des voix. L'avocat général Talon se prononce dans
ce sens, en faisant remarquer que ces « charges populaires et politiques » sont données par l'élection aux
habitants comme citoyens, et non comme officiers de

---

[1] A Paris. Décl. 20 avril 1617. Brillon, III, 31. — Arrêt du Conseil
de 1668. Chardon, II, 260 et 277.

[2] Ord. du duc d'Orléans de 1648. Guyon, *Hist. d'Orléans*, II, 492.
— *Inv. Arch. Moulins*, n° 127. — Bourquelot, *Hist. de Provins*, II,
303. — Migneret, *Précis de l'hist. de Langres*, 220.

[3] Durand, *Privilèges de Chalon*, p. 84. — Chardon, II, 462. — Brillon,
III, 27. — *Corr. adm. sous Louis XIV*, I, 661.

[4] Claude Henrys, I, 523.

justice, et que par conséquent les officiers de justice ne peuvent prétendre précéder les marchands qui ont réuni un plus grand nombre de suffrages. Mais, malgré les décisions conformes du parlement de Paris, des usages contraires prévalurent souvent [1]. Les difficultés qui naissaient de la diversité des coutumes sur les préséances sont déférées aux parlements et aux intendants, qui par leurs décisions ne peuvent les empêcher plus tard de renaître.

Ils essaient aussi de faire cesser les divisions qui s'élèvent entre les échevins. « Des quatre échevins de Soissons, l'un deffaisoit tousjours ce que l'autre avait faict, écrit l'intendant en 1667, et cela ne pouvoit estre sans beaucoup de confusion [2]. » A Dijon, en 1783, on ne trouve pas d'autre moyen, pour mettre un terme à la désunion des six échevins, que de les remplacer tous par mesure administrative [3]. Plus d'une fois il avait fallu, comme l'avait fait Henri IV pour les consuls de Lectoure, engager les officiers municipaux à ne « nourrir aulcunes dissensions entre eux [4]. »

Un moyen de les éviter, c'était de répartir entre eux les fonctions municipales, de sorte qu'il n'y eût pas de conflits d'attributions. Chaque année, les échevins d'Arras tiraient au sort, « par billets dans un chapeau, » les charges et offices que chacun d'eux devait exercer.

---

[1] Arrêts de 1608, de 1618 et de 1631. *Recueil sur la municipalité*, I, 220-224.

[2] *Corr. adm. sous Louis XIV*, I, 798.

[3] *Inv. Arch. Dijon*, B. 417.

[4] *Lettres missives de Henri IV*, t. VIII, 121-122.

A Lyon, le premier échevin était chargé des bâtiments, le second du mesurage du blé et du contrôle financier, le troisième des impôts, le quatrième de la police des métiers[1]. A Bordeaux, les deux jurats gentilshommes s'occupent des hôpitaux, des théâtres, des logements militaires et des troupes bourgeoises; les deux jurats avocats veillent aux prisons, à l'instruction, aux procès, à l'administration des propriétés; les jurats négociants sont chargés des octrois, du port et des marchés, des comptes et de la voirie. En outre, chaque semaine, un jurat reste en permanence le jour et la nuit à l'hôtel de ville, tandis qu'un de ses collègues doit faire spécialement la visite des rues avec les commissaires de police[2]. A Toul, les trois échevins se partagent la surveillance des bois, les travaux publics et les logements militaires[3]. Le second consul du Puy était receveur municipal[4]. Les villes sentaient si bien l'utilité de ces attributions précises que lorsqu'elles ne les fixaient pas elles-mêmes, elles demandaient à l'intendant de les régler[5].

Ces attributions, souvent nombreuses et délicates, étaient parfois difficiles à remplir. Les nouveaux élus s'y appliquaient avec ardeur, mais n'avaient pas toujours le temps de les connaître par la pratique. En principe, les charges municipales étaient annuelles; ce fut la tendance de la monarchie de les prolonger; elle

[1] C. de Wignacourt, p. 38. — 1717. *Inv. Arch. Lyon*, BB. 279.
[2] Arrêt du Conseil de 1759. *Liv. des Privilèges*, p. 585.
[3] 1695. Thiéry, II, 206.
[4] Vissaguet. *Ann. Soc. du Puy*, XXII, 308.
[5] Dél. mun. du 9 janvier 1773. Arch. de Gray.

essaya même par l'institution des offices de les rendre
perpétuelles. L'élection fréquente des magistrats avait
des inconvénients sérieux ; Wignacourt remarque qu'ils
étaient meilleurs au commencement qu'à la fin ; « petit
à petit, dit-il, et signamment à la fin de l'année, on
se laisse vaincre plus facillement de la complaisance
soubz ce respect et soubz cette espérance de se maintenir [1]. » En Bretagne, où les maires figuraient aux
États, on trouvait qu'ils n'avaient pas le temps de les
connaître et qu'ils avaient ainsi un grand désavantage
vis-à-vis de la noblesse. « Changer souvent les administrateurs, disait-on, c'est ensemencer des terres et
les travailler sans en recueillir les fruits [2]. » Bodin, qui
se prononce contre la perpétuité des magistratures,
parce qu'elle décourage la vertu, allume la jalousie et
assure l'impunité du magistrat, déclare que « d'un autre côté la brièveté des charges ne permet pas aux
titulaires d'apprendre leurs devoirs [3]. » Ce fut aussi un
des motifs invoqués par Louis XIV, lorsqu'il créa des
charges de maires perpétuels. Auparavant, on avait
essayé de remédier à l'inexpérience des nouveaux officiers, soit en renouvelant périodiquement les jurats par
moitié [4], soit en décidant que deux anciens échevins
resteraient en place pour instruire ceux qui entraient

[1] C. de Wignacourt, *Echevinage d'Arras*, 1608, p. 12.

[2] Lettre de Caze de La Bove, 1776. Mém. sur la municipalité de
Rennes. Arch. nationales, H. 520.

[3] *De la République*, liv. IV, ch. iv. — Les habitants de Montdidier
réclament également contre les inconvénients d'une mairie annuelle.
(V. de Beauvillé, II, 168.)

[4] *Liv. des Privilèges*, Intr., p. xviii.

en fonctions [1]. On recourut aussi aux lettres de cachet pour les prolonger [2]. C'est ainsi qu'en Bourgogne, les maires, qui auraient dû être renouvelés tous les deux ans, étaient parfois maintenus en exercice pendant douze ou quinze [3]. Malgré ces expédients, malgré l'édit de 1692, la brièveté des fonctions municipales resta un de leurs caractères distinctifs, parce que l'on revenait presque toujours à l'élection, et que l'élection ne saurait conférer un mandat perpétuel. Louis XIV reconnut lui-même les inconvénients d'un mandat de ce genre, lorsqu'il créa en 1706 des maires alternatifs et mitriennaux qui devaient partager alternativement l'autorité avec les titulaires [4]. Plus tard, lorsqu'on supprima la vénalité, on tendit à augmenter la durée du mandat en le portant d'un an à trois, quatre ou cinq ans [5]. En 1765, les maires furent élus pour trois ans; les échevins pour deux; les conseillers pour six; mais on procédait tous les ans au renouvellement partiel des échevins et des conseillers. En décidant également que l'on choisirait le maire parmi les échevins, et les échevins parmi les conseillers de ville [6], on fut assuré que la

---

[1] N.-J. Foucault, *Mémoires*, p. 273.

[2] Chardon, II, 249. — *Inv. Arch. Boulogne*, n° 1017.

[3] Mémoire sur les privilèges de Bourgogne en 1765. Arch. nationales, H. 140.

[4] *Anc. lois franç.*, XX, 493.

[5] Toulon garda pourtant ses consuls annuels; mais les fonctions du prévôt des marchands de Lyon furent portées à six ans. (O. Teissier, p. 246.) — *Inv. Arch. Lyon*, BB. 346. — Ce fut en 1778 seulement qu'à Toulouse l'on porta à deux ans la durée des fonctions de capitoul. (Roschach, XIII, 1291.)

[6] Edit de mai 1765, art. 9, 10, 11, 12, 14, 15.

direction des affaires municipales serait confiée à des hommes qui en auraient acquis la connaissance et l'expérience.

L'importance de ces affaires, bien qu'elle eût diminué au xvııᵉ siècle, était toujours restée considérable. Il s'agissait en effet de la défense de la ville, de ses finances, de sa police, de ses travaux publics, d'une participation incessante à tout ce qui concernait son existence matérielle et morale [1]. Les fonctions municipales étaient rarement une sinécure : les capitouls de Toulouse se réunissaient chaque jour matin et soir à l'hôtel de ville [2]. Des occupations qui exigeaient une telle assiduité étaient de lourdes charges pour les citoyens paisibles, à qui elles imposaient une responsabilité inquiétante ; aussi, malgré les honneurs qu'on leur rendait, malgré les indemnités qui leur étaient souvent accordées, était-on obligé de contraindre quelques-uns des élus à accepter les fonctions municipales [3]. Le grand nombre des enfants, la vieillesse, les infirmités n'en dispensaient pas toujours. Le parlement de Bordeaux décida cependant qu'on ne pouvait forcer un citoyen à être deux fois échevin [4]. En 1723, les éche-

---

[1] Voir plus loin les livres III, IV, V.

[2] Mémoire des capitouls en 1775. Arch. nationales, H. 1000.

[3] A Lyon, on pouvait les y contraindre « par imposition de peines... privation de leurs privilèges et autrement.» (*Rec. des Privilèges,* p. 37.) — En 1601, un jurat élu à Libourne doit prêter serment, sous peine de prison, nonobstant appel. (R. Guinodie, II, 135-136.) — A Givry, l'excuse légitime de celui qui veut être dispensé doit être appréciée par le secrétaire des Etats. (Règl. de 1782. Arch. nationales. H. 1469.)

[4] Domat, *le Droit public,* l. I, tit. xvı, sect. ıv; 7 à 33. — Brillon, II, 270, III, 126.

vins de Marseille se plaignaient « de ce que les meilleurs citoyens mettaient tout en usage pour s'éloigner
du chaperon, soit en recherchant les emplois de ques-
teurs de la rédemption des captifs et de fabriciens de
mendians, soit en prenant quelques parts aux fermes
de la communauté [1]. » L'intendant de Caen ne pouvait
trouver personne qui voulût accepter les places de maire
ou d'échevin. L'intendant du Hainaut écrit en 1684
qu'il cherche depuis six ans des échevins à Maubeuge [2].
Si l'on recourait à la contrainte, des magistrats forcés
ne remplissaient leurs charges qu'à contre-cœur, et
l'intendant se trouvait obligé de les stimuler. « Ceux
des officiers municipaux qui sans empêchement légitime n'en rempliront pas les fonctions, écrit en 1777
l'intendant de Besançon, seront privés pendant trois
mois des droits d'assistance à l'hôtel de ville, et leur
part sera cédée aux commissaires qui auront fait le travail dont ils auraient dû être chargés [3]. »

Il était plus souvent nécessaire de réprimer les em-
piétements des membres du corps de ville que de sévir
contre leur refus d'accepter leurs fonctions ou contre
leur incurie. Dans certaines villes, les charges municipales étaient devenues l'apanage de familles influentes
qui s'y perpétuaient. On les appelait à Reims les *Nous
le ferons*, parce que ceux qui étaient maîtres des élec-

---

[1] Archives nationales, H. 1315. — Aussi demande-t-on en 1789
que toutes les exemptions soient abolies, comme servant à favoriser
une lâche et honteuse défection envers la patrie. (*Arch. parlementaires*, III, 705.)

[2] *Inv. Arch. Calvados*, C. 1063. — *Corr. Contr. gén.* I, 53.

[3] Reg. des délibérations. Arch. de Gray.

tions annonçaient à l'avance les choix qu'ils feraient [1].
Pour éviter cette oligarchie, on avait à plusieurs reprises interdit d'élire en même temps à l'échevinage le
père et le fils, deux frères, l'oncle et le neveu [2]. Ces
municipalités exclusives n'étaient pas toujours populaires, et c'est à elles que s'appliquait sans doute l'épi-
thète de « mange-communes »[3] que le peuple leur donnait en Provence. Mais d'ordinaire, les membres du
corps de ville étaient aimés de leurs concitoyens, parce
qu'ils personnifiaient la ville où ils étaient nés et qui
était pour eux la patrie visible. Aussi le peuple les ac-
clamait-il avec enthousiasme dans les jours de cérémonie, où ils apparaissaient avec une pompe qui relevait
leur dignité.

Le temps n'était plus où le corps de ville de Limoges,
quand il sortait en cérémonie, se faisait précéder d'un
cavalier « tout armé à blanc de cap en pied, » et portant l'enseigne de la cité [4]. Mais au dix-septième siècle,
quand le cortège municipal quittait l'hôtel de ville pour
se rendre aux cérémonies officielles ou religieuses, il
se présentait avec un appareil qui commandait le respect. En tête, marchaient les hérauts, les massiers, portant les masses d'argent du consulat ou de l'échevinage [5], le héraut ou le sergent royal tenant entre ses

---

[1] Varin, *St. de Reims*, III, 147.
[2] Arrêt du Parlement du 3 mai 1596. Arch. de l'Aube, 44. E. 10. —
1611. *Inv. Arch. Boulogne,* n° 1013.
[3] Lettre de Clerville à Colbert. Depping, Intr. I, p. xxxvii.
[4] *Registres consulaires de Limoges* (1532), I, 218.
[5] Edit de 1706. *Anc. lois franç.,* XX, 502. — *Inv. Arch. Bayonne,*
CC. 323. Réparation aux deux masses d'argent du Conseil de ville.

mains un sceptre doré terminé par une fleur de lis ;
les portiers avec leurs hallebardes, les sergents de l'é-
chevinage, vêtus de la livrée de la ville, avec leurs
bâtons bleus fleurdelisés qui étaient les insignes de leurs
charges [1], le trompette de la ville, les officiers subalternes tels que le maître d'hôtel, le maître des œuvres,
les voyers ; puis le greffier en grand costume. A droite
et à gauche, marchaient les archers de la ville et les
bourgeois de la milice. Enfin venait le premier magistrat de la cité, à Paris et à Lyon le prévôt des marchands, ailleurs le maire, dans le midi le premier consul,
accompagné des échevins, des consuls et des conseillers
de ville. Le prévôt des marchands de Paris en robe de
velours, faisant jeter, comme le gouverneur, de l'argent
au peuple, les échevins, les conseillers, le procureur
du roi et le receveur, tous en robe de cérémonie, défilaient dans les rues, montés sur des chevaux capara-
çonnés avec un luxe extrême et suivis des cinquanteniers et de la milice [2]. A Carcassonne, à Laon, à Évreux,
à Auxerre, les magistrats, dans les circonstances solennelles, montent aussi à cheval [3] ; le jour de Saint-La-

---

1740. — A Lyon, le prévôt des marchands est précédé de deux massiers ; chaque échevin d'un massier à la livrée violette de la ville.
1614. (*Inv. Arch. Lyon*, BB. 150.) — Thomas, *Essai sur Montpellier*,
p. 156. — En 1777, la ville de Bordeaux paie à son massier 60 liv.
(Arch. nationales, H. 93³.)

[1] *Les fêtes de la paix données par la ville de Troyes sous Louis
XIV*, p. 6-10. — Registre du cérémonial. Arch. de Troyes, Q. 6.

[2] *Les armoiries de la ville de Paris*, p. 321 et 328. — Patte, *Monuments élevés à la gloire de Louis XV*, p. 134.

[3] Bouges, *Hist. de Carcassonne*, p. 415. — En 1749. *Bull. de la Soc.
ac. de Laon*, XV, 78-79. — Bonnin, *Notes et documents pour servir*

zare; le vierg ou maire d'Autun sort avec ses échevins, à cheval, en robe violette, tenant à la main un bâton en forme de sceptre enrichi de pierreries [1]; ailleurs, les officiers municipaux sont plus modestes; mais, s'ils vont à pied, les violons, les flûtes, les hautbois, les tambours les précèdent; les bataillons de la milice les suivent. Les sergents, le trompette et les ouvriers de la ville portent sa livrée et ses couleurs, tantôt sur leurs casaques, tantôt aux rubans, qui flottent sur leurs épaules ou à l'extrémité des bâtons fleurdelisés. Ces couleurs sont celles des enseignes des villes et de leurs armoiries, qui, depuis le XVI° siècle, ont un chef aux fleurs de lis de France, et qui, reconnues et enregistrées légalement, ne figurent pas seulement sur les vêtements des sergents; elles sont sculptées sur les édifices communaux, elles sont peintes sur les carrosses de l'échevinage. Car c'est en carrosse que le corps de ville de Bayonne fait ses visites officielles; à Chalon, c'est en carrosse qu'il ouvre les foires; à Paris, il se rend à la Cour en carrosse, à quatre ou à six chevaux, escorté de ses gardes [2].

Toute cette pompe extérieure ne se bornait pas à l'enceinte de la cité; on en trouvait un reflet lorsque ses magistrats en sortaient avec un caractère officiel.

à l'hist. d'Evreux, Tr. Soc. Evreux, VII, 309. — Challe, Annuaire de l'Yonne, 1839.

[1] Garreau, Description du gouvernement de Bourgogne, 1717, p. 232.

[2] 1744. Inv. Arch. Bayonne, CC. 325. — Courtépée, Description du duché de Bourgogne, 2e éd., III, 243. — Journal de l'avocat Barbier, IV, 385-386.

11

Lorsque les grandes villes de Provence envoyaient leurs
consuls aux assemblées des États, elles les faisaient
accompagner de valets revêtus de leur livrée, de telle
sorte qu'ils y figuraient avec autant d'apparat que les
membres de la noblesse et du clergé[1]. Le luxe dont
s'entouraient les corps de ville relevait pour ainsi dire
le tiers état au niveau des autres ordres.

[1] Depping, *Corresp. adm. sous Louis XIV*, I, p. xxvii. — L'échevinage d'Arras figurait en corps aux Etats d'Artois. (Arch. nationales,
K. 1145.)

CHAPITRE III

LES PRÉROGATIVES DES MAIRES

Installation des maires. — Le maire de Dijon. — Serment des consuls et des maires. — Usages particuliers. — Costume. — Robes mi-parties. — Importance qu'on attache au costume. — Prestige du costume. — Indemnité pour les robes. — Location de robes. — Costumes payés. — Gratuité des charges municipales en principe. — Présents en nature aux maires. — Dons à l'occasion du mariage de leurs enfants. — Présents de flambeaux. — Présents de vins. — Cannes. — Jetons. — Indemnités en argent. — Gratifications de tous genres. — Banquets offerts par les échevinages. — Dîners de processions et d'élections. — Festins à Dijon, à Paris, à Toulouse, à Angers. — Argent du banquet converti en achat d'armes ou en aumônes. — Restriction et interdiction des banquets. — Leur solennité. — L'argenterie de Paris et de Langres. — Portraits des maires et des consuls. — Toulouse, Lyon, Angers, etc. — Armes du maire sur les jetons. — Droit de barrière et de mai. — Obsèques solennelles des maires. — Droits des mairesses. — Prérogatives des fils du premier capitoul de Toulouse. — Noblesse des maires et échevins. — Exemptions diverses. — Edits de 1692 et de 1706. — Fixation et développement des prérogatives des maires. — Uniformité établie par les édits de 1764 et de 1765. — Protestations contre ces édits et restrictions qu'ils apportent. — Edit de 1771. — Situation morale des maires à l'égard de leurs concitoyens et de l'autorité supérieure.

Les honneurs que l'on rendait aux maires et aux consuls, c'était à la ville qu'on les rendait. Sous les noms différents qui le désignaient, maire ou mayeur, premier consul, lieutenant des habitants à Reims, vierg à Autun, le premier magistrat municipal personnifiait dans certaines circonstances la cité ; il n'agissait pas sans les échevins, mais s'il fallait la représenter au dehors, c'était lui qu'on en chargeait le plus souvent. Les masses d'argent, le sceptre doré, les glaives nus [1], les faisceaux [2], qu'on portait devant lui, étaient les insignes des droits de justice et de seigneurie, que pouvait posséder la ville, et comme par un souvenir des investitures féodales, son installation se faisait encore au XVIII° siècle avec des formes et un serment solennels.

Trois jours après l'élection du maire de Dijon, les membres du conseil de ville se rendaient avec le lieutenant général et plusieurs membres du bailliage sous le portail de l'église Saint-Philibert. Lorsqu'ils s'étaient assis devant une table, sur laquelle les sceaux et les livres des Évangiles de la ville étaient placés, le nouveau maire arrivait; un avocat le présentait, et prononçait un discours qui concluait à sa réception. Après la réponse affirmative du lieutenant général, le maire, suivi des autres magistrats, se dirigeait vers l'église Saint-Jean. C'était dans le chœur de cette église, pendant que le prêtre tenait élevé le ciboire, que le maire, agenouillé sur un carreau devant le maître-autel, écoutait la lecture de la formule du serment, qu'il prêtait en-

[1] P. Daire, *Hist. de la ville d'Amiens.* — Aug. Thierry, *Lettres sur l'hist. de France,* 11ᵉ édit., p. 290.

[2] G. Dumay, *une Session des Etats-Généraux de Bourgogne à Autun,* p. 45.

suite entre les mains du procureur du roi. Le cérémonial de cette installation était populaire, et l'intendant
écrivait en 1764 : « On ne saurait changer ce qui se
passe à l'élection du maire de Dijon sans détruire des
cérémonies et des usages qui existent depuis un temps
infini et auxquels les peuples sont d'autant plus attachés
qu'ils sont accompagnés d'un certain éclat extérieur
dont leurs yeux sont frappés [1]. »

Ces cérémonies n'étaient pas partout les mêmes ;
mais la proclamation et le serment des nouveaux magistrats municipaux se faisaient rarement sans un certain
apparat. Au Puy, après leur élection, les consuls recevaient les félicitations des principaux habitants, au son
des violons, des trompettes et des tambours, et quelques jours après prêtaient serment entre les mains des
anciens [2]. D'ordinaire, cet engagement solennel était
pris devant le juge ; les consuls du diocèse de Castres
juraient devant lui, sur le livre des Évangiles, de bien
et fidèlement exercer leurs charges, d'être fidèles à leur
seigneur, de répartir les impositions sans charger, ni
surimposer personne [3]. Le seigneur jurait de son côté
de maintenir les libertés de la ville. Il y avait une sorte
de réciprocité dans les engagements pris. Le maire de
Montdidier, après avoir déclaré sur le balcon de l'hôtel
de ville qu'il acceptait les fonctions qu'on venait de lui

[1] Mémoire de l'intendant de Bourgogne, 1764. Arch. nationales,
H. 140.

[2] Vissaguet, *Ann. Soc. Puy*, XXII, 301-302.

[3] Rossignol, *Inst. Gaillac*, p. 136. — Rapport sur les Arch. de Lot-
et-Garonne, *Doc. inédits*, I, 327.— Voir aussi Chardon, II, 7.— Roschach, *Hist. de Languedoc*, XIII, 170.

confier, prêtait serment à l'avocat du roi, et le peuple jurait d'obéir au maire en toutes choses justes et raisonnables [1]. A Amiens, le serment était prêté dans la grande salle de la *malle maison*, devant le peuple et le bailli [2], les deux pouvoirs de qui le maire tirait son autorité.

De singuliers usages étaient parfois observés aux jours de l'installation des maires, jours qui étaient célébrés et même chômés comme des fêtes [3]. A Brest, le nouveau maire se rendait solennellement à la porte du château, où le gouverneur, après avoir reçu son hommage, donnait la liberté à un roitelet que quatre notables avaient apporté dans une cage. Après dîner, tous les nouveaux habitants et les nouveaux mariés étaient tenus de sauter trois fois devant lui dans la mer [4]. A Montauban, les consuls revenant de prêter le serment étaient suivis par des enfants qui, comme les esclaves à la suite des triomphateurs romains, avaient le droit de leur dire « les injures les plus atroces, » afin de les engager, croyait-on, à ne pas les mériter dans leurs charges [5]. Dans le midi, l'investiture était accompagnée de la remise des insignes des fonctions consulaires. A Montpellier, un bâton de commandement appelé la baguette des consuls devenait le partage du premier ma-

---

[1] V. de Beauvillé, *Hist. de Montdidier*, II, 149.

[2] Dusevel, *Hist. d'Amiens*, I, 407. — Voir aussi Loysel, *Mém. de Beauvais*, 1617, p. 176; R. Guinodie, *Hist. de Libourne*, II, 134.

[3] Les habitants de Lyon doivent ce jour-là fermer leurs boutiques. (1770. *Inv. Arch. Lyon*, BB. 316.)

[4] P. Levot, *Hist. de Brest*, I, 100, 101, 242, 243.

[5] Le Bret, *Hist. de Montauban*, I, 119.

gistrat municipal. Ailleurs, après avoir reçu sur la place publique le serment des nouveaux élus, les consuls sortants leur mettaient sur l'épaule le chaperon rouge, qui était la marque de leur dignité [1].

Le costume avait son importance à une époque où il était en rapport avec le rang et l'autorité de celui qui le portait. Au xviiie siècle, les officiers municipaux en avaient parfois deux : l'un pour les séances ordinaires, l'autre pour les jours d'apparat [2]. Ces jours-là, les maires et les échevins revêtaient la robe, qui était le costume distinctif de la magistrature ; car les maires, les échevins et les consuls sont des magistrats. « Les officiers politiques des villes, dit Loyseau, ont des robes de livrée ; en Guienne, il n'y a si petit consul de village qui ne porte partout son chaperon rouge sur l'épaule. Ces robes sont d'ordinaire mi-parties, dont l'une est toujours l'escarlatte ou pourpre, enseigne commune du magistrat, et l'autre la couleur particulière de la ville [3]. » Il en était ainsi à Paris, où la robe était mi-partie de couleur écarlate et tannée après avoir été rouge et bleue [4] ;

[1] Corr. des Contrôleurs généraux, I, n° 1179. — Inv. Arch. Albi, CC. 312. — 1759. Inv. Arch. Ouveilhan, BB. 17.

[2] Blin, Cambrai il y a cent ans. Mém. Soc. Emulat., XXIV, 334. — A Autun en 1703, ils portent en ville l'habit noir et le petit manteau, la robe noire dans les cérémonies ordinaires, la robe violette dans les grandes. (G. Dumay, p. 45.) Il en est de même à Chalon. (H. Batault, Mém. Soc. hist., VI, 343-345.)

[3] Loyseau, du Droit des Offices, liv. V, ch. VII, 48. — On se plaint, en Provence, de ce que les seigneurs imposent aux chaperons la couleur de leur livrée. (Arch. parlementaires, VI, 276.)

[4] Leroux de Lincy, p. 169. — Quicherat, Hist. du Costume en France, p. 323. — Armoiries de la ville de Paris, p. 203-212.

elle était à Bourges cramoisie et verte[1] ; à Libourne
et à Saint-Émilion, rouge et blanche ; à Gaillac, rouge
et noire ; à Bordeaux, bleue et blanche pour le maire,
blanche et rouge pour les jurats[2]. A Troyes, on
porta longtemps la robe bleue et violette. Il y avait
cependant des costumes d'une seule couleur ; le maire
de la Rochelle, les consuls de Marseille et du Puy ont
la robe rouge[3] ; à Arras, à Amiens, la robe est de drap
noir ; à Amiens, elle est garnie de velours[4]. Le maire
de Dijon porte une robe de velours violet « à renver-
sures » de satin cramoisi, avec un chaperon de même
bordé d'hermines[5]. Le violet est la couleur des maires
de Bourgogne[6]. Il y eut un jour de *Te Deum* une con-
testation assez ridicule entre un maire d'Auxerre et son
lieutenant, parce que celui-ci s'était permis de porter
comme le maire une robe de satin violet[7].

On attachait une grande importance au costume.
Pascal ne disait-il pas qu'il pouvait être « une force[8]. »
N'avait-il pas sa raison d'être, lorsque les magistrats
municipaux rendaient la justice, et n'était-on pas en

---

1 Ph. Labbe, *Eloge panégyrique de Bourges,* réimp., p. 15.

2 Guadet, p. 191. — Du Verdier, *Voyage de France,* p. 323.

3 Brillon, III, 33. — De Ruffi, I, 469. — Vissaguet, *Ann.,* XXII, 301.

4 Wignacourt, 39. — *Mon. inédits de l'hist. du Tiers-Etat,* II, 1102.

5 *Inv. Arch. Dijon,* B. 83 et 349. — Celle du maire de Chalon est
en satin. (H. Batault, *Mém. Soc. hist.,* VI, 342); celle du maire de
Libourne en damas de Lyon cramoisi fin à 16 liv. 12 s. l'aune. (R.
Guinodie, II, 148.)

6 Arch. de l'Aube, C. 48. L'intendant autorise le maire de Bar-sur-
Seine à faire faire aux frais de la ville une robe violette de l'étoffe de
celle des maires des autres villes de la province.

7 1703. Chardon, *Hist. d'Auxerre,* II, 274.

8 *Pensées,* éd. Havet, p. 68.

droit de se plaindre, comme le faisait un échevin d'Arras sous Henri IV, de ce qu'on voyait quelques-uns d'entre eux siéger « en accoutrements discoulourez, découpez ou revêtus de petits manteaux de camelot[1]. » Au XVIIIe siècle, les officiers municipaux de Champagne portaient généralement l'habit noir, le petit manteau et la cravate ; à Langres, ils avaient l'épée ; mais on réclama avec tant d'insistance à Troyes qu'on finit par obtenir pour le maire, les échevins et le procureur du roi le droit de porter la robe de satin violet[2]. A Boulogne, les mêmes réclamations se produisent, mais les ministres ne sont pas disposés à y satisfaire ; l'un d'eux répond que les gradués seuls ont droit à la robe ; l'autre dit plus sévèrement : « Le corps municipal n'est pas un corps de judicature qui soit obligé à un habit de cérémonie. C'est moins à l'habit qu'à la bonne administration qu'il faut s'attacher[3]. »

Excellente maxime à coup sûr, mais qui devait s'émousser devant la vanité bourgeoise et la fidélité aux anciens usages. N'était-ce pas aussi une distinction flatteuse pour le négociant ou l'artisan, qui pouvait se montrer aux regards de ses concitoyens sous la robe du magistrat ? Racine écrit d'Uzès en 1661 : « C'est une belle chose de voir le compère Cardeur et le menuisier Gaillard, avec la robe rouge comme un président, donner des arrêts et aller les premiers à

[1] C. de Wignacourt, *Echevinage d'Arras*, p. 41.
[2] L'habit noir était porté de toute ancienneté à Châlons. L'ordonnance qui concerne Troyes est du 14 juillet 1787. (Arch. de l'Aube, C. 1845.)
[3] *Inv. Arch. Boulogne*, n° 966.

l'offrande [1]. » Aussi cherchait-on à rehausser l'éclat du
costume plutôt qu'à le diminuer. Ici, on met en collier
la chaîne qu'on portait depuis longtemps fixée à la
manche gauche de la robe [2]. Là, on fait acheter quatre
brandebourgs d'or de Paris à bouquets, avec guipure de
clinquant, pour la robe de justice du maire [3]. Les robes
consulaires de Toulouse et d'Albi en velours et en satin
sont revêtues de deux plaques d'or. On conçoit qu'elles
étaient d'un prix élevé et qu'elles ne pouvaient être
acquises sans grands sacrifices par des magistrats
dont les fonctions ne se prolongeaient pas au-delà de
l'année. Aussi était-il d'usage soit de les payer aux
frais de la ville, soit de donner aux magistrats une
indemnité qui permît de les acheter, soit enfin de les
leur louer.

L'achat des robes ou l'indemnité pour leur acquisition était une des dépenses ordinaires des villes. A
Amiens, elles coûtent 800 l. en 1621; à Albi, 990 l.
en 1669. Dans cette ville, on donnait aussi aux consuls
des chaperons noirs pour le carême [4]. A Bordeaux, on
en fournissait un petit et un grand à chaque jurat [5].
Ailleurs, l'usage attribue aux magistrats une indemnité
en argent. Chacun des capitouls de Toulouse reçoit
800 l. pour ses robes, manteaux, comtals et chaperons

---

[1] Jean Racine, *Œuvres*, éd. Didot, 1823, V, 133.

[2] 1766. *Inv. Arch. Boulogne*, n° 1019.

[3] 1769. *Inv. Arch. Bayonne*, CC. 718.

[4] *Mon. inéd. de l'hist. du Tiers-Etat*, III, 30. — *Inv. Arch. Albi*.

[5] Moyennant 120 liv. Dépenses de 1777. Arch. nationales, H. 93³. —
A Saint-Emilion, les droits de chaperon sont de 190 liv. en 1763.
(Guadet, p. 196.)

capitulaires [1]. 300 l. sont données en 1705 dans le même but à chacun des échevins d'Arras [2]. A. Marseille, en 1717, on alloue aux quatre échevins 766 l. pour leurs robes d'écarlate, 700 l. pour leurs robes de damas, 165 l. pour leurs chaperons [3]. Dans la plupart des villes du Languedoc, l'indemnité pour la livrée et les robes consulaires se confond avec les gages, et c'est sur ces gages qu'on prélève parfois un prix de location pour les robes. Chaque consul d'Albi paie 35 l. pour le loyer de la sienne. A Libourne, lorsque le nouveau maire avait prêté serment, son prédécesseur se dépouillait en public de son costume, et le lui remettait [4].

Les maires avaient eu de tout temps une tendance à se faire costumer par la ville. A chaque passage de souverain à Auxerre, on habillait de neuf les officiers municipaux aux frais de leurs concitoyens [5]. Au XVIe siècle, chaque année, à Noël, on donnait au maire de Dijon une robe et un manteau [6]. Le maire et les jurats de Bordeaux reçoivent le prix d'un costume de deuil, à l'occasion de la mort de Louis XV [7]. L'intendant cher-

---

[1] Victor Fons, *Buvettes et festins des capitouls. Mém. Ac. des Sc. de Toulouse*, VIIe s., t. VII, p. 95.

[2] Arch. nationales, K. 1145.

[3] *État des sommes dont le roy en son conseil permet aux échevins de Marseille d'ordonner le payement*, p. 4.

[4] Arch. nationales, H. 1030.— *Inv. Arch. Albi*, CC. 405.— R. Guinodie, II, 149.

[5] Lebeuf, *Mém. sur Auxerre*, III, 497.

[6] *Inv. Arch. Dijon*, B. 69.

[7] A M. le vicomte de Noé pour lui tenir lieu de son habit de deuil à l'occasion du feu roy. MM. les jurats ayant reçu dans le temps pareil honorifique en vertu d'un état arrêté dans lequel il fut oublié d'y comprendre M. le maire... 450 liv. (Arch. nationales, H. 93³.)

chait à atténuer de pareils abus, comme il le fit à Arras, en réduisant de 500 écus les droits de robe des magistrats [1].

En principe, les charges municipales étaient gratuites [2]. Montaigne parle avec fierté de la mairie de Bordeaux qu'il fut appelé à exercer deux fois, en disant : « C'est une charge qui doibt sembler d'autant plus belle qu'elle n'a ny loyer ny gaing autre que l'honneur de son exécution [3]. » Mais l'usage s'était peu à peu introduit de faire certains présents aux magistrats municipaux, de les défrayer ou de les indemniser de leurs dépenses ou du temps qu'ils consacraient à leurs fonctions. Ces présents se faisaient, à titre de don de nouvel an, ou à titre d'hommage. Au jour de l'an, le mayeur d'Amiens recevait de ses subordonnés des oranges, des citrons et de beaux bouquets de fleurs ; on donnait des pains de sucre aux officiers municipaux de Chaumont [4]. A Noël, le grand vicaire d'Albi faisait présenter aux consuls une livre de gimblettes et de dragées sur un bassin, en retour des lapins qu'ils offraient à l'évêque, seigneur de la ville [5]. Des redevances de ce genre pouvaient attester le droit de propriété de la ville sur des terrains concédés à des particuliers, comme à Angers, où le maire recevait chaque année des gants de chevrotin blanc pour l'arrentement d'une

[1] Corr. adm. sous Louis XIV, I, 716.
[2] Loyseau, du Droit des Offices, liv. V, ch. VII, 63.
[3] Essais, liv. III, ch. X.
[4] Dusevel, I, 421. — Jolibois, p. 178.
[5] XVIIIe siècle. Inv. Arch. Albi, BB. 124, et Intr., p. 22.

place [1]. On faisait aussi des présents aux maires dans des circonstances exceptionnelles, comme le mariage d'un de leurs enfants. Souvent, ils étaient de peu de valeur comme les douze boîtes de confitures offertes en 1613 au maire de Dijon pour le mariage de sa fille [2], les dix-huit pièces de gibier et les douze boîtes de confitures données en 1706 au maire d'Auxerre pour le mariage de son fils [3]. Lorsque la ville était riche, lorsque le premier magistrat lui avait rendu des services importants, on n'hésitait pas à lui faire, en pareille occurrence, un présent considérable, comme la parure de diamants payée 6,955 l. qui fut offerte en 1741 à la fille du prévôt des marchands de Lyon [4].

D'autres présents en nature avaient eu pour objet d'indemniser les officiers municipaux des dépenses dans lesquelles ils étaient entraînés par l'exercice de leurs fonctions. Leurs réunions avaient lieu souvent le soir, et à l'époque où les rues n'étaient pas éclairées par des lanternes permanentes, ils devaient pour se rendre à la chambre de ville se faire escorter par un valet porteur d'un flambeau. Les magistrats devaient aussi assister à certaines processions avec des cierges, et illuminer leurs maisons les soirs des fêtes officielles. De là la triple origine de l'usage de leur donner des flam-

---

[1] *Inv. Arch. Angers*, BB. 52. Voir un fait analogue en 1690. Le concessionnaire devra donner une paire de gants blancs et rédiger deux inscriptions à la gloire du roi. (*Ibid.*, BB. 98.)

[2] *Inv. Arch. Dijon*, B. 251.

[3] Quantin, *Hist. des rues d'Auxerre*, p. 193.

[4] *Inv. Arch. Lyon*, BB. 306. En 1752, le prévôt des marchands de Lyon fut logé à l'hôtel de ville. (BB. 319.)

beaux, des torches, des bougies. A Auxerre, 70 livres
de bougies étaient distribuées à la Chandeleur, et l'on
réclama vivement en 1784 contre la suppression de ce
présent [1]. C'était aussi, à titre de remboursement de
leurs frais de bureau, que les membres de l'échevinage de Paris recevaient une rame de grand papier et
un demi cent de plumes [2].

Afin d'obtenir l'assiduité aux séances, on donnait aux
officiers municipaux des présents de vin et de liqueurs,
ainsi que des jetons de présence. Paris et Troyes avaient
ainsi distribué de l'hypocras au xvie siècle à leurs échevins [3]. On recommande de ne donner aux magistrats
d'Arras les vins, qui leur sont dus, qu'autant qu'ils au-

[1] Chardon, II, 591. Le même usage existait ailleurs. *Ann. Soc.
Em. Vosges,* 1878, p. 160. — Leroux de Lincy, p. 167. — *Armoiries
de Paris,* II, 319. — Dr U. Chevalier, *les Abbayes laïques de Romans,* p. 24. — A Boulogne, en 1767, on donne 32 livres de bougies
aux magistrats. (*Inv. Arch.,* n° 274.)— A Dijon, les torches et bougies
sont données à propos de la reddition des comptes. (*Inv. Arch. B.* 72.)
— Flambeaux livrés aux échevins d'Albi pour processions, visites, en
1674... 152 liv. *Inv. Arch.* CC. 504. — A Libourne, la dépense des
flambeaux est réduite à 200 l. en 1679. (R. Guinodie, II, 175.)— *Inv.
Arch. Angers,* CC. 23. — Torches et flambeaux aux consuls d'Agde
le jour de la Fête-Dieu, 45 liv.; aux consuls de Pézenas, 74 liv. (Dép.
des communautés du diocèse d'Agde. 1742. Arch. nationales, H. 1030.)
— Un factum de 1780 reprochait aux échevins de Marseille de se
faire allouer des flambeaux pour des visites de nuit qu'ils faisaient
le jour. (Leber, *Hist. du pouvoir municipal,* p. 526.) — A Arras, les
échevins reçoivent en nature, jusqu'en 1705, leur droit de *cires.* Chacun des échevins de Rennes recevait deux livres de bougie pour leur
assistance aux *Te Deum* et processions. (Arrêt du conseil de 1757.
Arch. nationales, K. 1145 et H. 520.)

[2] Leroux de Lincy, p. 167.

[3] *Les Armoiries de Paris,* II, 319. — Arch. de Troyes, A. 5.

ront fait acte de présence [1]. Les jurats de Bordeaux reçoivent encore en 1777 cent bouteilles de vin chacun [2]. A Paris, lorsque le prévôt des marchands et les membres de l'échevinage se déplaçaient pour la visite des aqueducs dans la banlieue, on leur allouait, à titre de vacations, des cannes dont la valeur pécuniaire variait selon le rang de chacun d'eux [3]. A Bayonne, à Nantes, à Angers, à Rennes, à Dijon, on distribue des bourses de jetons d'argent aux armes de la ville et quelquefois du maire [4], jetons qu'il ne faut pas confondre avec les

---

[1] Wignacourt, p. 52. — A Evreux, on leur donne du vin le jour de l'élection du maire. (Chassant, *Rec. Tr. Soc. Eure*, 2º sér., III, 295.)

[2] Arch. nationales, H. 93³.

[3] En 1764, la canne du prévôt des marchands vaut 15 liv.; celle du 1er échevin, 10 ; celle du procureur du roi, 9 ; celle du maître d'hôtel, 5. (Belgrand, *les anciennes Eaux de Paris*, p. 401.)

[4] *Inv. Arch. Bayonne*, BB. 52, CC. 198 et 323. — Dijon paie 5568 l. en 1722 pour 850 jetons d'argent. (*Inv. Arch. Dijon*, B. 73.)— Citons aussi au XVIIe et au XVIIIe siècle les jetons de Blois avec la devise : POUR LA MAISON COMMUNE DE BLOIS ; ceux de Bordeaux, qui portent : MUNIFICENTIA URBIS BURDIG ; de Chartres, en 1689 : PRÆTOR ET ÆDILES CARNOTENSES ; de Beaune : MAGISTRATUS ET COMMUNITAS BELNEN, d'un côté, et de l'autre : PRO REGE ET GREGE. (J. de Fontenay, *Manuel de l'amateur de jetons*, p. 191, 197, 231, 359.) — Dauban, les *Jetons des maires de Nantes*. — *Inv. Arch. Angers*, BB. 96. — A chaque séance ordinaire du jeudi, le maire de Rennes recevait deux jetons, chacun des autres officiers du corps de ville un. Les armes du maire étaient gravées sur l'un des côtés de ces jetons, celles de la ville de l'autre. (Arrêt du Conseil de 1757.) La dépense s'élevait, année moyenne, à 1,500 liv. (Arch. nationales, H. 520.) — A Bordeaux, en 1777, on distribue des bourses de jetons le 1er janvier aux membres du corps de ville. (Ibid., H. 93³.)— Voir aussi *les Jetons de l'échevinage parisien*; Robert, *Recherches sur les monnaies et les jetons des maîtres-échevins*, Metz, 1853; Dauban, *Histoire des maires de Tours par les jetons*, 1859.

jetons ou jetoirs de cuivre que les échevinages faisaient frapper pour la reddition de leurs comptes.

. Les jetons étaient une indemnité pécuniaire dissimulée ; cette indemnité se payait plus ouvertement en argent dans quelques villes du midi. Nous ne parlons pas ici des gages que touchaient les possesseurs d'offices municipaux, parce qu'ils représentaient d'ordinaire les intérêts des sommes qu'ils avaient déboursées pour les acquérir ; mais des traitements et des gratifications que recevaient certains magistrats. L'indemnité du mayeur d'Arras était en 1758 de 1,000 liv. ; celle de chacun des échevins de 600 [1]. En 1777, le maire de Bordeaux avait 3,000 l. et le logement ; chacun des six jurats touchait 2,000 l.[2]. Le conseil municipal de Marseille demandait à l'unanimité en 1787 qu'on portât à 4,000 l. le traitement du maire et des échevins qui n'en recevaient que 2,000, et l'intendant appuyait cette demande, en alléguant le préjudice qu'ils éprouvaient en abandonnant leurs affaires personnelles pour se consacrer aux fonctions publiques. L'usage était aussi de

[1] Ancienneté de la ville et échevinage d'Arras, fol. 81. — Les maires anciens et alternatifs avaient comme gages à Arras, 5,280 ; à Cambrai, 3,000 ; à Lille, 12,000 ; à Dunkerque, 5,454 liv.; à Douai, 6,216 liv.; à Valenciennes, 4,200 liv. (Arch. nationales, K. 1145 et 1161.)

[2] Arch. nationales, H. 93³. — En 1655, le roi avait attribué sur les fonds de l'Etat 8,000 liv. de gages au maire de Bordeaux ; mais au xvii° et au xviii° siècle, cette charge était conférée à de grands personnages militaires, qui ne résidaient que rarement et qui ne pouvaient être considérés comme des officiers municipaux proprement dits. (*Livre des Privilèges*, p. 388, 606.) Elle assurait aussi à son titulaire d'autres redevances, qui en auraient porté en 1715 le total à 20,000 liv. (Saint-Simon, *Mémoires*, éd. Chéruel, XV, 63.)

donner à Marseille une gratification de 1,000 l. à l'échevin sortant de charge, lorsqu'il était recommandé par l'intendant [1]. Ces gratifications ne s'obtenaient pas toujours facilement. En 1778, le roi accorda 1,200 l. au maire de Nantes et 1,000 l. au maire de Moncontour; c'était peu pour le maire de Nantes, M. de Prémion, qui avait rempli pendant plus de vingt ans les fonctions de subdélégué, de maire, de député aux États, de commissaire intermédiaire avec le plus rare désintéressement, et sans avoir jamais eu qu'une pension de 1,200 l. [2]. En 1780, la ville de Lamballe fut autorisée à donner à son maire 1,200 l. de gratification et 360 l. d'indemnité pour les frais qu'il avait faits pour le logement des troupes et pour les services qu'il avait rendus pendant dix ans à ses concitoyens [3].

En Bretagne et en Languedoc, les maires et les premiers consuls recevaient pour leur séjour aux États des indemnités qu'ils dépensaient toujours. En 1764, les États de Bretagne durèrent 182 jours; on accorda 218,000 l. pour les frais, mais le tiers-état n'eut droit

[1] Lettre de l'intendant de la Tour, en 1787. Arch. nationales, H. 1315.

[2] Lettre de l'intendant Caze de la Bove. Arch. nationales, H. 536.

[3] Arch. nationales, H. 536. — Voir aussi : *Inv. Arch. Calvados,* C. 1257... *Côte-d'Or,* C. 708. — On peut citer comme une exception les remises prélevées par les échevins de Sainte-Menehould sur les revenus de l'hospice et de la fabrique qu'ils administraient. L'intendant fit cesser cet abus. (Lahirée, *Etude hist. sur l'hospice de Sainte-Menehould.*) — A Brest, le maire recevait un flacon de 4 pots de vin sur chaque barque qui se déchargeait dans le port. Les bateaux de pêche étrangers lui remettaient aussi des huîtres ou un poisson. (P. Levot, I, 228.)

qu'à 45,000 livres, tandis que la noblesse en recevait 75,000 [1]. Chaque député touchait de 200 à 400 l. les années ordinaires [2]. Lorsque le maire de Marseille se rendit en 1787 à l'assemblée des notables, le conseil municipal fut d'avis de lui donner une pièce de vaisselle d'une valeur de 3 à 4,000 l. [3].

Au xv⁰ et au xvi⁰ siècle, lorsque les indemnités en argent étaient pour ainsi dire inconnues, il n'y avait point de délibérations sans collation et sans rafraîchissements, et les vivres et le vin qu'on fournissait aux officiers étaient payés par la ville. En 1712 encore, les capitouls de Toulouse se réunissent plusieurs fois pour décider des cérémonies funèbres que l'on fera à l'occasion de la mort du duc de Bourgogne, et chacune de leurs réunions est accompagnée d'un repas. Les dépenses annuelles de la buvette du capitole s'élevaient à 600 l. en 1723 [4]. Il y avait également une buvette à

---

[1] Etat des gratifications pour les Etats de Bourgogne. De 1770 à 1782, la durée des assemblées ne dépassa point 96 jours. (Arch. nationales, H. 536.)

[2] Caron, *Administ. des Etats de Bretagne*, p. 498. La gratification de 200 liv. fut doublée en 1783, « tout ayant augmenté depuis 20 ans. » (Arch. nationales, H. 536.)

[3] Arch. nationales, H. 1315.

[4] Victor Fons, *Buvettes et festins des capitouls, Mém. Ac. sc. Toulouse*, vii⁰ s., VII, 105 et 95. — Les échevins d'Arras reçurent jusqu'en 1705, à chacune de leurs réunions extraordinaires, un pot de vin qui fut remplacé par une allocation annuelle de 100 l. (Arch. nationales, K. 1145.) — Furetière dit qu'on appelait les échevins *leschevins* d'une manière burlesque, parce qu'ils goûtaient les vins. (*Dictionnaire*, I, 639.) — De 1768 à 1777, on accuse les échevins de Romans d'avoir prélevé 1678 l. 18 s. pour la buvette sur les 2364 l. 14 s. auxquels s'était élevée la dépense des vins d'honneur. (Dᵣ Ulysse Chevalier, *les Abbayes laïques et les présents de la ville de Romans*, p. 23.)

l'hôtel de ville de Paris pour les échevins et les conseillers de ville. Souvent, l'usage avait persisté d'offrir, dans certaines circonstances périodiques ou solennelles, des dîners ou des soupers, dont l'échevinage ou le maire faisait les frais. Ils avaient lieu particulièrement les jours d'élection, de procession ou de feu de joie. Toulouse en donnait six par an ; Bordeaux en conserva toujours cinq : le jour de la procession générale de Saint-Joseph ; le jeudi-saint, où le corps municipal visitait les églises ; le 1er mai, jour où l'on plantait le mai ; la veille de la Saint-Jean, et le jour de l'ouverture du Parlement, où le corps de ville, après y avoir assisté, visitait les « grands de la ville [1]. » Marseille et Moulins donnent des repas les jours de procession et de solennité [2]. Albi offre un souper le soir de la Fête-Dieu ; Troyes des collations ou un souper splendide, après les feux d'artifice ou de joie [3]. C'était au retour des cérémonies publiques où les officiers de justice avaient assisté avec « messieurs du corps de ville », que ceux-ci les invitaient à une collation ou à un festin. C'était aussi à la suite des élections qu'ils les conviaient [4].

---

[1] Etat des dépenses de Bordeaux. Ces cinq repas coûtent 840 liv. en 1777. Arch. nationales, H. 93³.

[2] Pour les déjeûnés des Eschevins, les jours et fêtes du Saint-Sacrement et de Saint-Lazare, 90 liv. *Etat des sommes... Marseille,* 1717, p. 9. — 1725. *Inv. Arch. Moulins,* n° 181.

[3] *Inv. Arch. Albi,* CC. 328. — Arch. de Troyes, A. 51.

[4] Menus des dîners de MM. du Conseil de ville au jour du sacre et des élections (1717). *Inv. Arch. Angers,* CC. 18 et 19. A Vitry-le-François, le repas avait lieu la veille de l'élection. (Dr Valentin, p. 20.) A Reims, le receveur donne aux frais de la ville le jour de l'élection du lieutenant des habitants, un repas qu'on appelle « le repas du roy. » (Varin, *Statuts,* III, 287.)

Le banquet, qu'on donnait à Dijon après l'élection du maire, avait lieu dans le réfectoire des Jacobins; les commissaires du Parlement et de la Chambre des comptes et un « bon nombre d'habitants » y assistaient. En 1634, le menu en fut des plus abondants, sinon des plus choisis, et si l'on ne connaissait le luxe de victuailles avec lequel sont garnies les meilleures tables de l'époque, on s'étonnerait du nombre des levrauts, des poules d'Inde, des pigeons, des étourneaux, des morceaux de veau et de mouton, des pâtés de pigeons et des pâtés « à la sauce d'hypocras, » qu'on sert dans ce banquet municipal[1]. A Paris, au siècle suivant, le prévôt des marchands faisait servir un dîner de quatre-vingt-dix couverts aux dociles électeurs qui l'avaient nommé, et qui pouvaient emporter une « belle corbeille de confitures sèches » qu'on plaçait sur des plateaux devant chacun d'eux. Chaque convive avait son laquais derrière sa chaise, et le coup d'œil, que le peuple était admis à voir, était de l'avis d'un convive « magnifique et auguste[2]. » Troyes, en 1723, dépensait 350 l., Bordeaux, en 1777, 1,800 l., pour les repas des jours d'élections[3].

A Toulouse, à Angers, à Beauvais[4], les capitouls et les maires célébraient leur installation par un festin, comme le faisaient dans les corporations industrielles les maîtres nouvellement reçus ou les jurés récemment

[1] Il coûta 186 liv. 4 s. *Inv. Arch. Dijon,* B. 103.
[2] 1789. *Journal de l'avocat Barbier,* IV, 385, 463 et 464. — On faisait aussi un banquet à Poitiers le jour de l'élection du maire. (*Les Délices de la France,* II, 212.)
[3] *Inv. Arch. Aube,* C. 1854. — Arch. nationales, H. 93³.
[4] Loisel, *Mémoires des pays de Beauvais,* 1617, p. 177.

élus. Les capitouls invitaient tous leurs prédécesseurs, et leur faisaient remettre au moment de se séparer des corbeilles pleines de perdrix, de dessert et de fruits[1]. Le maire d'Angers faisait servir le 1er mai un somptueux festin, où les plats de « viandes exquises » et de dessert étaient décorés de ses armes. Il arriva en 1651, pendant les troubles de la Fronde, que le maire nommé par le parti démocratique refusa de donner le dîner traditionnel ; c'est en vain que le pâtissier traiteur qui l'avait fait sur commande voulut le livrer ; l'entrée de la salle lui fut refusée, et il n'eut d'autre ressource pour rentrer dans ses déboursés que d'attaquer la ville en dommages - intérêts, après avoir fait estimer le dîner par expert, et l'avoir fait vendre en détail aux enchères[2].

Aux époques de guerre ou de disette, où ces réjouissances eussent été déplacées, les nouveaux magistrats remplaçaient le festin par des acquisitions d'armes ou des aumônes. A deux reprises différentes, au seizième siècle, les consuls de Limoges offrent des pièces d'artillerie à la ville au lieu du banquet d'usage[3]. A Angers, en 1661, en 1662, en 1709, l'argent de ce banquet fut converti en aumônes ; mais il en résulta en 1662 un déplorable accident ; les pauvres affluèrent en si grand nombre et avec une telle confusion à la maison du maire où se distribuaient les aumônes que, selon les

[1] Victor Fons, *Buvettes et festins des capitouls.*

[2] Il fut estimé 1183 liv. *Journal du curé Jousselin.* C. Port, *Arch. Angers,* p. 454.

[3] *Reg. consulaires de Limoges,* I, 256, II, 18.

dires d'un contemporain, « il y eut plus de trente personnes estouffées et crevées[1]. »

On essaya à plusieurs reprises de supprimer les banquets municipaux. La déclaration de 1629 défendit tous les banquets, particulièrement pour redditions de comptes de communautés, élections, prestations de serment; mais ces interdictions absolues et d'autres du même genre ne furent pas exécutées[2]. Le nombre des festins diminuait cependant; dès 1608, on constatait à Arras que l'on en avait réduit les dépenses; mais on regardait comme n'étant « guère décent, ni séant, de veoir par la populace passer et porter les metz au travers du marché pour le disner de messieurs, signament lorsque l'on fait exécution en justice de quelque criminel. » A Arras même, il y avait une cave bien garnie, et l'on voulait qu'elle fût mieux ménagée[3]. Les intendants, les parlements limitaient les dépenses des banquets, faute de pouvoir les interdire; mais on n'en saisissait pas moins toutes les occasions pour en donner. Les échevins de Cambrai consacraient le produit des amendes et des épices de leur juridiction à faire servir chaque année, dans la salle verte de leur hôtel de ville, neuf festins auxquels ils conviaient parfois les dames[4]. Les quatorze échevins d'Orchies se donnaient des repas à l'hôtel de ville, presque toujours aux dépens des revenus communaux[5]. Toulouse témoignait aux mainte-

---

[1] *Inv. Arch. Angers,* BB. 89 et 104. *Journal de Jousselin,* p. 484.
[2] Brillon, III, 284.
[3] Wignacourt, 75-76.
[4] Blin, *Cambrai il y a cent ans, Mém. Soc. ém.,* XXXIV, 334.
[5] Cahier d'Orchies. *Arch. parlementaires,* III, 189.

neurs des Jeux floraux la sollicitude qu'elle portait à leurs nobles travaux en leur offrant des quartiers de veau, à la suite d'une collation. Dix-sept veaux de lait furent employés en 1657 à cet usage [1]. On donnait aussi des festins aux princes, aux gouverneurs [2], aux grands personnages qui passaient dans la ville. La ville de Paris n'offrait-elle pas dans les grandes circonstances des banquets au roi et aux princes, où le prévôt des marchands et les échevins avaient l'honneur alors si envié de les servir ? A Bordeaux, pendant la Fronde, les jurats donnent un grand souper aux partisans des princes et jurent de mourir pour eux [3]. C'est aussi dans un banquet que les consuls de Nîmes, recevant les consuls d'Arles, renouvellent avec eux les liens d'ancienne amitié qui unissaient leurs villes, et qu'au son des violons, des trompettes et des hautbois, ils revêtent de leurs chaperons leurs hôtes qui sont très-sensibles à cette « galanterie [4]. »

Dans les festins de ce genre, le maire occupe le haut bout de la table. Derrière le prévôt des marchands de Paris, se dresse en 1749 un superbe buffet en pyramide, garni de vieille vaisselle de vermeil doré, qui, selon un témoin oculaire, « a un air d'antiquité et ne sert à rien, » et que l'on peut comparer aux buffets chargés d'argenterie qui décorent encore en Angle-

[1] Victor Fons, *Buvettes et festins des capitouls.*

[2] Souper au maréchal de Gramont. *Inv. Arch. Bayonne*, CC. 311.— Dîner de cent couverts offert par la ville d'Angers en 1650. Debidour, p. 126.

[3] Lenet, *Mémoires*, éd. Petitot, I, 488.

[4] Ménard, *Hist. de Nismes*, VI, 231 et 513.

terre les salles de banquets présidés par les lords
maires [1]. Près du buffet sont les trompettes et les hautbois de la ville, qui jouent par intervalles, tandis que
des tambours et des trompettes placés dans la cour
annoncent l'entrée de chaque service [2]. Plusieurs villes
ont leur argenterie, qu'elles gardent dans leur trésor
ou qu'elles confient au maire. Le maire de Langres était
dépositaire de quatre gondoles d'argent, représentant
le vin de singe, le vin de lion, le vin de mouton et le
vin de cochon. On les portait chez lui avec le portrait
du roi régnant, un marteau de cuivre pour éveiller le
guet, quatorze cimaises pour mettre les vins d'honneur,
et d'autres objets d'un caractère emblématique, qui
attestaient ses prérogatives [3].

Les premiers magistrats municipaux, à qui l'on donnait parfois le portrait du roi, avaient dans un certain
nombre de cités l'honorable prérogative de se faire
peindre aux frais de la ville. Si les représentants de
la Convention en mission n'avaient pas fait jeter aux
flammes la plus grande partie des annales du capitoulat
de Toulouse, on pourrait voir encore sur ces registres
précieux la suite des portraits des capitouls depuis 1295.
D'abord, ils ornaient les lettres majuscules ; puis ils
occupèrent une demi-page et une page entière. Plus
tard, on fit faire, outre ces miniatures, deux portraits

---

[1] Voir la collection de l'*Illustrated London News* et du *Graphic*.

[2] *Journal de l'avocat Barbier,* IV, 463.

[3] *Inventaire de l'hôtel de ville au XVIIIe siècle. La Haute-Marne,*
p. 604. Les cimaises ou simarres étaient des vases d'étain à deux anses,
qui faisaient partie de la vaisselle des villes.

de chaque capitoul, l'un qu'on conservait à l'hôtel de
ville, l'autre qu'on lui donnait lorsqu'il sortait de charge [1].
L'usage de faire peindre chaque année les consuls dans
leur costume officiel se répandit dans le midi ; il existait à Albi, à Montpellier et à Carcassonne. Nîmes l'a-
dopta en 1661 [2]. Lyon, depuis 1614, faisait reproduire
les traits de son prévôt des marchands et de ses échevins, en miniature, dans un registre couvert de velours
violet garni de cantonnières et de fermoirs d'argent, et
à l'huile, sur des toiles que l'on exposait dans la salle
des séances [3]. Quand des échevins faisaient banque-
route, on retournait leurs portraits ; en 1782, un grand
nombre d'entre eux étaient retournés [4]. Angers et Dijon
font poser, sous Louis XIII, les portraits de leurs maires
dans la salle du conseil ; sous Louis XIV, à Angers, on
décide qu'on y joindra ceux des conseillers, du procureur et du greffier de la ville [5]. On pouvait voir dans
l'hôtel de ville de Bordeaux « les maires et les jurats.

[1] De Mas-Latrie, *Rapp. sur les Arch. de Toulouse, Doc. inédits*, I,
154-156. — Jean Chalette, peintre de l'hôtel de ville de Toulouse, recevait 700 l. par an, sous Louis XIII, pour faire trois fois le portrait de
chacun des huit capitouls. Un capitoul ayant malversé, le peintre fut
obligé par arrêt du parlement d'effacer son portrait. (Roschach, *Mém.
Soc. Acad. Aube*, XXXI, 255-256.)

[2] *Inv. Arch. Albi*, CC. 340... *Hérault*, C. 1011. — Ménard, VI, 154.

[3] *Inv. Arch. Lyon*, BB. 150 et 151. Chaque portrait dans le registre
était payé 10 liv. — En 1657, on fit faire leur portrait en cire. (*Ibid.*
BB. 212.)

[4] *Mémoires de Brissot*, II, 117.

[5] Port, *Inv. Arch. d'Angers*, BB. 66 et 94. Cet usage existait encore
à Angers en 1755. (*Ibid.* BB. 116.) — Il aurait existé à Troyes au
17e siècle. (*Lettres d'E... mée de Bo... on La... c... be*, p. 45.) *Inv.
Arch. Dijon*, BB. 244.

peints au vif avec leurs ornements [1] ». A Paris, les prévôts de marchands et les échevins se firent représenter dans des tableaux collectifs, pour conserver le souvenir d'événements importants auxquels ils avaient pris part ; mais ils ne gardèrent pas la coutume qu'ils avaient eue au xvie siècle de se faire peindre isolément [2].

Quelques maires de Bourgogne avaient aussi la prérogative de faire frapper leurs armes sur les jetons de la ville. Autour des armes d'un maire de Dijon, on grava cet exergue : *Civium felicitas et amor*. On accusa cette inscription de porter le caractère d'une basse adulation [3] ; mais la médaille n'en était pas moins frappée à la gloire du maire.

Une autre distinction honorifique accordée à certains maires, c'était le droit de mettre une barrière à la porte de sa maison [4]. Il impliquait le droit d'avoir des gardes, comme les plus grands personnages. A Périgueux, le maire plaçait sur sa porte les armes du roi et de la

---

[1] Du Verdier, *Voyage de France*, 1673, p. 136. — On paie 150 l. pour les portraits des jurats en 1670. (*Livre des Privilèges*, p. 409.)

[2] Leroux de Lincy, *Hist. de l'hôtel de ville de Paris*, p. 45.

[3] Arch. nationales, H. 1469. — M. Amanton a fait graver 131 jetons aux armes des différents vicomtes-maieurs de Dijon, de 1509 à 1789. M. de Fontenay en a reproduit un certain nombre, ainsi que des jetons des maires d'Auxonne, de Beaune et de Semur. Il attribue à un maire d'Auxonne un jeton de 1617, qui porte cette singulière devise : UT SIMIA DILEXIT, UT HOMO DIREXIT. L'affection du maire pour ses administrés était comparée à celle de la guenon pour ses petits. (*Man. de l'amateur de jetons*, 341-372.)

[4] Barrière que l'on pose devant la porte du maire estimée année commune : 60 l. (Dél. de 1769. Arch. de Troyes, A. 52.)

ville avec les siennes [1]. A Lyon et ailleurs, c'était l'usage de planter des mais devant son hôtel [2]. Le maire avait un caractère public tel, qu'on lui interdisait de pren-dre le deuil, s'il perdait un parent [3], et que s'il venait à décéder dans l'exercice de ses fonctions, ses funé-railles étaient célébrées aux frais de la ville d'une ma-nière solennelle. A Marseille, à Nîmes, les obsèques du premier magistrat de la cité se font avec une pompe inusitée [4]; il en est de même à Dijon ainsi qu'à Chau-mont, où l'on tend de noir l'hôtel de ville le jour de son service funèbre [5].

Les femmes des maires et des mayeurs, qu'on ap-pelait mairesses et mayeuses, participaient à quelques-unes des prérogatives de leurs maris. La mairesse de Dijon avait droit à un chapeau d'une valeur de 15 li-vres; celle de Niort à une redevance de 30 l. que l'on appelait la quenouille de la mairesse. Madame la mai-resse de Saint-Maixent avait des sergents, qui voulaient toucher des gages comme ceux des sergents du maire [6]. A Boulogne, les portes sont tendues de noir pendant huit jours à la suite du décès de « madame la mayeuse [7]. » Il arrivait même qu'on attribuait des honneurs spé-

---

[1] Depping, *Corresp. adm. sous Louis XIV*, I, 694, II, 837.

[2] Il fut supprimé en 1765. *Inv. Arch. Lyon,* BB. 334.

[3] 1596. *Mon. inéd. de l'hist. du Tiers-État*, II, 1083.

[4] De Ruffi, I, 468. — Ménard, VI, 227.

[5] *Inv. Arch. Dijon*, B. 11. — Jolibois, p. 179. — Dr Valentin, *Eche-vinage de Vitry*, p. 18.

[6] *Inv. Arch. Dijon*, B. 11. — Journal inédit de Gaudelet, fol. 81. — *Thrésor des titres de Nyort*, 1675, p. 292.—*Inv. Arch. S. Maixent,* BB. 1.

[7] 1784. *Inv. Arch. Boulogne*, n° 528.

ciaux au fils du premier magistrat municipal né pendant l'exercice de ses fonctions. Le fils du premier capitoul de Toulouse né dans ces conditions recevait le titre non héréditaire de comte de Toulouse et avait le corps de ville pour parrain [1].

D'autres droits non moins précieux étaient concédés aux officiers municipaux et à leurs familles. Si parfois ils exerçaient les privilèges de seigneurie que possédait la ville [2], et prenaient les titres de comtes, de vicomtes et de barons [3], ailleurs ils étaient investis du privilège plus personnel de la noblesse héréditaire. Il avait été accordé aux maires et aux échevins d'un certain nombre de villes au xve et au xvie siècle. Paris, Lyon, Bourges, Poitiers, Tours, Angers, Abbeville, Angoulême et beaucoup d'autres en jouissaient [4]. On essaya de le révoquer en 1666, mais sans y parvenir [5] ; en 1691, on en faisait payer la confirmation aux échevins des villes [6]. La noblesse, qui conférait non-seulement des droits honorifiques, mais des exemptions d'impôts,

---

[1] De Mas-Latrie, *Rapport sur les Arch. de Toulouse. Doc. inédits,* I, 153.

[2] Guadet, *Saint-Emilion,* p. 199.

[3] Bussière, *Essai sur l'hist. de la Révolution en Périgord,* I, 22. — Garreau, *Description de Bourgogne,* p. 272. — Des Essarts, VIII, 575. — Barckhausen, *Liv. des Privilèges,* Int. p. xxix.

[4] Brillon, III, 27-28. — Angoulême, en 1789, demande le maintien du privilège de noblesse pour son maire. (*Arch. Parlementaires,* II, 18.) Les maires de Bourgogne étaient investis seulement de la noblesse personnelle.

[5] Arrêt du conseil du 6 déc. 1666. La Thaumassière, *Hist. de Berry,* 151.

[6] *Corr. des contrôleurs généraux,* I, n° 1017.

était un stimulant puissant pour attirer dans les charges publiques les citoyens honorables qui auraient voulu s'en dispenser.

L'exemption de tailles pendant l'année de leur exercice était aussi pour eux un dédommagement. Elle était accordée aux consuls du Dauphiné et du Languedoc, qui étaient également déchargés de tutelle et curatelle, du logement des gens de guerre et du service du guet [1]. Les maires et échevins étaient souvent exempts de la garde et des logements militaires, et ceux d'Angers conservaient cette immunité pendant les dix années qui suivaient leur sortie de charge. A Chartres, un échevin était dispensé pendant deux ans de toutes fonctions publiques [2]. L'exemption de tous les droits de taille, de guet et de garde et même d'octroi fut accordée aux maires par les édits d'août 1692 et de septembre 1706.

C'est surtout ce dernier édit qui régla de la manière la plus détaillée les attributions et les fonctions des maires, en étendant à toutes les villes des prérogatives qui n'existaient que dans un certain nombre d'entre elles. Il les augmentait presque partout, afin de tenter un plus grand nombre d'acquéreurs, et il se gardait bien de porter atteinte aux usages et aux coutumes qui, dans quelques localités, pouvaient être plus avantageux aux maires. Non-seulement les maires, les échevins et les assesseurs eurent le titre trop prodigué,

---

[1] Brillon, II, 379. — Rossignol, *Diocèse de Castres*, p. 124. — Mémoire sur les usages qui s'exerçaient dans les communautés du Languedoc. Arch. nationales, H. 1000.

[2] 1718. *Inv. Arch. Angers*, BB. 106. — 1600. De Lépinois, II, 364.

mais toujours flatteur, de conseillers du roi [1] ; ils furent
déchargés du droit de *solidité* qui les rendait responsables de certaines impositions non payées. Désormais
les maires eurent partout le droit de convoquer les
assemblées générales et particulières ; de recevoir le
serment des officiers de la ville ; de garder les clefs des
portes et d'exercer une juridiction sur la milice ; ils
eurent la présidence des adjudications et des redditions de comptes ; si quelques maires jouissaient déjà
d'attributions de ce genre, le plus grand nombre était
encore assujetti à la suprématie du juge et des officiers des finances. L'édit de 1692 les en affranchit, et
quand la vénalité des charges qu'il instituait eût été
supprimée, les nouveaux droits qu'il avait édictés subsistèrent.

Il ne faut pas croire cependant que l'uniformité s'é-
tablit. Elle ne put même être obtenue par les édits
de 1764 et de 1765 qui avaient pour but spécial de
l'introduire dans l'ensemble des institutions municipales. Une vaste enquête fut ouverte à cette époque ;
toutes les villes furent invitées à envoyer des mémoires sur les changements qu'on préparait ; celles qui
avaient des privilèges supérieurs s'élevèrent contre la
loi qui les soumettait au niveau commun. Troyes s'é-
tonne de voir une administration absolument uniforme
dans toutes les villes, et ajoute que tout changement
dans les choses d'administration est dangereux lorsqu'il n'est pas absolument nécessaire [2]. Abbeville est

---

[1] *Recueil de règlements conc. la municipalité*, I, 312-316.
[2] Mémoire envoyé à M. Bertin en 1764. Arch. de l'Aube, 44. E. 10.

persuadée que la moindre modification dérangera le
bon ordre et la tranquillité qui règnent depuis longtemps entre les différents corps [1]. Arras affirme que
les édits ont causé de grandes agitations parmi les citoyens et qu'ils ne peuvent s'allier avec leurs usages et
privilèges [2]. Lyon invoque, en 1770, la nécessité absolue de changer le nouveau système, parce qu'il a
amoindri l'autorité des officiers municipaux et suscité
une multitude de difficultés [3], et Reims déclare que
c'est avec la plus grande douleur qu'elle a vu paraître
des édits dont les dispositions renversent toute la constitution du gouvernement municipal et les privilèges
dont elle a toujours joui [4].

Ces édits, qui sont regardés par les historiens comme
les plus favorables à la liberté municipale qu'ait édictés la monarchie, avaient cependant amoindri cette
liberté dans beaucoup de villes et sur un certain nombre de points. Ainsi l'édit de 1765 remplaçait le procureur syndic par le procureur de la juridiction royale
ou seigneuriale et rendait au juge la présidence des
assemblées des notables [5] qui depuis 1692 appartenait
aux maires. Cette rentrée des officiers de justice dans
les échevinages explique avec quelle indifférence on vit
révoquer cet édit en 1771, et comment l'on se rési-
gna à racheter de nouveau à prix d'argent les privilèges anciens.

---

[1] *Mon. inéd. de l'hist. Tiers-État,* IV, 548.
[2] Mémoire, fol. 91 et 92. Arch. nationales, K. 1145.
[3] *Inv. Arch. Lyon,* BB. 338.
[4] Varin, *Arch. de Reims,* IV, 559.
[5] Art. xix et xxx. *Anc. lois franç.,* XXII, p. 441.

Dans tous les cas, les maires, même lorsqu'ils étaient élus par le suffrage le plus restreint, conservèrent l'attachement de leurs concitoyens. Ils le méritaient souvent par leur prudence, par leur zèle, par leur dévouement aux intérêts qui leur étaient confiés. Un maire d'Angers, invité par le gouverneur à dénoncer les noms de plusieurs séditieux, lui répondait avec noblesse : « Vous les apprendrez d'autres que de nous, qui sommes obligés par nos charges de faire et dire du bien de ceux qui nous déshonorent[1]. » Prenant au sérieux le titre de chefs du peuple qu'on leur donnait [2], d'autres ne reculaient devant aucune démarche, quelque périlleuse qu'elle fût, pour défendre leurs administrés. Un échevin d'Auxerre fut jeté en prison pour avoir exposé leur misère avec trop de chaleur au duc de Vendôme. Les habitants n'étaient pas toujours ingrats envers ceux qui se dévouaient pour eux. L'assemblée générale de Chaumont remercie son maire du courage et de l'énergie qu'il a déployés à soutenir « la liberté et les privilèges » de ses concitoyens [3]. Les consuls de Carcassonne ne prêtaient-ils pas serment de procurer de toutes leurs forces le bien et l'avantage de la ville [4] ? C'était là leur vrai rôle, qu'on les vit remplir avec honneur, mais qu'ils abandonnèrent trop souvent au siècle dernier pour défendre leurs privilè-

[1] Debidour, *la Fronde angevine*, p. 87.
[2] Gaudelet, Journal inédit sur Dijon, fol. 69. — En 1789, Gravelines compare ses anciens mayeurs élus à des tribuns du peuple. (*Arch. Parlementaires*, II, 19.)
[3] 1651. Chardon, II, 198. — 1687. Jolibois, p. 235.
[4] 1741. Arch. nationales, H. 1025.

ges, qui n'étaient pas toujours ceux de la ville elle-
même. Ils n'étaient pas incapables de fermeté, et l'on
sentait parfois l'esprit d'un citoyen sous l'humilité du
sujet. Comme tous les membres du tiers-état, les
maires se mettaient à genoux devant les rois et les
reines, lorsqu'ils leur présentaient les clés de leur ville
et qu'ils leur adressaient des harangues [1]. Cette pos-
ture leur semblait naturelle, puisqu'elle était celle des
magistrats les plus éminents de l'ordre judiciaire dans
les circonstances solennelles. Mais, à mesure que l'on
s'avança dans le xviiie siècle, le pouvoir traita les maires avec plus d'égards ; on ne les emprisonnait plus
sous Louis XV pour les contributions arriérées de la
ville ou pour des dettes non payées ; on n'enfermait
plus un maire pour avoir manqué de respect à une
grande dame [2] ou pour avoir plaidé avec trop de force
devant un prince en faveur de la cité [3]. Si l'arbitraire
existait encore sous Louis XV, il était tempéré par un
esprit de tolérance, qui n'était pas encore la liberté,
mais qui la préparait.

[1] Les maires et échevins mettent tantôt deux genoux, tantôt un
genou en terre. A l'entrée de Henri IV à Troyes, en 1595, ils n'ont
qu'un genou. A Paris, ils mettent deux genoux devant Louis XIII, à
son retour de La Rochelle; un seul, en 1660 et en 1744, devant le roi.
Voir les gravures d'Abr. Bosse et de Cochin. *Les Armoiries de Paris.*

[2] Depping, *Corresp. admin. sous Louis XIV*, t. II, 868.

[3] 1651. Chardon, *Hist. d'Auxerre*, II, 198.

CHAPITRE IV

LES CONSEILS DE VILLE

L'édit de 1765, s'il atténua le pouvoir des maires,
eut du moins l'avantage d'étendre à toute la France et
de réglementer les conseils de ville, qui existaient déjà
dans beaucoup de cités, sous des noms divers et avec
des attributions différentes.

Primitivement, les assemblées générales étaient appelées à délibérer avec les magistrats municipaux sur
les affaires communales ; mais, lorsque l'augmentation
de la population des villes rendit la convocation de ces
assemblées plus difficile et moins fréquente, la néces-

sité se fit sentir de donner aux magistrats un conseil
plus facile à réunir et à consulter. La délibération resta
toujours l'essence de la constitution des cités. *Nil sine
concilio*, lisait-on dans une des salles de l'hôtel de
ville de Châlons [1]. C'était un précepte et une réalité,
qu'on retrouve dans les administrations collectives
comme dans les assemblées générales et particulières
des villes.

Il y avait eu au moyen-âge des assemblées générales et des conseils particuliers. C'étaient en Provence,
le grand conseil, le *parlamentum*, composé des pères
de famille qui se réunissaient sur la place publique, et
le petit conseil formé des nobles, des notables et des
chefs de métiers [2]. Tels sont encore à Marseille, au
XVIIᵉ siècle, le conseil général qui comprend 300 membres et le conseil de ville qui en émane [3]; à Valenciennes, le grand conseil, qui contient 200 membres et le
conseil particulier qui en renferme 25 [4]; à Bordeaux,
le conseil des Trente, qui forme jusqu'à la Révolution
avec cent notables l'assemblée dite des Cent trente [5];
enfin à Strasbourg, le Sénat qui s'adjoint dans les circonstances importantes, les 300 échevins des tribus [6].

[1] E. de Barthélemy, *Hist. de Châlons-sur-Marne*, p. 85.

[2] F. Béchard, *Hist. du Droit municipal*, I, 488.

[3] De Ruffi, II, 266.

[4] L. Legrand, *Sénac de Meilhan* et *l'Intendance de Haynaut*, p. 107.
— Douai a son grand conseil des *Consaulx*. (*Inv. Arch. Douai*, BB.)

[5] Lett. patentes de 1767. *Livre des Privilèges*, p. 627. Un usage
analogue existait au Puy.

[6] Le système municipal de Strasbourg présente une multiplicité de
conseils qu'il faut signaler, mais qui ne se rattache pas aux coutumes

Comme pour les collèges des échevins, le trop grand
nombre des membres, dont étaient parfois composés
les conseils, nuisait à l'expédition de leurs travaux. Le
conseil de ville de Marseille renfermait cent membres ;
celui de Toulouse cent cinquante [1]. On comprend qu'on
ait cherché à restreindre leur nombre. Les soixante-
quinze pairs de Niort furent réduits à douze par Louis
XI [2] ; les cent pairs de La Rochelle n'étaient plus que
dix, sous Louis XV [3]. Le chiffre moyen des conseillers
de ville fut de vingt-quatre [4] ; il varia communément
entre trente-six et douze.

L'édit de 1765 donna deux conseils aux villes ; dans
celles qui avaient une population supérieure à 4,500 habitants, le premier était composé de six conseillers de
ville, le second de quatorze notables, auxquels s'adjoi-
gnaient les officiers municipaux et les conseillers de ville [5].

---

ordinaires de la France. Outre le collège de *l'ammeister* et des *stett-
meister*, il renferme le grand et le petit sénat, les chambres des XIII,
des XV et des XXI. (Krug-Basse, *l'Alsace avant* 1789, p. 64-65.) Voir
aussi : Mossmann, *Recherches sur la constitution de la commune
de Colmar.*

[1] A. de Boislisle, *Corr. des contr. généraux*, I, n° 1291.

[2] Guyot, IV, 325.

[3] Arcère, II, 251. A Aigues-Mortes, on les réduit de 36 à 12. (Depping, I, 635) ; à Montauban, de 96 à 40 en 1661 (Le Bret, I, 119) ; à
Lisle, de 32 à 12 en 1766 (Rossignol, *Inst. Gaillac*, 131) ; à Châlons,
de 36 à 18 en 1756. A Libourne, le conseil est réduit à 16 en 1679.
(R. Guinodie, II, 172.)

[4] A Arras. Arch. nationales, K. 1145. — Varin, *St. de Reims*, III,
164. — A Clermont-Ferrand. Règl. de 1643. — Rivière, *Hist. des Institutions de l'Auvergne*, II, 43. — *La Haute-Marne*, p. 603.

[5] Dans les villes de 2,000 à 4,500 habitants, il y a 4 conseillers et
10 notables ; dans celles qui ont moins de 2,000 âmes, 3 conseillers
et 6 notables. (Edit de 1765. Art. 52, 54, 55.)

Ces derniers étaient élus par les notables, et les notables par les délégués des corps et corporations, qui représentaient l'ancienne assemblée générale.

L'élection est en effet la règle, règle souvent méconnue et violée, mais à laquelle on tend toujours à revenir, quoiqu'elle comporte des exceptions plus nombreuses encore que celles que l'on signale pour la nomination des maires et des échevins.

Les conseils pouvaient se composer de membres élus et de membres de droit. Parmi ceux-ci figuraient les anciens maires ou échevins, certains magistrats ou dignitaires de la cité, tels que le gouverneur et l'évêque à Rennes [1]. Les six consuls sortants du Puy siégeaient avec trente membres élus [2]. Les anciens mayeurs d'Abbeville, au nombre de seize, font en 1714 partie du conseil. Le maire et les échevins de La Rochelle peuvent convoquer dans les circonstances importantes les anciens membres des corps et des assemblées de ville [3].

Si l'élection par les corporations ou par leurs délégués est la forme la plus usitée dans le centre de la France, il n'en est pas de même dans le midi. Les conseils de ville du Languedoc qui portent le nom de conseils politiques, sont composés de députés des corps de justice et de vingt-quatre, de douze ou de six membres renouvelés chaque année par moitié par les membres du conseil qui s'adjoignent un nombre égal de notables. L'adjonction de ces notables formait ce

---

[1] Arch. nationales, H. 520.

[2] En 1683. Vissaguct, *Ann. Soc. Ac. du Puy*, XXII, 304.

[3] *Monum. inédits*, IV, 527. — Arcère, II, 522.

qu'on nommait le conseil renforcé, qui était particulièrement appelé à faire les élections municipales [1].

Le renouvellement des conseils pouvait se faire par
eux-mêmes sans admission d'éléments étrangers. Dans
ce cas, l'esprit de famille ou de coterie dominait trop
souvent. On se plaignait vivement à La Rochelle, en
1614, de ce que les maires vendaient tantôt leurs charges, tantôt les cédaient à leurs enfants ou à leurs ne-
veux. Le peuple s'étant soulevé obtint que les conseillers seraient désormais nommés par les magistrats
municipaux sur une liste de trois membres présentés
par les bourgeois. En 1718, on rendit au conseil l'é-
lection de ses membres ; mais le roi les nomma pour la
première fois [2]. C'est ce qui avait souvent lieu lorsque
l'on réorganisait les municipalités [3].

L'intendant [4] ou les consuls pouvaient aussi désigner les conseillers ; à Gaillac, ils étaient choisis dans
chaque classe par le consul de la classe à laquelle ils
appartenaient [5]. Plusieurs arrêts du parlement de Toulouse défendirent aux consuls de composer les conseils
de gens illettrés ou placés dans leur dépendance [6].

---

[1] *Edit de mai 1766 portant règlement par l'administration des
villes et communautés du Languedoc*, art. 9 et 10. Arch. nationales,
H. 1000.

[2] Arcère, II, 136, 150, 522.

[3] Archives nationales, H. 520.

[4] A Montpellier, en 1754. Lettre au contrôleur général. Arch. nationales, H. 998.

[5] E. Rossignol, *Inst. Gaillac*, p. 131. — A. de la Mothe, *Inv. Arch.
Uzès*, Intr., p. 5. — R. Guinodie, III, 364.

[6] Arrêts de 1710, 1732, 1738. Vissaguet, *Ann. Soc. Puy*, XXII, 305.

Au xviiiᵉ siècle, les charges de conseillers de ville furent érigées en office ; l'argent pouvait y faire arriver des hommes que le corps municipal n'admettait pas sans résistance. C'est ainsi qu'à Gray on essaya vainement de repousser un homme incapable, qui était arrivé dans la ville én portant la balle ; malgré l'avis unanime des notables, l'intendant l'imposa à la municipalité [1]. Le sort est usité à Marseille pour le recrutement des trois cents membres du conseil perpétuel. Lorsque l'un d'eux vient à mourir, plusieurs noms tirés au sort sont soumis au choix de cinq approbateurs également désignés par le sort [2]. Nous retrouvons dans la nomination des conseillers, avec quelques variantes, tous les modes employés pour la désignation des officiers municipaux.

La durée du mandat des conseillers était en général plus longue. On considérait que si le temps émousse l'action, il développe l'expérience qu'exige le conseil. Au xviiiᵉ siècle, le mandat était souvent à vie ; le conseil ou l'assemblée générale élisait le successeur de celui qui venait à décéder [3]. A Reims, la durée des fonctions est de neuf ans ; à Dijon, elle est de six ans [4].

[1] Délibérations de 1711. Arch. mun. de Gray.

[2] A. de Ruffi, II, 266. Cent membres du conseil des trois cents tirés au sort formaient le conseil de ville.

[3] A. de Rochas. *Mém. sur le corps de ville de Grenoble. Bull. Soc. Statist. Isère,* 1875. — Arch. mun. de Troyes. — A Châlons, il en est de même. On peut considérer comme un conseil les 24 échevins de Tours, qui en 1698 ne se renouvelaient que par la mort. (*Corr. des contr. génér.,* I, nº 1688.)

[4] Varin, *Stat. Reims,* III, 138. — Mémoire de l'intendant. Arch. nationales, H. 140.

L'édit de 1765 la réduit à quatre, mais en stipulant qu'elle peut être indéfiniment prolongée. Il n'en était pas de même pour les fonctions de maire et d'échevins.

L'édit de 1765 consacra également la coutume d'après laquelle les membres du conseil étaient recrutés dans les classes ou les corporations diverses, qui formaient la population de la ville. Il assignait une part déterminée au clergé, aux nobles, aux officiers de justice et de finances, aux avocats, aux communautés de marchands et d'arts et métiers[1]. Il en était ainsi dans le midi depuis longtemps. Le conseil de la petite ville de Verdun-sur-Garonne contient dix gentilhommes, avocats ou bourgeois, huit marchands, procureurs ou notaires, quatre artisans et deux paysans[2]. Le conseil politique de Roquemaure est formé de huit membres de la première classe et de six de la seconde[3]. Le conseil représente avec plus ou moins d'équité les différents intérêts que renferme la commune ; il est aussi l'image de la société dont l'un des caractères principaux est la diversité des classes.

Comme dans les échevinages, les questions de préséance y soulevaient des orages et causaient des réclamations. Un arrêt les fit cesser à Rennes en 1780, en décidant que les membres seraient tenus de siéger à

[1] Art. XXXII.

[2] 1674. Inv. Arch. Verdun-sur-Garonne, BB. 5. — A Bordeaux, des lettres patentes de 1767 composent le conseil des notables de 8 gentilshommes, 8 avocats, 8 négociants et 8 bourgeois vivant noblement. (Liv. des Priviléges, p. 625.)

[3] En 1772. Arch. nationales, H. 999.

la suite de ceux qui auraient déjà pris leur place [1]. Le bon sens était ici d'accord avec l'égalité.

L'introduction du clergé et des officiers de justice dans le sein de ces assemblées amenait aussi des protestations. A Orléans, le clergé y envoya longtemps trois députés [2]; à Chartres, les délégués du chapitre veulent y assister [3]. Au Puy, ils en sont exclus [4]. A Troyes, les marchands cherchent à faire interdire l'entrée des conseils aux ecclésiastiques, parce que « ceux-ci sont étrangers aux fonctions civiles et que leurs prétentions de privilèges peuvent faire naître des difficultés [5]. » D'après l'édit de Crémieu, les baillis ou les autres officiers de justice présidaient les assemblées municipales; sauf dans les villes qui firent valoir leurs privilèges consignés dans leurs chartes, ils exercèrent cette prérogative jusqu'en 1692. A cette époque même, on put éluder la loi qui donnait aux maires cette présidence; le lieutenant général du bailliage de Troyes acheta une partie de la charge de maire et sut ainsi conserver les droits qu'il possédait antérieurement [6]. Les magistrats essayèrent presque toujours de faire maintenir leurs droits, et parfois avec succès. Nous avons vu que l'édit de 1765 leur rendit momentanément la présidence de

[1] Arch. nationales, H. 520.

[2] Le Maire, *Hist. et antiquitez d'Orléans*, p. 270. — Un édit de 1557 maintint au clergé de Paris le droit d'envoyer ses syndics aux assemblées communes de la ville. (*Anc. lois françaises*, XIII, 487.)

[3] A. de Boislisle, *Corr. des contr. gén.*, n° 1178.

[4] Cahier du clergé du Puy. *Arch. parlementaires*, V, 462.

[5] Requête de 1765. Arch. de l'Aube, 44. E. 10.

[6] Requête de 1712. Man. de la bibliothèque de Troyes.

l'assemblée des notables. En 1784, le parlement de Toulouse, s'appuyant sur l'édit de Crémieu, réclamait celle de l'assemblée municipale de la ville, qui était exercée par le premier ou le second capitoul [1].

La présidence accordée aux officiers de justice était un souvenir de l'ancienne autorité du seigneur, dont le juge était le représentant ; il était contraire aux usages que le seigneur intervînt en personne dans l'administration municipale. C'est pour cette raison que la ville d'Uzès refusa d'obéir à un arrêt qui donnait au duc la présidence du conseil communal [2].

Les réunions de ces conseils étaient tantôt périodiques, tantôt irrégulières. Fréquentes au xvi⁰ siècle et dans la première partie du xvii⁰, elles devinrent plus rares au xviii⁰, surtout de 1740 à 1760. A Saint-Quentin, en 1663, elles se tiennent tous les vendredis, dès le matin [3] ; au Puy, au moins une fois par mois, en 1683. A Rennes, on décide en 1782 qu'elles n'auront lieu, sauf les cas d'urgence, que tous les six mois [4]. Dans le midi, les réunions des conseils politiques sont plus fréquentes, mais on n'y assiste pas toujours régulièrement. L'intendant de Languedoc condamne en 1724 à 10 liv. d'amende et la cour des aides de Mon-

[1] Arrêt du Conseil du 25 oct. 1783. Arch. nationales, H. 1014. — L'art. 12 de l'édit de 1766 portant règlement pour les villes du Languedoc, dit que le premier officier municipal préside le Conseil politique ; les officiers de justice le Conseil renforcé. (Ibid., H. 1000.)

[2] Vers 1730. *Inv. Arch. Uzès,* BB. 17.

[3] Colliette, *Mém. sur l'hist. du Vermandois,* III, 380. — A Evreux, le premier lundi du mois, à Valenciennes et à Toul, tous les trois mois. A Toul, les séances sont publiques.

[4] Arch. nationales, H. 520.

tauban menace en 1772 d'une peine de 50 liv. les conseillers qui n'assistent point aux assemblées dont ils
sont membres[1]. A Lyon, ce sont les officiers municipaux
qui déterminent et appliquent la pénalité[2].

On stimula également l'exactitude des conseillers, en
leur donnant des présents en vin et en cire, ainsi que
des jetons de présence. On leur faisait d'autres gracieu-
setés. Les comptes de la ville de Bayonne contiennent
vers 1786 une dépense de 36 liv. « pour l'accommodage
des perruques du conseil de ville[3]. »

Si les fonctions des conseillers de ville furent trop
souvent une sinécure sous Louis XV, elles avaient été
importantes et étaient souvent multiples. En 1779, le
conseil de ville de Reims se partageait en nombreuses
commissions, qui embrassaient toutes les attributions
des municipalités[4]. L'assemblée municipale de Rennes
nommait, comme les États provinciaux, des commissaires, qui concouraient à l'administration de la ville et
rendaient compte de leurs travaux à leurs collègues[5].

[1] Vissaguet, *Ann. Soc. du Puy*, XXII, 306. — *Inv. Verdun-sur-Garonne*, BB. 23.

[2] *Rec. des Privilèges de Lyon*, 1649, p. x.—En Flandre, les membres d'un Magistrat se réunissent le dimanche après vêpres pour conférer sur les affaires et pour « boire un verre de vin. Les absents sont
mulctés d'une pinte de vin. » (*Inv. Arch. Armentières*, BB. 3.)

[3] *Inv. Arch. Bayonne*, CC. 335.

[4] Audition des comptes. — Procès. — Ouvrages de maçonnerie, de
charpenterie et de serrurerie. — Echevinage et sa justice. — Vente de
la marée. — Comptes du collège. — Achat des vins et des chandelles.
— Clés du cartulaire. — Bibliothèque. — Promenades et plantations.
— Fontaines. — Place royale. — Direction des bonnes et mauvaises
terres. — Inspection des pompes à feu. (Varin, *St. de Reims*, III, 154.)

[5] Dél. du 6 déc. 1781. Arch. nationales; H. 520.

Les délibérations des conseils, longtemps consignées sur des feuilles volantes, furent, à partir de la fin du moyen-âge, transcrites sur des registres dont la collection forme la partie la plus précieuse des archives communales [1].

Il est inutile d'insister sur les attributions des conseils, puisqu'elles se rattachaient à celles des municipalités. Elles étaient exercées d'ordinaire avec prudence. Si l'on n'exigeait pas de leurs membres qu'ils fussent nés dans la ville, comme ceux qu'on appelait aux charges de prévôt des marchands, on voulait du moins qu'ils fussent domiciliés depuis dix ans et qu'ils eussent atteint l'âge de trente ans [2]. On voulut même à Châlons qu'ils eussent rempli les charges de procureur syndic, de receveur, de marguillier ou d'administrateur des hôpitaux [3]. Mais lorsque les assemblées étaient nombreuses, l'ordre et la raison n'y régnaient pas toujours. Les avocats et les procureurs, qui dominaient dans le conseil de bourgeoisie de Toulouse, s'y distinguaient « par une liberté entière de parler très mal à propos sur toutes les affaires. » C'est un intendant de Languedoc qui s'exprime ainsi, et son témoignage peut paraître suspect, comme lorsqu'il veut faire interdire l'entrée de l'assemblée à quelques avocats qui osaient discuter les ordonnances et les arrêts du conseil d'Etat [4].

---

[1] C'est seulement en 1715 que les délibérations des assemblées de l'hôtel de ville de Reims furent consignées sur des registres. (Varin, *Statuts*, III, 135.)

[2] Edit de 1765, art. 37.

[3] Ed. de Barthélemy, p. 18.

[4] *Corr. des contrôleurs gén.*, I, nos 1346 et 725.

Mais ailleurs, un ancien échevin recommandera aux conseillers « de parler chacun à leur tour, sans interrompre l'un l'autre, et aux jeunes d'écouter les anciens [1]. » On se plaindra du conseil politique de Montpellier, comme dénué de lumière et d'intérêts, à tel point qu'il est déserté par les officiers de justice et les délégués du chapitre [2]. Dans d'autres conseils, l'esprit de coterie l'emportait, et cinq ou six familles s'y perpétuaient [3]. Cependant malgré les influences aristocratiques qu'au xviii⁰ siècle le pouvoir s'efforça d'y faire pénétrer, le vieil esprit bourgeois s'y maintint ; il s'y perpétua avec ce sens pratique et ferme, qui avait valu à certains conseillers de ville le nom de prud'hommes, et qui élevait à la fin du xvi⁰ siècle le langage de l'homme d'affaires au-dessus de celui du théoricien. « Prenés moy un de ces savanteaux, dit Pierre Charron ; menez-le moy au conseil de ville en une assemblée en laquelle l'on délibère des affaires d'Estat, ou de la police, ou de la mesnagerie, vous ne vistes jamais homme plus estonné. Escoutés en ce mesme conseil un marchand, un bourgeois, qui n'a jamais ouy parler d'Aristote, il opinera mieux, donnera de meilleurs advis et expédients que les sçavans [4]. » En effet, si la science des lois est utile au gouvernement des villes, la prudence et le sens pratique y sont indispensables.

[1] C. de Wignacourt, p. 15.
[2] Mém. de M. de Saint-Priest, 1782. Arch. nationales, H. 1022.
[3] Varin, *St. Reims*, III, 138.
[4] Charron, *de la Sagesse,* éd. Elzévier, 1656, p. 531.

CHAPITRE V

LES OFFICIERS DE VILLE

Les maires et échevins, qui étaient secondés dans la délibération par les conseillers de ville, avaient dans l'exercice de leurs fonctions d'autres auxiliaires; ils avaient aussi des agents. Le plus important de leurs auxiliaires était indépendant de leur autorité par son origine comme par ses attributions ; c'était le procureur syndic, qui fut plus tard le procureur du roi.

Le procureur syndic fut d'abord l'avocat du peuple ; c'était le *défensor* des cités romaines, le syndic des

villes italiennes ; ce fut au moyen-âge le procureur des
habitants chargé de soutenir leurs intérêts par tous
les moyens légaux. Dans les villes qui n'étaient point
érigées en commune, il était le véritable et le seul représentant de la population ; dans les communes pour-
vues d'officiers municipaux, il était son organe. On
peut citer un syndic de Saint-Antonin plaidant au nom
des habitants contre les consuls [1]. Il s'en établit au XVIᵉ
siècle dans l'Albigeois [2]. Ils étaient apparus au siècle
précédent en Bretagne avec le titre de procureurs des
bourgeois [3]. Chargés en Languedoc de veiller aux affaires de la ville et d'instruire les consuls de leurs droits
et de leurs devoirs, ils devaient faire à Rennes les remontrances nécessaires, rapporter les requêtes des particuliers et veiller aux ouvrages publics. Leurs attributions étaient plus ou moins étendues ; à Reims, elles
étaient importantes. Le procureur syndic prenait part
à toutes les affaires municipales, pour les surveiller,
les stimuler et les mener à bonne fin. Il provoquait
les réunions de l'échevinage, signalait tous les établissements nouveaux, veillait à la conservation des propriétés de la ville et à la rentrée de ses impositions.
Lorsque l'échevinage exerçait la juridiction de la police, il donnait ses conclusions dans toutes les affaires
qui concernaient la voirie et les approvisionnements ;
comme procureur de la ville, il travaillait aux comptes

---

[1] Trulat, *Bull. Soc. archéologique de Tarn-et-Garonne*, IV, 161.

[2] E. Rossignol, *Inst. mun. Gaillac*, p. 134.

[3] A Rennes, en 1433. Arch. nationales, H. 520. — En Provence, les
procureurs syndics des trente villes les plus importantes assistent de
droit aux Etats. (Mirabeau, *l'Ami des Hommes*, IV, 254.)

des receveurs, veillait à la garde des portes, au logement des troupes et à la moralité des employés de
l'échevinage [1].

A Troyes, le procureur syndic avait moins d'autorité ;
mais on n'en sentait pas moins l'utilité de ses fonctions,
et lorsqu'il est question de le supprimer, le corps du
commerce insiste pour son maintien. C'est, suivant
lui, une personne exacte, vigilante, animée du bien
public, qui s'occupe sans cesse à aller au devant des
choses qui peuvent être utiles et à prévenir celles qui
pourraient être préjudiciables [2]. Cependant à la fin du
xviiᵉ siècle, le caractère de cette charge s'était modifié.
D'élective et renouvelable, elle devint en 1690 vénale
et perpétuelle ; souvent le procureur syndic devint le
procureur du roi ; il ne fut plus l'avocat des habitants ;
s'il fut encore l'organe de la commune, il fut surtout
l'organe de la loi.

On le représente désormais comme « le contre-poids
du maire ; » il surveille ses actes, il est prêt à lui
rappeler ses devoirs ; semblable en quelque sorte à la
loi vivante [3], il est le gardien des traditions, des règlements et des coutumes. Membre de droit du corps de
ville, il assiste, comme par le passé, à toutes les assemblées générales ou particulières ; s'il n'est plus le
tribun qui porte la parole au nom du peuple, il a conservé tous les devoirs de procureur syndic ; il continue
à proposer et à requérir tout ce qui concerne l'utilité

[1] Varin, *St. Reims,* III, 281-282.
[2] Archives de l'Aube, 44. E. 10.
[3] *Recueil concernant la municipalité,* I, 348.

publique. Plus d'une fois on le verra encore pénétré de la gravité de sa mission, défendre les intérêts de ses concitoyens en s'opposant à des mesures qui lui paraissent contraires à ces intérêts.

Il avait eu d'abord un rôle analogue à celui des gens du roi dans les tribunaux, auprès des échevinages, lorsque ceux-ci possédaient la juridiction de la police. On essaya de le lui enlever, lorsque l'on créa en 1699 des procureurs du roi de la police; mais beaucoup de villes rachetèrent ces nouvelles charges; les procureurs du roi purent les acquérir, de sorte qu'elles subsistèrent rarement. Elles subirent aussi le sort des autres offices, et les procureurs du roi de la ville, comme ceux de la police, furent tour à tour supprimés et rétablis. De là, la diversité que présentent leurs attributions et la durée de leurs fonctions au xviiie siècle. Leurs fonctions sont tantôt perpétuelles, tantôt limitées à quatre ou six ans. Les procureurs du roi reçoivent tantôt des gages [1] comme les autres officiers municipaux, tantôt des indemnités spéciales, telles que des honoraires, quand on les fait assister à la reddition des comptes des communautés industrielles. L'intendant réclamait en leur faveur, s'ils n'avaient pas d'émoluments : « Il n'est pas rationnel, disait l'intendant de Bretagne en 1783, qu'un officier, qui donne tout son temps aux fonctions publiques, ne jouisse d'aucun traitement [2]. »

Le corps de ville, comme nous l'avons vu, aime à se revêtir des apparences de la magistrature ; si les

---

[1] A Brioude, 70 liv.; à Montdidier, 19 liv.; à Rennes, 1500.
[2] Arch. nationales, H. 520.

14

échevins sont des juges, le procureur du roi est auprès d'eux le ministère public. De là l'importance de son rôle, que la monarchie avait intérêt à accroître, plutôt qu'à restreindre. Elle lui laissa prendre des substituts, si elle en limita le nombre. Elle voulut même placer à côté de lui, comme dans les cours supérieures, un avocat du roi plus spécialement chargé de la parole ; poste sans doute difficile à remplir puisque personne ne se présenta pour acquérir ce nouvel office, créé en 1708 [1]. Les procureurs du roi conservèrent toutes leurs attributions, que l'on trouva si utiles en 1789 qu'on maintint la plupart d'entre elles aux procureurs syndics des nouvelles municipalités.

Des fonctions non moins utiles, si elles conféraient une dignité moindre à celui qui les occupait, étaient celles de greffier et de receveur de la ville. Tous deux étaient nommés soit par les électeurs, soit par la municipalité elle-même, à moins que leurs charges n'eussent été érigées en offices et non rachetées. Tous deux, comme le procureur syndic, faisaient partie du corps de ville, où ils avaient parfois voix délibérante.

Le greffier, qui porta au xviiie siècle le titre de secrétaire, était l'organe essentiel de la municipalité. Il rédigeait les délibérations ; il avait la garde des archives ; à côté de magistrats électifs et souvent renouvelés, il était la tradition vivante. Quant à lui, même s'il était éligible, il se perpétuait dans ses fonctions. A Troyes, pendant plus d'un siècle, la même famille

[1] *Recueil concernant la municipalité*, I, 362-390.

s'y succède de père en fils. Elle loge à l'hôtel de ville, dont elle connaît tous les détours. Dès le commencement du xviie siècle, on avait compris l'utilité de rendre ces fonctions moins éphémères que celles des autres officiers municipaux ; des greffiers héréditaires furent créés dans toutes les villes du Languedoc, de la Provence et du Dauphiné. L'édit de 1690 en établit dans toute la France. Il détermina en même temps leurs fonctions d'une manière précise. Elles étaient souvent minutieuses [1]. A la fin du siècle suivant, le secrétaire d'une petite ville de Bourgogne doit conserver sur un registre les noms de tous les habitants, faire les billets de logement des troupes, enregistrer le prix des grains deux fois par semaine, tenir au courant les délibérations des assemblées de l'échevinage et de la police [2]. Le secrétaire-greffier de Reims est plus occupé. Il dresse le tableau des biens patrimoniaux, délivre des expéditions d'actes et les passeports, envoie les mandements aux officiers de milice, les invitations pour les cérémonies publiques [3]. A Bordeaux il est chargé spécialement des archives et de la direction des commis du secrétariat [4]. Partout, il est l'homme de confiance et pour ainsi dire le *factotum* de l'hôtel de ville ; aussi, comme ses attributions sont très nombreuses, le greffe du tribunal de police, lorsqu'il est tenu par l'échevinage, est-il donné à un autre titulaire.

[1] *Anc. lois françaises*, XX, 106.
[2] Attributions du secrétaire de l'hôtel de ville de Bar-sur-Seine. 1787. Arch. de l'Aube, C. 69.
[3] Varin, *St. Reims*, III, 288-294.
[4] Arrêt du Conseil de 1751. *Livre des Privilèges*, p. 566 et suiv.

Un agent occupé de la sorte ne peut se passer de gages ou de traitement. Ils sont supérieurs à ceux des consuls ou des échevins, qui ne touchent guère que des indemnités ; il reçoit également des redevances en nature ou des honoraires pour ses expéditions. Dans les villes d'une certaine importance, on lui alloue des frais de bureau et des émoluments pour ses commis. A Bordeaux, tandis que le clerc de la ville touche 2,400 liv. en 1758, l'un des commis, en 1777, reçoit 3,000 liv. par an ; d'autres 1,200 liv. et 1,000 liv. [1] A Nantes, vers la même époque, le secrétaire ne touche que 700 liv. sur les revenus de la ville [2]. A Troyes en 1769, on porte à 2,000 liv. les appointements du secrétaire-greffier, pour les proportionner au prix des denrées, mais à la condition qu'il prendra à sa charge le traitement de ses commis [3].

Personne d'ordinaire ne connaissait mieux que le greffier les affaires de la ville ; les maires et les échevins étaient obligés à chaque instant de recourir à ses lumières ; les intendants ne manquaient pas de le consulter. C'était une heureuse occasion pour un esprit délié de faire valoir son mérite. Il y avait en 1780 à Marseille un secrétaire-archiviste qui était en même

---

[1] Arrêt de 1758. *Liv. des Privilèges,* p. 579. En 1660, le clerc n'avait que 600 liv., en 1669, 1200. (*Ibid.,* p. 392 et 398.) — Arch. nationales, H. 93³.— A Bourg, le secrétaire a 300 l. en 1784. (*Inv. Arch. Bourg,* BB. 222.)

[2] Leber, *Hist. du pouvoir municipal,* p. 621.

[3] Dél. du 29 nov. 1769. Arch. de Troyes, B. 52. — A Reims, il a 300 l. de gages, 30 s. par lettre de bourgeoisie et 12 s. par passeport. (Varin, III, 294.)

temps greffier en chef de la police ; il s'appelait Thiers, comme l'illustre historien de la Révolution et de l'Empire dont il fut l'aïeul[1]. Il avait la plume facile, et la rédaction ne lui coûtait guère. Il envoyait à l'intendant de longs extraits et des comptes-rendus de délibérations municipales, ainsi que des mémoires sur l'administration de la ville de Marseille. L'intendant en appréciait l'intérêt. « Je ne peux que remercier M. Thiers, lui écrivait-il, de ses avis et des détails qui me sont très utiles. On ne peut mettre plus d'activité et d'intelligence qu'il n'en met, et je luy rends témoignage auprès du ministre en toute occasion[2]. »

Le receveur, comme le secrétaire-greffier, fut longtemps nommé par l'échevinage ou par les habitants ; comme la sienne, sa charge fut érigée en office[3] ; comme la sienne, elle fut souvent rachetée, parce qu'il importait qu'elle ne tombât pas entre des mains incapables[4]. Le receveur s'appelait dans certaines villes trésorier, clavaire, argentier ou massard. Le prix de sa charge, quand elle était vénale, était élevé. Elle valait à Rennes au XVIIIe siècle 184,000 liv., et ne rapportait pas trois et demi pour cent[5]. On demandait

[1] O. Teissier, *Documents inédits sur la famille de M. Thiers,* 1877.

[2] Arch. nationales, H. 1314.

[3] Voir *Édit du Roy portant suppression des offices de receveurs et de controlleurs des octroys et revenus pàtrimoniaux et nouvelle création de pareils offices.* Juin 1725, in-4°.

[4] La ville de Bar-sur-Aube rachète cet office aux héritiers d'un receveur, « comme on a lieu de craindre que cet office ne passe encore dans de mauvaises mains. » (Arch. de l'Aube, C. 361.)

[5] Arch. nationales, H. 520.

au trésorier un cautionnement; s'il n'était que de 16,000 l. à Reims[1], il s'élevait, en 1777, à 100,000 l. à Bordeaux, à 600,000 l. à Lyon en 1775[2]. Dans les villes importantes, les deniers d'octroi n'étaient pas perçus par les mêmes receveurs que les deniers patrimoniaux; parfois aussi, comme à Montpellier, le trésorier-clavaire était un collecteur volontaire, qui levait les impôts communaux moyennant une remise sur leur montant[3].

On vit des conseils de ville, qui avaient le droit de nommer leur receveur, s'en dessaisir au XVIIIe siècle par le seul désir de plaire aux autorités supérieures. En 1737, l'échevinage de Troyes ne veut pas désigner son receveur sans l'avis du contrôleur-général. Le contrôleur-général lui répond « qu'il lui fera plaisir de jeter les yeux sur le sieur Laurent pour remplir la place. » Grand embarras de l'échevinage; il y a plusieurs Laurent dans la ville; il ne peut déterminer lequel, et il déclare dans une délibération prudente qu'il donnera la recette au sieur Laurent qui sera porteur d'une lettre du contrôleur-général. Laurent se présente; quinze ans après, le corps de ville qui a pu l'apprécier, le déclare « inepte. » Mais l'intendant demande la survivance de sa recette et plus tard la survivance de la survivance pour deux de ses protégés, dont l'un n'est point originaire de la ville. Cette fois l'échevinage, qui avait aliéné gratuitement son droit, ne put le recouvrer; il dut céder à l'inten-

---

[1] Varin, *Statuts de Reims*, III, 287.
[2] Arch. nationales, H. 93[3]. — *Inv. Arch. Lyon*, BB. 343.
[3] 1782. Arch. nationales, H. 1022.

dant[1]. A Bordeaux, le choix fait par le corps de ville devait
être approuvé par le secrétaire d'Etat. En 1774, le sieur
Touya, nommé trésorier par les jurats, demanda l'agré-
ment du ministre; pour l'obtenir, il promit 12,000 liv.
à un intermédiaire, qui se chargea de le lui procurer.
Le ministre l'apprit, se fit remettre les 12,000 liv. et
les donna aux missions de la Chine. « Sa Majesté,
écrivit-il, dans la vue de prévenir de pareilles fripon-
neries, a voulu être instruite à fond de ce qui s'est passé
à cet égard ; elle a cru devoir faire employer à une
œuvre pieuse la somme qu'on avait voulu engager le
sieur Touya à donner; mais comme elle n'a rien trouvé
dans sa conduite qui ne fût très-honnête, elle lui a
confirmé sa place[2]. »

L'intervention de l'Etat était plus rare dans la nomination des autres agents de la municipalité. Les intendants du XVIIIe siècle, il est vrai, imposèrent aux
villes des ingénieurs pour la direction de quelques-uns
de leurs travaux. Mais presque toujours les habitants
ou du moins le corps de ville désignaient les voyers,
les maîtres des œuvres, les commis aux ouvrages, les
maîtres des réparations, qui prirent souvent sous Louis
XV le nom d'architectes ou d'ingénieurs[3]. La municipalité qui les nommait, pouvait les destituer[4]. A Amiens,

---

[1] Archives de Troyes, A. 51.

[2] Archives nationales, H. 93³.

[3] A Arras, un architecte est substitué en 1738 aux quatre commis
aux ouvrages. (Arch. nationales, K. 1145.) — L'architecte de Bordeaux
reçoit 2800 liv. d'appointements et le logement en 1777. (Ibid., H. 93³.)

[4] Réclamation de Lejolivet, demandant une retraite à la ville de Dijon
qui l'a destitué de ses fonctions de voyer. (Arch. nationales, H. 1469.)

le maître des ouvrages était élu tous les ans sur une
liste de trois membres présentée par le maître sortant[1]. A la fin du règne de Louis XIV, on érigea les
fonctions de voyer en offices, que les villes ne manquèrent pas de racheter toutes les fois que leurs finances
le leur permirent.

On ne saurait s'imaginer le grand nombre des officiers, dont la nomination fut laissée à l'échevinage ou
fut rachetée par lui. Les uns lui servaient d'auxiliaires
pour la garde, l'administration et la police ; les autres
faisaient exercer les règlements sur les octrois, l'industrie et le commerce. Parmi les premiers étaient les
officiers de la milice bourgeoise, les quartiniers, les
cinquanteniers et les dixainiers, qui étaient préposés à
la surveillance et à la direction des différents quartiers
de la ville.

Les villes s'étaient par la force des choses divisées
en circonscriptions judiciaires, religieuses, militaires
et municipales. Les circonscriptions religieuses étaient
plus régulières que les circonscriptions judiciaires ;
souvent les paroisses avaient formé naturellement des
subdivisions civiles pour la perception des impôts et
les réunions électorales. Mais la véritable circonscription municipale était le quartier, dont le nom viendrait
de la division du *castrum* romain en quatre parties[2].
Dans les temps primitifs, la défense était pour une
ville la véritable condition de l'existence, l'organisation
militaire primait toutes les autres. A chacun des quatre

---

[1] *Monuments inéd. de l'hist. Tiers-Etat,* II, 947.
[2] F. Béchard, *Hist. du droit municipal*, II, 376.

points de l'horizon s'ouvrait une porte ; la partie de la
ville la plus voisine était spécialement chargée de sa
garde. De là les quatre quartiers, que l'on trouve à
Marseille, à Rouen, à Bourges, à Troyes, à Nevers.
Epernay n'en a que trois. D'autres villes en augmen-
tèrent le nombre, selon les besoins de la police ou de
la milice communale. Toulouse et Chaumont en ont
huit, Orléans douze, Angers dix-sept[1] ; Paris en avait
quadruplé le nombre, à mesure qu'il reculait ses murailles ; à partir de 1383, il en eut seize. Ailleurs, les
circonscriptions, plus ou moins nombreuses, étaient
désignées sous des noms différents ; à Lyon, ce sont
les *pennonages*, du nom des pennons ou drapeaux de
chaque compagnie de milice ; à Limoges, les *bannières* ;
à Mâcon, les *cinquantaines* ; à Bordeaux, les *jurades* ;
à Castres comme à Albi, les *gâches*. Les gâches de
Castres étaient désignées par les noms des principaux
habitants, comme les seize quartiers le furent à Paris,
pendant la Ligue, par les noms des quartiniers[2].

La municipalité confiait la direction ou la surveil-
lance de chacun de ces quartiers, soit à un de ses mem-
bres, soit à un chef qu'elle choisissait elle-même. A
Bordeaux, c'était un jurat ; à Bourges, un échevin ; à
Lyon et à Marseille, des capitaines ; à Rouen comme à
Paris, des quartiniers qui avaient sous leurs ordres les

---

[1] Arch. nationales, H. 1014. — A. Nicaise, *Epernay,* p. 172. —
Jolibois, *Hist. de Chaumont,* p. 185. — Le Maire, *Hist. d'Orléans,*
1648, p. 264. — C. Port, *Inv. Arch. Angers,* BB. 95.

[2] *Arch. mun. de Bordeaux, Liv. des Privilèges,* Intr., p. XII. —
Pierre Borel, *les Antiquitez de Castres,* II, 52. — Leroux de Lincy,
I, 197.

cinquanteniers et les dixainiers. Les attributions de ces chefs de quartiers, presque entièrement militaires au moyen-âge, étaient devenues au xviiie siècle en grande partie civiles [1]. A cette époque, les dixainiers de Paris ne convoquaient plus les habitants qu'en cas d'incendie.

Les officiers municipaux n'étaient pas seulement secondés par ces auxiliaires qui leur apportaient un concours dévoué et gratuit ; ils faisaient exécuter leurs volontés par des agents subalternes, qui dépendaient plus spécialement de leur autorité. Tels étaient les sergents ou les valets de ville, qui les accompagnaient dans les cérémonies et se tenaient à leur disposition pour transmettre leurs ordres [2]. Ils leur servaient pour ainsi dire d'escorte, et jouaient un rôle non moins important dans le cérémonial de l'échevinage que dans l'exécution de ses délibérations. Le premier sergent portait d'ordinaire la masse ou le sceptre surmonté de fleurs de lys, qui était l'insigne de l'autorité des maires [3]. La charge de massier, comme celle de héraut d'armes, pouvait être aussi distincte de celle de sergent. Le massier de Lyon avait un coadjuteur et des mandeurs ou massiers-servants que la ville habillait de manteaux de couleur violette cramoisie [4]. Le héraut de Rennes

---

[1] Depping, I, 756.— Picot, *Recherches sur les quartiniers, cinquanteniers et dixainiers de Paris. Mém. Soc. d'hist. de Paris,* I, 132-166. — *Inv. Arch. Bourg,* BB. 124 et 148.

[2] Edit de décembre 1705. *Anc. lois franç.,* XX, 500 et 505.

[3] A Montdidier, cette masse, de deux pieds de haut, était garnie d'argent ciselé et terminée par une tête à cinq faces où étaient gravées les armes de la ville. (De Beauvillé, II, 158.)

[4] A Bordeaux, il y avait un massier qui avait 60 liv. de gage et un héraut d'armes qui en touchait 40. (Arch. nationales, H. 93³.) — *Inv.*

avait des fonctions spéciales; il portait les pancartes, surveillait l'arsenal et les promenades. Les sergents de ville signifiaient et criaient à haute voix les actes de l'échevinage; ils en étaient les huissiers et les appariteurs. A Dijon, deux d'entre eux étaient chaque jour de service chez le mayeur[1]. Ils étaient habillés aux frais de la ville, et comme ils figuraient dans les grandes cérémonies, leur costume pouvait être luxueux. On les eût vus à Rouen, en 1596, vêtus de grandes casaques d'armes à manchettes et ailerons de velours gris passementés d'argent[2]. Au siècle suivant, leurs manteaux étaient d'ordinaire de deux couleurs, comme ceux des échevins, et les armes de la ville étaient brodées en argent sur leurs vêtements[3]. Le rouge éclate souvent dans leur costume; à Albi, ils portent des bas et un bonnet rouges; à Bayonne, un justaucorps rouge sur des hauts-de-chausse de drap vert[4]. A Bar-sur-Seine, sous Louis XVI, ils ont un habit de drap rouge sur une culotte de drap chamois; il y eut une assez longue correspondance entre l'intendant et le maire pour déterminer la couleur de leur manteau. L'intendant, de guerre lasse, finit par céder en di-

---

Arch. Lyon, BB. 169. — Il y avait à Montpellier six massiers qu'on appelait escudiers. (A. Delort, *Mémoires*, p. 146.)

[1] Arch. nationales, H. 520. — *Inv. Arch. Dijon*, B. 56.

[2] Farin, *Hist. de Rouen*, I, 130.

[3] *Inv. Arch. Dijon*, B. 56... *Lyon*, BB. 251... *Uzès*, BB. 9... *Loudun*, BB. 4. — Duricux, *Mém. Soc. ém. Cambrai*, XXXIII, 224. — A Chalon, ils ont une manche jaune et une manche bleue. (L. Niepce, *Mém. Soc. hist.*, III, 168.)

[4] *Inv. Arch. Albi*, CC. 306 et 487... *Bayonne*, BB. 30. — R. Guinodic, II, 148.

sant : « Voilà bien des difficultés pour savoir comment on habillera les sergents de ville de Bar-sur-Seine[1]. »

Dans les petites villes, les sergents étaient chargés de faire la police. Drapés dans leur manteau, portant une lourde hallebarde sur l'épaule, ils faisaient des rondes, surveillaient les marchés et le balayage des rues[2]. Lors des passages des troupes, ils allaient requérir dans les villages voisins les voitures nécessaires pour les entrepreneurs de transports militaires. On leur donnait souvent le nom de valets de ville ; mais lorsque l'échevinage exerçait la police, le sergent se distinguait du valet, qu'il ne faut pas confondre avec les laquais du maire.

Le nombre des sergents variait selon la population. Dans beaucoup de villes, il y en avait quatre[3]. A Amiens, on en comptait douze, habillés au XVIIIe siècle de justaucorps à la française. Quatre d'entre eux désignés sous le nom de porte-quennes étaient chargés de présenter les vins de la ville aux personnages de distinction[4]. Cette fonction des sergents était pour eux une source de gratifications qui suppléaient à l'insuffisance de leurs gages. Dans le midi, ils recevaient environ 50 liv. par an[5] ; à Auxerre, 100 liv. ; à Troyes, on

[1] 1783. Arch. de l'Aube, C. 69.

[2] A Angers, en 1739, les valets de ville prennent le mousqueton. (*Inv. Arch. Angers*, BB. 112.) — Voir aussi *Inv. Arch. Douai*, BB. 60.

[3] A Troyes, à Agde, à Pézenas. (Arch. nationales, H. 1030.)

[4] *Manuscrits de Pagès*, I, 539.

[5] Dépenses des communautés du diocèse d'Agde en 1742. Arch. nationales, H. 1030.

élève leur rétribution annuelle à 300 liv. en 1769.
Mais dans les villes populeuses, ils ne pouvaient suffire
à faire la police, et pour les seconder, on avait recours,
comme nous le verrons, au guet, à des gardes soldés
et à des agents spéciaux, comme les chasse-gueux,
les archers des pauvres dans la ville, les messiers ou
les gardes-terres dans les faubourgs.

Outre les sergents, les villes avaient au moyen-âge
des messagers qui cessèrent leurs fonctions lorsque le
service des postes se fit avec régularité. En 1606, il y
avait encore à Boulogne un messager habillé par la
ville d'une casaque garnie de dix-huit aunes de larges
passements et de quatre douzaines de boutons de
soie [1].

Le trompette de la ville resta toujours un fonction-
naire utile. C'était lui qui au moyen-âge annonçait à
cor et à cri les ordonnances de l'échevinage. Ni le cor
ni le cri n'étaient des métaphores; on appelait cri la
publication faite à haute voix [2], et au xv⁰ siècle encore,
elle était précédée du son du cor. Mais à Dijon, en
1433, le cor était déjà suranné, les étrangers s'en
moquaient, et on le remplaça par une trompette d'argent, qui fut elle-même remplacée cent cinquante ans
plus tard par une trompette de cuivre à boutons d'argent [3]. La trompette était un peu comme la cloche
municipale; si elle avait sonné la révolte, on la frap-

---

[1] Lyon avait conservé par exception la messagerie de Genève. (*Rec.
des Privilèges*, p. xv et 309.) — *Inv. Arch. Boulogne*, nᵒˢ 19 et 23.

[2] Furetière, *Dict. universel*, I, 437.

[3] *Inv. Arch. Dijon*, B. 154 et 309.

pait d'un châtiment. En 1492, à Albi, elle fut condamnée à être clouée au pilori sur la place publique.
L'évêque prêta aux habitants une autre trompette ;
mais comme elle était moins sonore que la précé-
dente, les habitants ne cessèrent de se plaindre jusqu'à ce qu'on eût détaché du pilori leur trompette
municipale[1]. En 1625, le duc d'Epernon fit saisir les
trompettes d'argent des jurats de Bordeaux, et un
envoyé spécial du roi ne put immédiatement les leur
faire rendre[2].

Le costume du sonneur de trompette était d'ordinaire éclatant. A Dijon, il était vêtu d'une casaque
rouge doublée de soie et décorée de galons d'argent.
A Albi, il portait un manteau rouge orné des armes
de là ville. A Troyes, sa robe violette et bleue était
galonnée d'or ; les armes de là ville étaient brodées sur
ses manches et peintes sur la banderolle de son ins-
trument qui, dans les cérémonies funèbres, était recouvert de crêpe noir[3]. D'ordinaire, le trompette ne
faisait pas lui-même les publications officielles ; il les
annonçait ; le sergent royal ou le sergent de l'échevinage en donnait lecture. Le trompette en possédait
d'ordinaire le monopole avec ses « commis » ou le
tambour. A Angers, le privilège de battre du tambour
et de jouer du fifre était concédé aux tambours de la

---

[1] Jolibois, *Inv. Arch. d'Albi*, Intr., p. 30-31.

[2] Sommaire des registres secrets du Parlement de Bordeaux. Man.
de la Bibl. de Troyes, n° 713.

[3] Arch. mun. de Troyes, Q. 6, AA. 42. *Les Fêtes de la paix données
par la ville de Troyes sous Louis XIV*, p. 9. — La robe du trompette
en 1713 avait coûté 319 l. 2 s. (*Inv. Arch. Aube*, C. 1856.)

ville[1]. Il leur était interdit généralement de se faire
entendre sans l'ordre ou l'autorisation des officiers
municipaux. Leur utilité était surtout réelle, lorsque
les affiches étaient peu usitées ; mais dès le xviiᵉ siècle,
elles devinrent nombreuses, et certaines municipalités
nommèrent un afficheur afin de pouvoir exercer un
contrôle plus sérieux sur ce mode de publicité[2].

Les tambours et les trompettes donnaient aussi des
aubades aux officiers nouvellement élus et aux autorités, le 1ᵉʳ janvier et à d'autres jours de fête. La municipalité avait en outre à ses gages des musiciens,
tels que des hautbois, des violons et des fifres, qui
figuraient dans les cortèges officiels et dans les réjouissances, sans être toujours, comme le trompette
et le tambour, des employés en titre de l'échevinage.

A côté de ces agents, la ville avait ses ouvriers et
ses fournisseurs ; elle put avoir son maître-maçon, son
maître-couvreur, son manœuvre, qu'elle revêtit de sa
livrée. Lyon a un maître-relieur ordinaire des livres de
la commune, un graveur, un sculpteur et un peintre
ordinaires ; il a même un ingénieur « ez artifices et
poudre de feux de joye[3]. » Le corps de ville désigne
aussi l'horloger qui est chargé de « gouverner » et de
réparer les horloges publiques. Dans un autre ordre
d'idées et dans certaines villes, il nomme le médecin

---

[1] 1613. *Inv. Arch. Angers*, BB. 59. — A Bordeaux, il y avait deux
trompettes en titre, qui recevaient 580 liv. de la ville en 1777. (Arch.
nationales, H. 93³.) — *Inv. Arch. Loudun*, CC. 11.

[2] Nomination d'un afficheur en 1777 à Bar-sur-Seine. Arch. de
l'Aube, C. 50.

[3] *Inv. Arch. Lyon*, BB. 95.

ou le chirurgien des pauvres, le principal et les professeurs du collège et même le recteur des pauvres;
l'organiste, le recteur du luminaire, le marguillier
sonneur de cloches[1], et le *bassinier* chargé de la
quête dans les églises[2]. C'est aussi lui qui désigne
les titulaires chargés de quelques emplois bizarres,
qui disparurent presque tous au xviii° siècle; tels
que le réveille-matin annonçant les fêtes religieuses,
le crieur de nuit[3], et à Rennes, le réveilleur et l'*esco-
pateur*[4].

La vérification des poids et mesures, le mesurage
des grains, le courtage et la surveillance des marchandises, les criées de tout genre étaient le plus souvent
érigés en offices, soit par le pouvoir central, soit par
les villes. Celles-ci les rachetèrent souvent pour en conserver l'investiture; c'est ce que fit Lyon pour la charge
d'échantilleur et marqueur des poids et mesures. Il y
avait aussi à Lyon et ailleurs des visiteurs contrôleurs
et marqueurs de cuirs, des mesureurs de charbons et
de grains[5]; à Rouen, l'on trouvait, figurant à la suite
de l'échevinage, et vêtus de costumes de taffetas de
diverses couleurs, les mesureurs et porteurs de grains
et de sels, les courtiers et quêteurs de menus boires,
les courtiers et auneurs de drap ou de toile, les visiteurs, vendeurs et déchargeurs de poissons, les commissaires quêteurs et courtiers de vin, les compteurs

---

1. *Mémoires sur Villefranche*, 1671.
2. De Lamothe, *Inv. Arch. Uzès*, Intr., p. 5.
3. *Inv. Arch. Lyon*, BB. 259... *Roubaix*, CC. 116... *Douai*, BB. 20.
4. Arrêt du conseil de 1782. Archives nationales, H. 520.
5. *Inv. Arch. Lyon*, BB. 416.

d'oranges [1]. On ne saurait s'imaginer le nombre de ces
charges qui furent érigées en offices à partir de 1689 ;
à Paris seulement, lorsqu'on les rétablit en 1730, on
les fixa à 3,197, depuis les 20 inspecteurs-contrôleurs
des déchirages de bateaux, les 85 inspecteurs de veaux,
les 75 courtiers, tireurs, chargeurs, débardeurs et
botteleurs de foin, jusqu'aux inspecteurs, langueyeurs
et contrôleurs de porcs et pourceaux [2]. La plupart de
ces charges n'étaient pas nouvelles ; il en existait depuis longtemps un grand nombre comme celles des
crieurs de corps et de vins, qui eurent d'abord à Paris,
puis dans tout le royaume, le monopole de la fourni-
ture des pompes funèbres, sous le titre de jurés-crieurs
d'enterrements et de vins [3].

Les jurés-crieurs d'enterrement étaient au nombre
de cinquante à Paris ; ils dépendaient de la juridiction
de la ville, et étaient chargés de fournir les tentures,
les billets de faire part, les corbillards, les carrosses de
suite drapés [4]. Lorsque l'Etat voulut établir dans toutes
les villes des offices de ce genre, il rencontra sur cer-

[1] 1596. Farin, *Hist. de Rouen*, I, 130. — Plusieurs de ces charges
furent supprimées sous Louis XIV comme étant onéreuses pour le
commerce. (A. de Boislisle, *Corr. des contr. généraux*, I, n° 385.)

[2] *Encyclopédie méthodique. Finances*, II, 49.

[3] Ord. de 1645, 1690 et 1695. Brillon, II, 487.

[4] D'après le tarif de 1760, réformé par le prévôt des marchands de
Paris, un cent de petits billets d'enterrement coûte 5 liv.; un cent de
grandeur extraordinaire pour les personnes qualifiées et constituées
en dignité, 8 liv.; un grand corbillard, 30 liv.; un carrosse de suite
drapé, 15 liv. Les jurés-crieurs étaient tenus de porter sur leur robe
de palais les armes du défunt peintes en carton sur leur poitrine.
(Guyot, V, 166-168.)

tains points de la résistance. A Dijon, le peuple menace
de mort les acquéreurs, parce qu'il croit que les enterrements des pauvres seront taxés au même prix que
ceux des riches [1]. A Aix, il se mutine contre les jurés
et contre les traitants chargés de la vente de ces offices [2].
La plupart du temps, la ville et les fabriques les rachetèrent, non sans protestations contre cette innovation
onéreuse pour leurs finances [3].

L'esprit fiscal, qui créa les offices, en inventait de
nouveaux pour contrôler les anciens. C'est ainsi qu'à
Paris on institua, en 1704, trente jurés-prudhommes
contrôleurs des jurés crieurs ; il est vrai qu'ils furent
supprimés l'année suivante [4]. On établissait souvent
des charges nouvelles dans le but unique de les faire
acheter par ceux à qui leur établissement pouvait
nuire.

C'est par cette raison que les corps de ville ne se
lassaient pas de les acquérir, afin de conserver dans son
intégrité le droit de disposer des fonctions locales [5].
La première tâche des échevins d'Albi, en entrant en
charge, était de nommer les officiers et les serviteurs
de la commune [6]. Ailleurs, la nomination des plus

---

[1] Inv. Arch. Dijon, B. 329.

[2] A. de Boislisle, Corr. contr. gén., nº 1471.

[3] Varin, St. Reims, III, 132. — Inv. Arch. Roubaix, BB. 13. — Inv.
Arch. Dijon, B. 329 et 331... Douai, BB. 7.

[4] Brillon, II, 5 et 486.

[5] Bordeaux les rachète 72,000 liv. en 1691. (Liv. des Privilèges,
p. 444.) — L'intendant en 1696 veut forcer Douai à les acquérir. (Inv.
Arch. Douai, BB. 7.)

[6] Jolibois, Inv. Arch. Albi, Intr., p. 22.

importants d'entre eux devait être ratifiée par les conseils ou par les autorités supérieures. Dans tous les
cas, elle était considérée avec raison comme une des
prérogatives les plus précieuses de la liberté communale.

CHAPITRE VI

LES AUTORITÉS SUPÉRIEURES

Pouvoir et influence des évêques. — Difficultés entre eux et les municipalités. — Zèle des évêques. — Honneurs qu'on leur rend. —
Gouverneurs de province. — Gouverneurs de ville et lieutenants
du roi. — Charges qu'ils imposent aux habitants. — Autorité des
gouverneurs. — Droits des seigneurs. — Le duc d'Orléans. — Parlements. — Diminution du pouvoir des tribunaux. — Officiers de
justice. — Conflits entre les corps de ville et les bailliages. — Le
pas croisé. — Collisions et voies de fait. — Importance de ces querelles. — Autres juridictions. — Les intendants et les Etats provinciaux. — Les intendants revendiquent la protection des villes. —
Rôle des intendants. — Le Conseil du roi. — Tendances administratives. — Attitude des intendants à l'égard des municipalités.

Les corps de ville, dont nous venons d'étudier la
composition, étaient en relations constantes avec les
pouvoirs ecclésiastique, militaire, judiciaire ou administratif, dont les représentants résidaient soit dans
leur cité, soit dans la capitale de la province ou du
royaume.

L'autorité ecclésiastique avait peu d'influence dans
les petites villes où les curés de paroisse, malgré la

considération dont ils jouissaient, n'exerçaient aucune
action officielle en dehors de l'église et de l'école ;
mais elle était encore puissante, lorsque l'évêque, le
chapitre ou une ancienne abbaye, comme celle de Corbie, était en possession des droits seigneuriaux. Elle
intervenait alors directement dans l'administration municipale, soit en désignant quelques-uns de ses membres, soit en exerçant un contrôle sur ses actes ou
ses finances. L'évêque surtout, même lorsqu'il n'était
pas le seigneur de la ville, avait conservé une partie
de l'influence qu'il y avait eue pendant la première
période du moyen-âge ; depuis le concordat de 1516,
qui avait enlevé aux chapitres le droit de le désigner,
il appartenait par sa naissance aux familles les plus
puissantes et il n'avait pas cessé de jouir de revenus
considérables ; il dominait les bourgeois par le rang
et la richesse non moins que par son caractère sacré ;
il était en relations suivies avec la cour, où il n'allait
que trop souvent, mais où, grâce à son crédit, il pouvait rendre aux habitants de sa ville épiscopale de
véritables services [1]. Il était leur médiateur s'il fallait
alléger leurs charges ou leurs misères. Il leur épar-
gnait en cas de soulèvements une répression rigoureuse,
et parvenait même à détourner d'eux les garnisons
qu'on voulait leur imposer. Il intervenait aussi par
son ascendant moral, comme cet évêque de Dijon qui,
en 1775, sauva de la fureur populaire un magistrat

[1] L'assemblée générale de Rennes décide que l'évêque sera prié
d'employer son crédit au succès des demandes contenues dans le
mémoire de la ville. (2 sept. 1779. Arch. nationales, H. 524.)

accusé d'accaparement[1]. D'ordinaire, l'évêque prenait part à l'administration de la charité, et s'il y avait des assemblées générales pour chercher les moyens de remédier à la disette ou au chômage, c'était lui qui les présidait. Traité partout avec le plus grand respect, il avait des prérogatives spéciales dans le Languedoc, où il faisait partie des Etats et présidait les assemblées diocésaines qui leur étaient subordonnées[2].

L'évêque ne rencontrait cependant pas toujours de la part des bourgeois une soumission passive et une déférence sans réserve. Le vieil esprit communal, qui avait armé les habitants de Reims, de Laon et de Cambrai au moyen-âge, soufflait encore, bien qu'affaibli, au siècle de Louis XIV. Si l'on ne revendiquait plus ses droits par la force, on les réclamait devant les tribunaux par tous les moyens que concédait la loi. Pendant plus de dix ans, les bourgeois d'Albi luttèrent contre leur évêque ; un sergent saisit au nom des bourgeois les fruits décimaux de l'évêque ; l'évêque fit saisir leur bétail. De juridiction en juridiction, l'affaire fut portée au Parlement de Grenoble, qui maintint l'évêque dans le droit d'intervenir dans le choix des consuls et qui força les six consuls, accompagnés des principaux habitants, à lui demander pardon[3]. Il en arrivait souvent ainsi des réclamations qu'on dirigeait

---

[1] Debidour, la Fronde Angevine, p. 99. — Depping, Corr. adm. sous Louis XIV, I, 869. — Foisset, le Président de Brosses, p. 377.

[2] Depuis le xviiᵉ siècle. Rossignol, Assemblées du diocèse de Castres, p. 18; Petits Etats d'Albigeois, p. 15.

[3] La ville s'endetta pour cette affaire, terminée vers 1658, de 45,000 liv. (Inv. Arch. Albi, CC. 331-334, FF. 158.)

contre l'autorité de l'évêque. C'est en vain que l'assemblée générale de Nîmes s'efforce en 1634 de l'exclure
de ses réunions[1]; c'est en vain que l'échevinage d'A-
miens veut se dispenser à la même époque de lui faire
les présents ordinaires de bougie et de cire[2]. Au
xviiie siècle, les magistrats de Cambrai opposent une
énergique mais respectueuse résistance à des prétentions de l'archevêque, qui tendaient à réduire, suivant
eux, la ville à l'état d'un simple village[3]. A l'autre
extrémité du royaume, les consuls de Carcassonne ne
veulent pas que l'évêque transfère son palais dans la
ville basse, et surtout refusent de contribuer aux frais
de construction et de réparation de ce palais. Ils obtinrent gain de cause[4]. En pareil cas, les juges comme
les intendants n'étaient pas toujours défavorables aux
bourgeois.

Nous avons dit que l'évêque, lorsqu'il était seigneur
de la cité, pouvait intervenir directement dans l'administration municipale. L'évêque de Châlons exigea
jusqu'au xviiie siècle que les assemblées de ville se
tinssent dans son palais, et se réserva le droit de les
présider[5]. L'archevêque de Cambrai et l'évêque d'Arras désignaient chaque année deux échevins[6]. D'autres

---

[1] Ménard, *Hist. de Nismes,* V, 638.

[2] *Mon. inéd. de l'hist. du Tiers-État,* III, 104.

[3] De nombreux mémoires furent publiés à l'occasion de cette affaire,
où le Parlement de Flandre prit parti pour l'échevinage. (Arch. nationales, K. 1145.)

[4] 1741. Arch. nationales, H. 1025.

[5] E. de Barthélemy, *Hist. de Châlons-sur-Marne,* p. 9.

[6] Lettres patentes de 1769 pour Cambrai, de 1764 pour Arras. Arch.
nationales, K. 1145.

exerçaient une influence moins légale dans les élections
et dans l'administration[1]. Un intendant accuse l'évêque
de Pamiers de s'opposer à la nomination de consuls
« fort honnestes gens, parce qu'il voudrait comme par
le passé avoir des consuls dépendant de luy et à cet
effet continuer à y mettre des gens de basse condition,
pour pouvoir encore mieux embarrasser le présidial
qu'il ne peut souffrir[2].» Au xviiie siècle, à l'époque
des querelles du jansénisme, on vit des évêques lutter
contre les officiers de justice et les populations, et
prendre, comme à Auxerre, une part trop active aux
luttes municipales. Ils imposaient parfois leur volonté
aux magistrats[3], et leur autorité pouvait être si grande
que l'intendant de Lyon écrivait en 1693 que ses
prédécesseurs n'avaient jamais osé donner des ordres
aux échevins, du vivant de l'archevêque, M. de Villeroi[4].

L'évêque avait sa juridiction; il faisait aussi des
règlements de police et veillait à l'observation des dimanches et des fêtes. Un évêque de Châlons faisait
éteindre les feux du dimanche des brandons, il provoquait la réclusion des filles de mauvaise vie, et s'il
arrivait des comédiens ou des bateleurs en ville, il leur
envoyait de l'argent à la condition qu'ils en sortiraient
sur-le-champ[5]. Le zèle ne fut pas toujours aussi grand ;

[1] Varin, *Statuts de Reims*, III, 150.

[2] Depping, *Corr. adm. sous Louis XIV*, I, 706.

[3] *Corr. adm. sous Louis XIV*, III, 263.

[4] A. de Boislisle, *Corr. des contrôl. gén.*, I, no 1199.

[5] *Vie de messire Vialart de Herse*, 1738, p. 64-68. — Voir aussi
Chardon, *Hist. d'Auxerre*, II, 473.

l'évêque d'Autun laissa louer en 1763 par un cha-
noine l'ancien réfectoire capitulaire pour y établir un
théâtre[1].

Les honneurs que l'on rendait à l'évêque, lorsqu'il
entrait pour la première fois dans sa ville épiscopale,
attestaient son antique autorité et le respect qu'il inspirait. Toutes les rues étaient tendues de tapisseries, le
clergé et les bourgeois à cheval allaient à sa rencontre,
et les officiers municipaux portaient le dais sur sa tête
jusqu'à sa cathédrale, où il entrait au son des cloches[2].

On allait aussi sous Louis XIV au-devant des gouverneurs de province avec un dais; mais ceux-ci le
refusaient d'ordinaire[3]; quoique leur dignité fût supérieure à celle des évêques. Le gouverneur était un
prince du sang ou l'un des plus puissants seigneurs
de la cour. Ses attributions étaient à la fois civiles et
militaires; mais elles furent plus particulièrement militaires à mesure que l'autorité des intendants s'accrut.
Elles restèrent plus importantes dans les pays d'états
que dans les pays d'élections, parce que la noblesse des
états obéissait plus facilement à un grand personnage
comme le gouverneur qu'à un maître des requêtes
comme l'intendant. En Bourgogne, c'était le gouverneur qui désignait les maires; dans le Languedoc, les

---

[1] G. Dumay, *les États de Bourgogne à Autun*, p. 17-19.

[2] A. Delacroix, *Hist. de Fléchier*, II, 139. — Brillon, III, 167. —
Debidour, p. 104. — Vers 1770, la ville de Bordeaux dépensa 17692 l.
pour les frais de réception et d'entrée de l'archevêque. (Arch. nationales, H. 93³.)

[3] Entrée du duc de Rethelois à Troyes en 1663. Arch. de l'Aube,
G. 1304. — A. Delort, *Mémoires sur Montpellier*, p. 183.

consuls furent longtemps tenus de venir en personne
lui rendre compte de leur nomination[1]. Lorsque le
gouverneur séjournait dans la capitale de sa province,
il y tenait un grand état de maison, et son autorité
surpassait toutes les autres.

Le roi avait aussi dans les villes des commandants
militaires, qui furent désignés sous les noms de gouverneurs, de lieutenants du roi ou de majors. Un édit
de 1694 créa des gouverneurs dans toutes les villes
closes où il n'y en avait pas; mais c'était encore un
expédient fiscal; on autorisa les villes à racheter ces
charges qui étaient érigées en offices héréditaires, et
comme la plupart des offices, on les supprima pour
les rétablir et les supprimer de nouveau[2]. En 1776,
on réduisit le nombre des gouverneurs de ville à cent
quatorze, et l'on assigna à vingt-cinq d'entre eux
12,000 liv. d'appointements[3].

Dans les villes qui n'étaient point situées sur les
frontières et où la municipalité avait le privilège de
commander à la milice bourgeoise, la charge de gouverneur pouvait être une sinécure. Le gouverneur de
Chartres n'avait d'autres fonctions que de présenter
les clés au roi quand il entrait dans la ville[4]; mais il

[1] Ménard, *Hist. de Nismes*, VI, 456.—Il y avait en 1776, trente-neuf
gouverneurs de province; dix-huit recevaient 60,000 liv. d'appointements; ils devaient être princes du sang ou maréchaux de France.
(Guyot, VIII, 179.)

[2] Ces charges sont supprimées en 1700, rétablies en 1709, supprimées en 1717. (Brillon, III, 492.) —

[3] Ord. de 1776. Guyot, VIII, 180.

[4] De Lépinois, *Hist. de Chartres,* II, 454.

augmentait les dépenses de l'échevinage qui devait lui
fournir un logement. C'est en vain que les officiers
municipaux essayaient de le lui refuser. Le gouverneur
d'Arras fit en 1738 emprisonner deux échevins pour
se venger de la résistance du corps de ville; celui-ci
se plaignit au cardinal de Fleury, qui fit relâcher au
bout de sept jours les deux échevins; mais le gouverneur ne fut pas même blâmé[1].

Ces officiers essayaient parfois de s'immiscer dans
la nomination et dans l'administration des magistrats
municipaux. Si l'on résistait à Bayonne[2], on acceptait
à Montpellier leur ingérence. A la fin du xviie siècle,
le gouverneur de cette ville s'était arrogé le droit de désigner les consuls, et cette usurpation s'était faite avec
si peu de bruit qu'on en avait « vainement cherché
l'origine[3] ». Les intendants s'opposaient d'ordinaire à
de pareils empiètements, et l'un d'eux avait écrit en
1692 : « Il est indispensable que le gouverneur trouve
un contre-poids dans le pouvoir des échevins[4]. »

Le système des contre-poids est en faveur dans les
deux derniers siècles; les intendants y ont recours en
opposant les municipalités à l'autorité militaire, au
pouvoir seigneurial, à la magistrature. Le pouvoir seigneurial ne se faisait plus sentir dans les grandes villes,
si ce n'est dans celles qui faisaient partie de l'apanage

---

[1] Lecesne, *le Logement d'un gouverneur d'Arras. Mém. de l'Académie d'Arras*, IV, 126-159.

[2] 1600. *Inv. Arch. Bayonne*, BB. 17... *Bourg*, BB. 73.

[3] Mémoire sur la nomination des Consuls de Montpellier, 1782.
Arch. nationales, H. 1022.

[4] A. de Boislisle, *Corresp. des contr. gén.*, I, n° 1116.

d'un prince du sang, tel que le duc d'Orléans. Le duc d'Orléans conserva, même en 1765, le droit que possédait le roi, de désigner les maires sur une liste de candidats. Dans les petites villes, le seigneur retint ses privilèges honorifiques, le droit de justice et dans quelques provinces du nord et du midi le droit d'intervenir dans la nomination des échevins ou des consuls[1]; mais son pouvoir était bien plus restreint que dans les villages, et la tendance des administrations royales était de le réduire de plus en plus. Elles voulaient aussi réduire l'influence de la noblesse dans les pays d'états, et un mémoire officiel disait en 1780 : « Une municipalité ne doit être, surtout en Bretagne, qu'une assemblée de bourgeois formée par le roi pour administrer les revenus de la ville et contre-balancer l'influence de la noblesse dans les assemblées nationales[2]. »

L'autorité de la magistrature resta toujours grande, si elle subit des atteintes sérieuses. « Les parlements et bailliages sont les roys de la France, » disait-on en 1623[3]. Abaissés sous Louis XIV, ils se relevèrent sous ses successeurs. Mais ils perdirent peu à peu leurs attributions administratives. S'ils intervinrent par leurs arrêts dans les élections et dans l'organisation des

---

[1] Il resta de droit commun dans le Languedoc au xviiie siècle. (Arch. nationales, H. 1431.) — Le chapitre de Brioude était composé de 50 chanoines qui portaient le titre de comtes et prétendaient exercer leurs droits féodaux individuellement comme en corps. (Saint-Ferréol, p. 131.)

[2] Archives nationales, H. 520.

[3] *La réformation du Royaume.* Danjou, *Arch. curieuses,* 2e série, II, 400.

villes, ils virent souvent ces arrêts cassés par le conseil du roi. « Le Parlement, dit un intendant de Bretagne en 1779, n'a pas le droit de se mêler de l'administration des villes[1]. » Le Parlement de Bourgogne n'en défend pas moins d'exécuter, avant qu'il l'ait enregistré, un règlement municipal donné par le conseil[2]. Le Parlement de Toulouse ne pouvait se résigner en 1787 à ne plus juger en dernier ressort les affaires de préséance, de police, d'élections et de réglementation municipales. Il protestait surtout contre le droit qui lui était enlevé d'enregistrer les règlements nouveaux. « Rien n'est plus contraire, disait un de ses présidents, à l'avantage général des villes, que de voir leur administration municipale soumise à la variation qu'y introduisent différents arrêts du conseil, portant avec eux moins le caractère d'une loi dirigée par des vues de bien public que propre à déceler les motifs particuliers de ceux qui les ont sollicités, et d'où naît le plus souvent le trouble et le désordre. » Le magistrat, qui paraissait ainsi défendre le bien public, réclamait en même temps l'admission des juges royaux aux élections consulaires, comme elle existait avant 1692, et la reconnaissance du droit que possédaient les seigneurs de nommer les consuls[3]. Même, lorsqu'ils soutenaient

---

[1] Rapport au directeur général des finances. Arch. nationales, H. 521.

[2] Il est indispensable de casser cet arrêt, écrit le ministre à l'intendant, le 20 août 1784, en parlant de l'arrêt du Parlement. (Arch. nationales, H. 1469.)

[3] Mémoire particulier sur les municipalités de Languedoc envoyé par le président de Sauveterre au garde des sceaux. Arch. nationales, H. 1431.

les intérêts généraux, les Parlements ne pouvaient se
détacher des anciens abus.

En enlevant aux magistrats royaux la présidence des
assemblées municipales, l'édit de 1692 avait considérablement diminué la suprématie que les bailliages et les
autres juridictions de même nature s'arrogeaient sur les
corps municipaux, mais il ne fit pas cesser les divisions
qui s'élevaient trop souvent entre eux. Les conflits d'attributions étaient fréquents ; ils engendraient des luttes,
des procès, des querelles sans fin. Le bailliage de Méry
prétend administrer lui-même cette petite ville ; il s'em-
pare de tous les biens communaux, et quand les officiers
municipaux réclament, il les poursuit devant le gouverneur, devant le lieutenant général et devant l'intendant[1].
A Chaumont, en 1636, la lutte entre le maire et le lieutenant général devient si vive, que celui-ci menace de
faire jeter le maire en prison et que le maire court à
Paris pour obtenir aide et protection[2]. On pourrait citer
de nombreux exemples de ces querelles, qui éclataient
le plus souvent pour des motifs futiles, tels que le droit
de donner des ordres au tambour, de faire battre aux
champs, de remettre les clés au roi et d'allumer les
feux de joie[3] ; mais ce n'était rien auprès des luttes
qu'engendraient les questions de préséance.

Lorsque Boileau a écrit son *Lutrin*, il avait peut-
être dans la mémoire quelques-unes de ces scènes plus

---

[1] 1734. Arch. de l'Aube, C. 1548.

[2] Jolibois, *Hist. de Chaumont*, p. 225.

[3] Challe, *le Conseil municipal et le bailliage d'Auxerre. Ann.
Yonne*, 1839, p. 331-347 ; 1847, p. 187. — *Inv. Arch. Loudun*, FF. 2.

ridicules que tragiques où des magistrats d'ordre différent se disputaient la droite ou le pas. C'était dans les
cortèges et surtout dans les processions, à la sortie des
églises et dans les églises mêmes, que se produisaient
ces compétitions, dont le peuple était témoin et où il
prenait parfois fait et cause. De nombreux arrêts décidèrent que le présidial aurait la droite et l'échevinage la gauche ; mais lorsqu'il s'agissait de sortir du
chœur dans les processions, le maire qui marchait de
front avec le premier magistrat de la juridiction royale
pouvait être obligé, pour reprendre sa place à gauche,
de passer devant les autres membres du présidial[1].
C'est ce qu'on appelait le *pas croisé*, source de conflits
où parfois l'on en vient aux mains. Les juges ne veulent
pas se laisser croiser ; les échevins ne veulent pas céder leur droit ; des paroles on passe aux actes, et l'on
repousse la force par la force. Les capitouls de Toulouse disputent le pas dans la nef de Saint-Sernin aux
conseillers du Parlement ; ceux-ci, plus nombreux, mal-
mènent les capitouls, les jettent par terre, les froissent,
tandis que les chanoines font fermer les portes pour
empêcher le peuple de prêter main forte aux capitouls[2].
Le corps de ville de Lyon a également le dessous dans
une querelle de ce genre, dont le parvis de la cathédrale est le théâtre ; le prévôt des marchands, qui veut
résister au bailliage, est renversé sur le sol ; il reçoit
sur la tête un coup de hallebarde, qui l'aurait blessé

---

[1] Ce droit lui était conféré par l'art. 26 de l'arrêt du Conseil du
5 déc. 1693. (*Anc. lois,* XX, 206.)
[2] 1597. De la Faille, II, 516.

s'il n'avait été protégé par son chapeau et sa perruque[1]. A Auxerre, comme à Troyes[2], le maire veut
défendre ses droits; dans une procession, le maire
d'Auxerre cherche en vain à croiser le bailliage; un
conseiller au bailliage l'arrête si vigoureusement par la
manche qu'il n'y peut parvenir[3]. A Chablis, c'est pour
la possession d'un banc que le conflit s'élève et qu'on
peut voir un maire saisir le lieutenant de la prévôté
par la perruque, pour l'en faire sortir[4]. A Montdidier,
la lutte est plus vive; on prend le maire à bras-le-
corps; les deux partis en viennent aux mains; les perruques volent en l'air, tandis que robes et rabats sont
mis en morceaux[5].

Le sang ne coulait pas heureusement entre ces gens
de robe; mais l'encre et la parole étaient prodiguées.
De longues requêtes étaient écrites à l'occasion de ces
conflits, et le conseil du roi était appelé à en décider.
De toutes parts son attention est attirée sur ces luttes[6];

[1] 1679. *Inv. Arch. Lyon*, BB. 237.

[2] Boutiot, *Querelles entre le bailliage et l'échevinage de Troyes.*
Annuaire de l'Aube, 1864, p. 47-78.

[3] Lechat, *le Présidial et le corps de ville d'Auxerre vers la fin
du XVIIᵉ siècle. Ann. de l'Yonne*, 1843, p. 108-127. — *Mém. sur
Auxerre*, III, 503 et suiv.

[4] *Arrêt fixant les droits du prévôt de Chablis et du maire perpétuel en 1695. Annuaire de l'Yonne*, 1866, p. 217-233.

[5] V. de Beauvillé, II, 160-161.

[6] 1678. Gandelot, *Hist. de Beaune*, p. 187.— 1627, 1680, 1694. *Inv.
Arch. Angers*, BB. 70, 95, 100. — 1699. Gatin et Besson, *Hist. de la
v. de Gray*, p. 262. — Arch. de Gray. — Arrêts du Conseil de 1693
et 1694. *Ann. de l'Yonne*, 1866, p. 228. —Ménard, *Hist. de Nismes*,
V, 611, VI, 594. — De Beauvillé, *les Questions et querelles de pré-*

ses arrêts sont multipliés, précisant pour chaque ville la règle, mais obligé de la reproduire pour d'autres, jusqu'à ce que de nouvelles difficultés surgissent. Elles renaissaient sans cesse, parce qu'elles avaient pour mobiles la vieille rivalité des hommes de loi et des marchands et l'ambition légitime des échevinages de s'affranchir de la suprématie des pouvoirs judiciaires. Les juges voyaient l'influence leur échapper ; le bailliage d'Auxerre se plaignait de son sort ; ses épices ne produisaient rien ; ses fonctions ne lui rapportaient ni avancements, ni grâces, ni faveurs de cour ; il enviait le corps de ville, bien qu'il fût composé de « gens ramassez et non lettrez » et même d'artisans [1]. C'était l'ancienne et éternelle lutte des aristocraties à leur déclin et des démocraties naissantes, les unes voulant sauvegarder la forme lorsque la réalité leur échappe, les autres impatientes d'acquérir les prérogatives qu'elles se croient en droit d'exercer.

Le corps municipal était surtout en lutte avec les bailliages et les présidiaux, parce que ceux-ci précédaient les autres corps judiciaires et se trouvaient en contact plus fréquent avec lui. Il eut cependant des contestations, soit avec les tribunaux d'Election [2], soit avec les Eaux et forêts, notamment pour la police des

---

séance. Bull. Soc. académiq. de Laon, XX, 279-305. — 1672. Salomon, Ann. Yonne, 1860, p. 75. — B. Ledain, la Gâtine, p. 339. — Lalanne, Hist. de Châtelleraud, II, 224. — Inv. Arch. Boulogne, nos 958-959... Beaucaire, BB. 20. — Levot, Hist. de Brest, III, 107.

[1] Mém. sur Auxerre, III, 503 et suiv. — Lechat, Ann. Yonne, 1843, p. 143.

[2] Inv. Arch. Bourg, FF. 30.

cours d'eau et pour les plantations. Il pouvait en avoir
également avec les traites foraines, la monnaie, les juridictions inférieures ; mais elles n'avaient pas le même
éclat, parce qu'elles soulevaient rarement des questions de principes. Souvent ces contestations étaient
tranchées par les tribunaux supérieurs, plus souvent
par les intendants et le conseil du roi.

Lorsque les municipalités échappèrent à la suprématie des juges locaux, elles tombèrent sous la tutelle
des intendants. Dans les pays d'états, elles subissaient
en outre la tutelle des Etats. Celle-ci paraît avoir été
peu efficace au xviie siècle, car les villes des pays d'é-
tats étaient peut-être plus endettées que celle des pays
d'élections. En Bourgogne et en Languedoc, on instituait pourtant des commissions chargées d'examiner
leur situation financière[1] ; les syndics généraux de
Languedoc exerçaient sur leur administration un contrôle actif ; ils pouvaient intervenir dans leurs affaires
et soutenir leurs intérêts, soit devant les cours de justice, soit auprès des intendants[2].

La situation des intendants n'était pas toujours facile dans ces pays. L'un d'eux disait qu'il était plus important en Bourgogne que partout ailleurs de laisser
les villes « sous son inspection et sa vigilance », afin
de réprimer les malversations[3]. Le pouvoir central invoquait un autre motif en faveur de l'autorité des in-

---

[1] Arch. nationales, H. 140 et 1046. Voir plus loin, liv. III, ch. I.

[2] Déclaration du 7 déc. 1758, qui leur maintient ce droit. *Enc.
méthodique. Finances;* II, 682.— Vissaguet, *Ann. Soc. du Puy,* xxii,
313.

[3] Lettre du 10 avril 1767. Arch. nationales, H. 140.

tendants : « Il est très intéressant pour le gouvernement, écrivait en 1778 le directeur général des finances
à l'intendant de Rennes, qu'en Bretagne le commissaire départi [1] soit le seul protecteur et administrateur
des communautés ; ce n'est en effet que par ce moyen,
ce n'est qu'autant qu'il aura de l'autorité dans les
villes et qu'il y sera considéré qu'il pourra avoir quelque
ascendant sur les membres de l'ordre du Tiers et fa-
ciliter l'expédition des affaires dans l'assemblée des
États, en dirigeant leur avis et en les soutenant contre l'ordre de la noblesse, dont la hauteur et la trop
grande prépondérance font naître toutes les difficultés qui s'élèvent journellement dans les Etats. Si l'administration des villes, ajoute le ministre, est soumise
directement ou indirectement aux Etats, si contre le
vœu du tiers on oblige les communautés à demander
leur consentement pour obtenir des octrois et par conséquent à leur rendre compte de leur administration,
le commissaire départi achèvera bientôt de perdre tout
son crédit. » Il en avait déjà perdu ; et le ministre
constate dans la même lettre qu'à « mesure que le
conseil s'est relâché et que les Etats ont envahi l'administration du commissaire départi, les difficultés se
sont multipliées [2]. » C'était un des symptômes de cet
esprit de décentralisation, qui s'était manifesté dans les
provinces depuis 1760 et qui devait aboutir sous Louis
XVI à l'établissement des assemblées provinciales.

[1] C'était, on le sait, le terme officiel sous lequel l'intendant était
désigné.
[2] Lettre du 11 décembre 1778. Arch. nationales, H. 521.

Les intendants avaient acquis leur prépondérance sous Louis XIII et l'avaient accrue dans la première période du règne de Louis XIV. C'étaient d'abord de véritables *missi dominici*, conseillers d'État ou maîtres des requêtes, qu'on envoyait avec des commissions, d'où ils tiraient leur nom de commissaires départis, pour surveiller les finances, la justice et la police dans les provinces. Lorsque l'édit de la Paulette eût rendu les charges héréditaires, il fut nécessaire pour le pouvoir central d'avoir des agents responsables qu'il pût nommer et révoquer à son gré. Les intendants absorbèrent peu à peu la plupart des attributions des trésoriers de France, des gouverneurs, des baillis et des membres des Élections; ils s'introduisirent dans l'administration des villes, sous le prétexte de la protéger, et une fois qu'ils y furent admis, ils ne se contentèrent pas de la contrôler, ils la dirigèrent. Ils avaient derrière eux une puissance irrésistible, irresponsable, qui doublait leur force et qui la couvrait; c'était le conseil du roi, auquel ils appartenaient d'ordinaire en qualité de maîtres des requêtes et dans le sein duquel ils se retrempaient chaque année en y remplissant leurs fonctions par quartier. Le conseil du roi était le moteur par excellence de l'administration royale; composé des hommes les plus compétents, il recevait chaque jour connaissance de toutes les affaires du royaume et les renvoyait à toutes les extrémités de la France avec ses arrêts sans appels; chaque jour, les intérêts des villes étaient soumis à ses deux sections les plus occupées; le conseil des dépêches et le conseil des finances, et y recevaient une solution [1]. Les affaires y étaient présentées par des maîtres des requêtes, après avoir été instruites par un secrétaire d'Etat, qui en avait été saisi par un rapport de l'intendant, concluant d'après une enquête du subdélégué. Ses jugements étaient en conséquence éclairés et faisaient souvent honneur à la sagesse de cette institution fondamentale de l'ancienne monarchie, qui mériterait une étude particulière et attentive.

Comme le disait un intendant de Bretagne, l'intendant était le seul qui fût dépositaire de l'autorité du conseil [2]. Il en usa souvent dans l'intérêt du tiers-état et par conséquent des villes, dont il avait besoin, comme nous l'avons vu dans la lettre du directeur général des finances, pour lutter contre l'aristocratie, les Etats et les parlements, que la politique la plus constante de la monarchie s'efforça d'abaisser. Il rétablit souvent l'ordre dans les finances municipales ; il stimula et dirigea les travaux des villes ; il intervint même avec trop de zèle dans leurs élections et dans leur organisation. S'il traite avec dureté les magistrats municipaux qui hésitent à lui obéir, s'il leur écrit d'un style impérieux et quelquefois trop cavalier [3], il protège aussi leur autorité contre les empiètements des

[1] Les Archives nationales renferment 1034 registres du Conseil des dépêches de 1611 à 1791, et 1809 cartons des arrêts du Conseil des finances, sans compter d'autres liasses énumérées dans l'Inventaire. Une analyse de ces arrêts est annoncée. (*Inv. somm.*, col. 33-86.)

[2] Lettre d'août 1779. Il ajoutait : excepté pendant la durée des Etats. (Arch. nationales, H. 521.)

[3] Lettre de l'intendant de Rennes au conseil de ville de Brest. *Bull. Soc. Acad. de Brest*, 2e série, VI, 481.

autres corps. Il ne veut pas qu'on les laisse « dans le
mépris parce qu'ils seraient incapables de servir. » La
bourgeoisie appréciait souvent ses services ; il n'était
pas toujours aimé ; il fut toujours respecté. Au xviii⁰
siècle, on lui rendait des honneurs comme au premier
magistrat de la province. Fidèle à sa politique de contre-poids, il cherchait à abaisser les municipalités trop
fières comme les États trop indépendants. « Il faut,
écrit un intendant de Marseille en 1668, discréditer
l'échevinage et accréditer le commerce ; pendant leurs
deux ans d'exercice les échevins ne pensent qu'à faire
leurs petites affaires et paroistre les pères du peuple,
pour se maintenir, en s'opposant, à droit ou à tort, à
ce qu'on souhaite pour le roy[1]. » Les grandes villes
des pays d'états firent toujours le désespoir des intendants. « Les abus ne font toujours qu'augmenter,
écrivent les intendants de Languedoc en 1782 ; nous
n'avons personne à l'hôtel de ville qui nous instruise
de ce qui se passe ; on ne s'adresse à nous que pour
des choses qui sont indispensables et qui ne sont guère
dans le cas de souffrir de discussions... Il n'y a plus
aucune espèce de règle, et la volonté seule de quelques
particuliers décide de ce que l'on doit faire[2]... » L'intendant de Strasbourg ne se plaint pas moins ; le prê-
teur de la ville a empiété sur ses attributions, et l'on
en a tiré cette conséquence « que le commissaire départi ne devait être considéré à Strasbourg que comme

---

[1] Depping, *Corr. adm. sous Louis XIV*, I, Intr., p. xxxvi et p. 788.
[2] Lettre de MM. de Saint-Priest père et fils, intendants. Arch. nationales, H. 1022.

un notable habitant, vu qu'on ne lui a pas conservé de juridiction à exercer sur ses habitants [1]. »

Beaucoup de villes, pour rendre vains les ordres de l'intendant, usaient de mauvais vouloir et d'inertie; elles luttaient parfois ouvertement. Plus d'un magistrat municipal de Bourgogne ose résister pour le maintien des vieilles franchises et la défense des intérêts de la cité [2]. Les jurats de Bordeaux refusent, en 1777, de se rendre à une convocation faite par l'intendant; celui-ci, sans aucune cause, suivant eux, les insulte et les accable du poids de sa colère. L'intendant de son côté leur déclare « que tous leurs procédés sont marqués au coin de l'indécence [3]. » Mais ce n'était que dans les grandes villes et à la veille de 1789 qu'on pouvait braver ainsi ouvertement l'autorité des intendants. Ailleurs et auparavant, elle était incontestée, et pour la contre-balancer, il fallait recourir à des influences puissantes, à la médiation de l'évêque, à la protection d'un ministre, de son commis ou d'un grand seigneur. Mais on s'y soumettait d'ordinaire avec d'autant plus de facilité qu'on sentait qu'elle se proposait pour but l'intérêt public, et que si elle se préoccupait trop peu des prérogatives municipales des villes, elle cherchait en revanche à y faire régner l'ordre, la paix intérieure et la prospérité.

[1] Mémoire de M. de Saint-Blair, 1772. Arch. nationales, H. 3.
[2] Garnier, *Inv. Arch. Côte-d'Or*, Intr., p. xxii.
[3] Lettre des maire et jurats de Bordeaux à M. de Boulongne, du 2 sept. 1777. Arch. nationales, H. 93³.

LIVRE III

LES FINANCES

———

CHAPITRE I

LES COMPTES ET LES REVENUS

Administration financière des échevinages. — Reddition des comptes.
— Auditeurs des comptes. — Publicité. — Négligence de certains
officiers municipaux. — Utilité des assemblées générales pour l'approbation des comptes. — Intervention des intendants. — Contrôle
des Etats provinciaux. — Droits des Cours des Comptes. — Frais de
vérification. — Deniers patrimoniaux. — Biens communaux sans
importance dans les villes. — Droits féodaux et autres. — Impositions spéciales. — Autorisation nécessaire du roi. — Octrois. —
Mazarin et Colbert. — Avis des Etats et des intendants. — Objets
imposés par les octrois. — Fermes des octrois. — Leur affectation.
— Paiement de certains impôts. — Critiques des octrois. — Protestations contre leur établissement. — Egalité des contribuables
pour leur paiement. — Efforts de l'administration pour établir l'é-
galité. — Insuccès partiels. — Règle et exceptions.

La gestion des finances communales était une des
principales attributions des municipalités. Elle était
une application du principe d'après lequel les communautés doivent participer par leurs mandataires à
l'établissement de leurs charges et à l'emploi de leurs
revenus. Malgré les restrictions qui lui furent appor-

tées, ce principe resta toujours en vigueur dans les villes.

Sous Louis XIII, nous trouvons les échevins et les consuls s'occupant personnellement de la recette et de la dépense ou confiant l'une et l'autre à des trésoriers nommés par eux ; ils perçoivent les deniers patrimoniaux, qui proviennent des biens fonds, des droits seigneuriaux, des rentes constituées de la ville ; ils lèvent, avec le consentement des assemblées générales, les taxes spéciales ou les octrois nécessaires pour assurer les dépenses ordinaires ou extraordinaires auxquelles les deniers patrimoniaux ne peuvent subvenir. Les juges locaux sont appelés à examiner les comptes et à les arrêter, sauf dans les villes où les officiers municipaux ont le droit de les recevoir [1]. A Montbrison, au Puy, c'est le juge châtelain ou le juge mage qui préside à leur réception ; à Lyon et à Mâcon, le lieutenant général [2] ; mais plus tard, Colbert interdit au Parlement de Bourgogne de connaître des revenus et des charges des villes, et l'édit de 1692 voulut écarter de leur gestion les magistrats royaux, en donnant aux maires le droit de présider à l'examen et à la clôture des comptes communaux [3]. Ces comptes étaient soumis à l'examen de conseillers, qui, désignés par leurs collègues ou par l'assemblée générale, portaient le nom d'auditeurs des comptes ; ils

[1] Edit de Crémieu. Edit de 1560, art. 95. *Anc. lois*, XIV, 87.

[2] Cl. Henrys, I, 573. — Vissaguet, *Ann. Soc. du Puy*, XXII, 308. — *Inv. Arch. Mâcon*, CC. 102.

[3] *Corr. adm. sous Louis XIV*, I, 880. — *Anc. lois*, XX, 161.

étaient ensuite rendus et arrêtés publiquement, dans
la salle de l'échevinage, « à huis ouverts, » en présence de ceux qui voulaient y assister, et qui pouvaient y faire leurs observations et, au besoin, leurs
remontrances[1].

Régulièrement, les comptes devaient être présentés
tous les ans. Mais il y avait des administrateurs aussi
négligents que leurs administrés. En 1670, les officiers
municipaux de Pont-Audemer n'avaient point rendu
leurs comptes depuis quarante ans[2]; les échevins
d'Auxerre en firent traîner la liquidation pendant dix-
sept ans, et finirent par transiger avec les habitants
pour le chiffre du reliquat qu'ils devaient à la caisse
communale[3]. Comme les comptables ne pouvaient être
valablement libérés de leur gestion que par un acte
public, les héritiers des comptables de Tours réclamaient vivement en 1698 contre la négligence des
maires et des échevins, qui depuis vingt-cinq ans
n'avaient point fait rendre les comptes patrimoniaux[4].
Est-il vrai aussi que certains magistrats profitassent
des retards ou de l'insuffisance du contrôle pour
« faire leur main, » comme le dit La Fontaine, et que

---

[1] Chardon, *Hist. d'Auxerre*, II, 258. — *L'Ami des Hommes*, IV,
165. — Philibert Collet, *Explication des statuts de Bresse, Bugey et
Valromey*, 1698. — Rossignol, *Inst. Gaillac*, p. 154. — Arch. de Gray.
— *Inv. Arch. Albi*, CC. 403. — *Code municipal*, p. 65. — Ces comptes
se rendaient encore au xviie siècle avec des jetons de cuivre marqués
aux armes de la ville. (*Inv. Arch. Dijon*, B. 73. — De Laplane, *Hist.
de Sisteron*, II, 486.)

[2] Canel, *Tr. Soc. Eure*, 2e série, II, 383.

[3] *Mémoires sur Auxerre*, III, 491.

[4] A. de Boislisle, *Corr. des contr. généraux*, I, no 1683.

les conseillers, après avoir murmuré, se taisaient en devenant leurs complices [1] ?

Au siècle suivant, les échevinages se passèrent trop souvent du concours des assemblées générales ; les corps de ville ordonnançaient les dépenses [2] ; les comptes étaient uniquement vérifiés par les auditeurs, et les habitants étaient tenus dans l'ignorance de leurs affaires [3]. Ils réclamèrent plus d'une fois ; et l'absence de publicité fut invoquée à Troyes et à Rennes comme un grief contre la municipalité. A Rennes, sur l'intervention du Parlement, l'assemblée générale fut rétablie en 1779 pour examiner les comptes, et son premier acte fut de réclamer les registres de comptabilité depuis 1750. L'intendant était hostile à cette assemblée, dont il signalait « l'esprit hargneux et l'impéritie ; » les commissaires qu'elle nomma n'en firent pas moins un utile rapport, qui fut apprécié par le ministre et amena des réformes désirables [4].

---

[1] C'est la morale de la fable *Le chien qui porte à son cou le dîner de son maître* (liv. XIII, fable VII).

> Je crois voir en ceci l'image d'une ville,
> Où l'on met les deniers à la merci des gens.
> Echevins, prévôt des marchands,
> Tout fait sa main ; le plus habile
> Donne aux autres l'exemple ; et c'est un passe-temps
> De leur voir nettoyer un monceau de pistoles.
> Si quelque scrupuleux, par des raisons frivoles,
> Veut défendre l'argent et dit le moindre mot,
> On lui fait voir qu'il est un sot.
> Il n'a pas de peine à se rendre ;
> C'est bientôt le premier à prendre.

[2] Dél. de la ville de Gray (1759-1764). Arch. mun.

[3] Varin, *St. Reims,* III, 140.

[4] Arch. nationales, H. 521.

Dans les pays d'élections, l'intendant s'était peu à peu emparé de la surveillance et de l'approbation des comptes municipaux, exercées au xvie siècle par les généraux superintendants des deniers communs et par les contrôleurs-vérificateurs qu'on avait plusieurs fois créés et supprimés depuis 1514 [1] ; il avait amoindri les attributions des trésoriers de France et des tribunaux de l'élection ; il s'était immiscé dans les comptes des villes pour approuver leurs octrois ou réduire leurs dettes ; il finit par réglementer leurs recettes comme leurs dépenses. Des arrêts du conseil autorisaient les octrois ; des arrêts du conseil fixèrent les charges annuelles. L'intendant pouvait en outre faire vérifier les comptes par son subdélégué avant de les approuver. Il fallait même que plusieurs officiers municipaux et le receveur se rendissent auprès de lui pour les lui présenter [2]. Mais, quoique l'édit de 1764 eût précisé la manière dont les comptes devaient lui être rendus, les anciens usages prévalurent lorsque cet édit fut révoqué en 1771, et quelques-uns des comptes, soit patrimoniaux, soit même d'octrois, furent comme par le passé sanctionnés par les juges ordinaires [3].

Dans les pays d'états, des commissions spéciales exerçaient le contrôle financier. Une commission des Etats de Bourgogne s'occupait des dettes et des comptes

---

[1] Loyseau, *Des offices*, liv. V, ch. VII, 31 et 32.

[2] En 1739 et 1741. Arch. de Troyes. Un échevin, un conseiller de ville et le receveur se rendaient tous les deux ans à Châlons dans ce but. — Varin, *St. de Reims*, III, 287. — *Inv. Arch. Mâcon*, CC. 156.

[3] *Encycl. méthodiq. Finances*, III, 185. Souvent même, dans une généralité, l'usage était différent.

des villes et des villages [1]. En Languedoc, une commission instituée en 1734 se faisait remettre l'état des dépenses, des revenus, des biens inutiles ou abandonnés,
du cadastre de chaque communauté ; elle envoya dans
chacune des 2,700 communautés de la province des
commissaires subdélégués qui dressèrent six procès-
verbaux pour chacune d'elles. Ce ne furent pas les
documents qui manquèrent, mais les moyens d'exécution. A quoi pouvaient servir les règlements dans une
province qui contenait des localités où il y avait à peine
un habitant qui sût lire et écrire [2] ? Dans les villes,
l'incurie amenait les mêmes résultats. En 1778, la
commission des Etats dut réviser tous les comptes de
Montpellier depuis 1752. Il résulta de cet examen « que
la ville avait été on ne peut plus mal et irrégulière-
ment administrée, qu'on s'était constamment écarté
des règlements, qu'on avait alloué des frais de justice
sur le seul exposé du procureur et qu'on avait laissé
dans la caisse de très-grosses sommes, tandis que la
ville empruntait au lieu de s'en servir. » La commission ne se borna pas à signaler le mal ; elle déclara les
héritiers de deux trésoriers-clavaires débiteurs de plus
de 40,000 l. envers la ville [3]. La tutelle des Etats, qui
s'exerçait tardivement, n'arrivait pas toujours à des
résultats efficaces. En 1782, l'intendant de Montpellier
se plaignait encore de la « grande confusion » qui

---

[1] Lettre de 1767. Arch. nationales, H. 140.

[2] Mémoire dans lequel on expose en détail le travail de la commission. Arch. nationales, H. 1046.

[3] Arch. nationales, H. 1022.

régnait dans l'administration financière de la commune [1]. Les États de Bretagne obtinrent à la même
époque la vérification des comptes des villes; une commission composée des trois premiers commissaires du
roi et des présidents des ordres en fut chargée ; mais
on eut soin de stipuler que le droit qu'on leur accordait ne préjudicierait pas aux droits acquis par la cour
des comptes [2].

Les cours des comptes étaient depuis longtemps en
possession de vérifier les comptes communaux. Les
receveurs étaient souvent obligés de les leur soumet-
tre [3], au grand détriment des intérêts des villes. Les
frais de vérification furent toujours exorbitants ; un
édit de 1689 les fixa à 43 liv. 14 sols par 1,000 liv.
de revenus d'octrois. Les villes dont la recette était
inférieure à 3,000 l. n'étaient tenues de présenter leurs
comptes à la cour que tous les six ans ; celles qui recevaient plus de 10,000 l. devaient les faire vérifier
tous les ans [4]. A Dijon, la vérification annuelle des
comptes des octrois coûtait 3,000 l. [5]

<hr>

[1] Mémoire de M. de Saint-Priest. Arch. nationales, H. 1022.

[2] Caron, *l'Adm. des Etats de Bretagne*, p. 254.

[3] C'était une conséquence de l'ord. de saint-Louis, qui obligeait les
nouveaux maires et les anciens maires de Normandie, accompagnés de
quatre prudhommes, de venir à Paris aux octaves de la Saint-Martin,
pour rendre compte de leurs recette et dépense. (Guyot, XI, 174.)

[4] Arrêts de la Chambre des Comptes de 1732 et 1740, qui accor-
dèrent quelques réductions sur les épices, qu'on appelait les *crues*.
(Freminville, *Traité du gouvernement des biens des communautés
d'habitants*, p. 218-225.)

[5] Mémoire pour la ville de Dijon sur la comptabilité de ses octrois.
Arch. nationales, H. 1469. — A Chartres, elle coûtait 500 l. tous les

La juridiction des cours des comptes s'exerçait sans restriction sur les octrois et sur l'emploi des ressources qu'ils procuraient. Elle ne s'appliquait pas toujours aux deniers patrimoniaux dont la comptabilité était confiée dans les grandes villes à des receveurs distincts, et qui formaient la partie fondamentale, si elle n'était pas la plus importante, de leur revenu.

Les deniers patrimoniaux provenaient des propriétés immobilières et des droits seigneuriaux ou inféodés qu'elles possédaient. Ces propriétés étaient relativement moins considérables que celles des communautés rurales. Quelle importance pouvait avoir pour une localité, dont la population s'était accrue par le commerce et l'industrie, la possession de pâturages ou de forêts dont les produits auraient été profitables à quelques centaines d'habitants seulement? Aussi, si quelques villes comme Mâcon, Gray et Pont-de-Veyle ont de vastes prairies [1], la plupart n'avaient d'autres propriétés que les fossés des remparts, les tours des fortifications, les places publiques et les promenades. Elles louaient la récolte de l'herbe des remparts, la pêche des fossés [2] ; elles vendaient les vieux arbres des promenades ; propriétaires des places et des halles,

cinq ans. (De Lépinois, II, 439.) — Quelques cahiers de 1789 s'élèvent contre ces droits. Voir Mâcon et Saumur. (*Arch. parlementaires*, III, 635, V, 725.) — Les receveurs, qui ne produisaient pas leurs pièces de comptabilité dans le délai légal, étaient condamnés par les cours à de fortes amendes. En 1720, le receveur de Loudun est condamné à payer 1750 l.; 4150 en 1721. (*Inv. Arch. Loudun*, CC. 8 et 9.)

[1] Philibert Collet, II, 142. — Nîmes avait quelques friches hors la ville. (Ménard, VI, 48.)

[2] *Inv. Arch. Dijon*, B. 293.

elles percevaient des redevances sur les étaux des bouchers et des poissonniers, sur les échoppes ou les ba-
raques qu'elles permettaient d'élever [1] ; elles pouvaient
avoir aussi quelques maisons, des jardins, un hermi-
tage [2], et par exception quelque argent dont elles
touchaient la rente. Un certain nombre d'entre elles
jouissaient de droits féodaux. On en faisait le dénombrement et le terrier, comme pour les autres seigneurs ;
on donnait des honoraires à un feudiste pour leur
maintien et leur défense [3]. Ces droits consistaient surtout en censives qui rapportaient peu, en lods et ventes
qu'on affermait parfois, comme à Grenoble où l'adjudicataire, qui payait 6,000 l. par an pour cette ferme,
avait trouvé moyen d'en tirer plus de 15,000 liv. [4].
L'administration supérieure, il est vrai, contestait la
propriété de quelques-uns des biens patrimoniaux ;
elle s'en emparait même, comme il arriva à Bordeaux
où les jurats revendiquèrent avec fermeté les places,
les quais, les remparts de la ville et d'autres propriétés
seigneuriales qu'un arrêt avait attribués à l'Etat [5].

On comptait aussi parmi les revenus patrimoniaux,
certaines impositions établies de longue date et que le

[1] Le Bret, *Hist. de Montauban*, I, 225. — Ménard, VI, 48. — Etat
des revenus de Bordeaux pour 1777. Arch. nationales, H. 93³. —
Durieux, *Charges et revenus de Cambrai, Mém. de la Soc. d'ém.*,
XXXIII, 309.

[2] Thiéry, *Hist. de Toul*, II, 210.

[3] Le *féodiste* de Bordeaux recevait 2800 liv. en 1777. (Arch. nationales, H. 93³.)

[4] *Inv. Arch. Albi*, DD. 26. — *Inv. Arch. Verdun-sur-Garonne*,
AA. 11. — *Corr. des contr. généraux*, I, n° 88.

[5] *Au Roi*. Arch. nationales, H. 93³.

temps avait consacrées; tels que le droit de souquet à Montauban sur le bouchon des cabaretiers, à Niort le droit de coutume sur les marchandises qui arrivaient par eau, à Nîmes le treizième du prix de la dernière maison vendue dans l'année [1].

Tous ces revenus étaient peu élevés et ne pouvaient suffire à couvrir les dépenses communes. Qu'était pour Lyon le produit de sa grande boucherie en 1626, qui rapportait 1,447 l. et 97 langues de bœuf que sans nul doute les gens du corps de ville se partageaient entre eux [2]? Marseille qui dépense 1,588,916 liv. en 1780 a environ 50,000 liv. de revenus patrimoniaux; Nantes en 1778 reçoit à peine 14,000 liv. du produit de ses fonds et de ses droits patrimoniaux affermés [3]. Paris, en 1776, touche 318 liv. de censives et 24,659 de lods et ventes, et son état de recettes pour deux ans est de plus de dix millions [4]. D'autres villes, comme Granville et Valognes, n'avaient aucuns revenus patrimoniaux [5]. Aussi pour subvenir à leurs dépenses, qui allèrent toujours en s'accroissant, les villes étaient-elles obligées de solliciter des impositions spéciales et particulièrement celles qui furent désignées sous le nom d'octrois.

---

[1] Le Bret, I, 225. — *Thrésor des titres de Nyort*, 1675, p. 288. — Ménard, VI, 633, et Arch. nationales, H. 1001. — A Toulon, la taxe communale sur le vin et les professions portait le nom de *rêves*. (O. Teissier, p. 136.)

[2] *Inv. Arch. Lyon*, BB. 170.

[3] Leber, p. 616, 620.

[4] Drumond, *Mon vieux Paris*, p. 333.

[5] *Inv. Arch. Calvados*, C. 1199 et 1260.

Longtemps elles avaient eu recours à des taxes locales, déterminées d'une manière arbitraire et levées comme la taille sur les habitants. A Arras, chaque bourgeois apportait aux échevins l'état de ses moyens, de ses facultés et de ses dettes, et était imposé en conséquence; mais le procédé avait paru odieux, et fut remplacé par un impôt sur les vins et les bières[1]. Dans les circonstances urgentes, les bourgeois continuèrent à s'imposer eux-mêmes et à répartir entre eux l'imposition qu'ils avaient votée. Ils purent aussi établir des droits sur la vente du vin en détail[2]. Dans les villes ouvertes, comme Roubaix, on permettait au xviiie siècle de lever une taille dite des mauvais dépens pour payer les dépenses indispensables de la communauté[3]. Mais presque partout, ces sortes d'impositions directes, qui auraient pu faire tort aux impôts royaux, avaient cessé; le droit que possédaient les villes de s'imposer elles-mêmes avait été réglementé; il avait donné lieu à des abus comme ceux que l'on signalait en Bourgogne, où les échevins avaient pris la liberté d'imposer à discrétion ce qu'ils voulaient, « à la foule du menu-peuple[4]. » Pour réprimer ces abus, pour empêcher que les charges imposées ne fussent hors de rapport avec les ressources des habitants, pour sauvegarder les intérêts de l'Etat, aucune imposition communale ne put être levée

[1] C. de Wignacourt, p. 67. — *Inv. Arch. Mâcon*, CC. 21.

[2] 1627. Varin, *St. Reims*, II, 500. — B. Ledain, *la Gâtine*, p. 325.

[3] Marissal, *Recherches pour servir à l'Hist. de Roubaix*, p. 251. — *Encycl. méthodique. Finances*, III, 185.

[4] Depping, *Corr. adm. sous Louis XIV*, I, 667.

sans l'autorisation du roi ou de son conseil ; il fut interdit aux officiers municipaux d'en établir aucune sous peine de la vie[1], et pour que les populations pussent en apprécier le prix, elles furent obligées de solliciter comme une faveur les impositions qui leur étaient indispensables, et qui leur furent accordées sous le nom d'octrois.

Le consentement des habitants fut toujours regardé comme nécessaire pour l'établissement des octrois. Colbert le disait formellement : Les nouveaux octrois, écrit-il en 1680, doivent être faits du consentement universel de tous les habitans..., il ne se praticque guères de les charger, soit pour des œuvres de charité, soit pour les embellissements de leur ville, sans un consentement unanime[2]. Ce consentement les entraîna primitivement plus loin qu'ils ne l'avaient prévu. L'Etat trouva les octrois d'une perception commode et les doubla à son profit ; il les aggrava même de droits additionnels. En 1647, Mazarin en attribua la totalité à l'Etat. Ce fut un désastre pour les villes. Privées de leur part de cette contribution, elles furent obligées de s'imposer, d'emprunter, d'aliéner leurs biens, et leur situation financière devint telle que Colbert dut leur rendre en 1663 la moitié du produit des octrois. A partir de 1681, on leur donna souvent la totalité de ceux qui furent créés[3]. Ce fut grâce à leur produit qu'elles purent

---

[1] Arrêt du Conseil du 22 juin 1665 et autres. Freminville, *Traité des communautés d'habitants*, p. 738.

[2] Depping, *Corr. adm. sous Louis XIV*, I, 878.

[3] Forbonnais, *Considérations sur les finances de la France*, I, 311. — *Enc. méth. Finances*, III, 240-241.

désormais subvenir à leurs propres dépenses comme aux dépenses que l'État mit à leur charge.

Si le consentement des habitants, ou du moins des conseils et des magistrats municipaux, était nécessaire pour l'établissement des octrois, cet établissement était accompagné d'autres garanties. En Languedoc, l'autorisation préalable des Etats était regardée par le ministre « comme un devoir rigoureux et qui dérive du principe fondamental de la constitution politique de la province[1]. » En Bretagne, les villes qui demandaient des octrois furent longtemps tenues de faire vérifier leurs dettes par les trésoriers des finances, en présence des députés des Etats[2]. L'intendant, dont l'intervention était prépondérante, même dans les pays d'états, recueillait dans les pays d'élections tous les documents nécessaires pour faire connaître la situation des villes, et les transmettait avec un avis motivé au conseil du roi, qui fixait par un arrêt le chiffre des droits d'entrée, les objets sur lesquels ils devaient être perçus et les dépenses qu'ils étaient destinés à acquitter.

L'octroi était établi d'ordinaire sur les vins, les cidres, les eaux-de-vie et sur certaines denrées qui entraient dans les villes, comme les viandes, les fromages, les légumes et les œufs. Dans les pays vignobles de Bourgogne, les vins étaient exemptés[3]. A Gray, la taxe

---

[1] Lettre de 1782. Arch. nationales, H. 1014.

[2] Arrêt du Conseil du 30 mars 1613. Décl. du 24 juillet 1781. — Caron, *Adm. des Etats de Bretagne*, p. 257.

[3] Les villes de Bourgogne soumises à l'octroi des vins en 1773 étaient Semur, Bourg, Belley, Seurre, Avallon, Is-sur-Thil, Flavigny,

sur les vins est proportionnelle ; le vin du cru paie
13 liv. 4 s. par queue ; le vin de la province 3 l. ; le
vin étranger, 6 l.[1]. Ailleurs, on imposait, suivant les
industries ou les productions locales, le bois, le foin,
les grains et même les cuirs, les fers, la chaux et le
chanvre[2]. Lorsque la taxe portait sur les roues des
voitures chargées, elle s'appelait le droit de rouage.

Les octrois étaient tantôt perçus directement par
les agents de la municipalité, tantôt affermés à des
traitants, selon l'usage qui prévalait pour les impositions indirectes[3]. Dans ce cas, la ville était déchargée
des difficultés de la perception ; mais elle ne réglait
pas toujours facilement ses comptes avec les fermiers,
comme il arriva à la ville de Montpellier qui, après
avoir plaidé pendant vingt-six ans contre les adjudica-
taires de ses octrois, finit par être condamnée à leur
rembourser 142,264 l.[4].

La plupart de ces taxes avait une affectation déterminée par l'arrêt du conseil qui en avait autorisé la

Montcenis, Châtillon, Cuiseaux, Cuisery, Louhans, Paray, Toulon,
Marigny, Montluel, Nantua et Saint-Rambert. (Arch. nationales, H.
140.)

[1] Arch. mun. de Gray.

[2] A Toulouse, il existe un droit sur les farines. (Arch. nationales, H.
1014.) — Voir le tarif des octrois des généralités de Caen, Bretagne,
Rouen, Châlons, Bourges. *Code municipal*, 1761. — Voir aussi Arch.
nationales, H. 1030.

[3] On peut suivre la progression de la prospérité des villes avec les
chiffres des adjudications des octrois. Ainsi Rochefort, qui les afferme
12,900 liv. en 1697, les afferme 17,300 en 1721, 19,100 en 1732,
23,200 liv. en 1751, 28,800 en 1754. (*Inv. Arch. Rochefort,* nos 70-85.)

[4] Arrêt du parlement de 1782. Arch. nationales, H. 1022.

perception. C'était tantôt pour remédier à l'insuffisance des ressources destinées à subvenir aux dépenses ordinaires et par conséquent anciennes, tantôt pour en acquitter de nouvelles. La construction d'hôpitaux généraux, l'embellissement et l'assainissement des villes en furent souvent le motif sous le règne de Louis XIV, non moins que la nécessité de rembourser les dettes et de payer les impositions extraordinaires, telles que les dons gratuits, les rachats d'offices, la construction de casernes et de prisons, les logements des intendants et des commandants militaires [1].

Quelquefois la cause qui en avait provoqué la création avait disparu, et il restait un reliquat dans la caisse municipale. « Le droit commun et général du royaume, disait à ce sujet le parlement de Toulouse, veut que tous les revenus des patrimoniaux, des octrois et subventions des communautés soient mis en moins imposé, lorsqu'ils n'ont pas une destination spéciale, et tous les jours les cours des aides et les bureaux même d'élection l'ordonnent, lorsque les communautés négligent de remplir ce devoir [2]. » C'est pour cette raison que la ville de Toulouse, qui percevait 200,000 liv. de ses octrois et dont les revenus montaient en 1777 à 403,500 liv., payait en moins la somme de 111,000 fr. sur les tailles, la capitation et les vingtièmes de ses habitants [3].

[1] Mémoire pour la ville de Dijon. Arch. nationales, H. 1469.
[2] Remontrances de 1777. Arch. nationales, H. 1014.
[3] Etat des revenus et dépenses de Toulouse en 1777. Arch. nationales, H. 1014.

Cette attribution aurait allégé la situation des habitants des villes, lorsque celles-ci n'avaient point des
dettes considérables comme celles de Toulouse, qui
s'élevaient en 1779 à plus de 3 millions[1]. Aussi mur-
murait-on parfois contre l'emploi de l'octroi, et de-
mandait-on, comme le tiers-état d'Orléans en 1789,
que ces droits fussent vérifiés et « réduits à la proportion du besoin[2]. » Ils soulevaient aussi d'assez vives
critiques, à une époque où les institutions anciennes
étaient déjà discutées. « Les octrois sont toujours
onéreux pour le peuple, disaient les Etats de Bretagne ;
ils accroissent le prix des denrées ; ils préjudicient au
commerce ; ils en arrêtent la circulation et nuisent
considérablement aux fermes de la province. » L'intendant répondait que c'était une imposition volontaire,
municipale et civile, qui n'était jamais établie que sur
la demande des habitants[3]. Ce n'est pas qu'ils fussent
toujours unanimes à y consentir ; les cabaretiers de
Luzy un jour se mutinèrent parce qu'on avait établi
un octroi sur les vins ; ils mirent bas leurs enseignes,
et les voyageurs étant sans asile, l'intendant fut obligé
d'intervenir pour faire rouvrir les cabarets. Les vignerons de Bar-sur-Aube repoussent aussi l'octroi des
vins, et comme ils sont en majorité, établissent une
entrée sur les blés. Des archers envoyés pour les faire
obéir sont maltraités et chassés par eux. A Sedan, les

---

[1] Arch. nationales, H. 1001.

[2] *Arch. parlementaires*, VI, 649. D'autres cahiers en demandèrent
même la suppression. (*Ibid.*, VII, 586-587.)

[3] 1776. Arch. nationales, H. 521.

bouchers, ne voulant pas payer des droits sur la viande, ferment leurs boutiques et ne les rouvrent que lorsque l'assemblée des habitants eut permis aux bouchers des environs de s'établir et de vendre dans la ville[1]. Ces protestations, dictées par l'intérêt d'une corporation, ne pouvaient prévaloir contre un impôt qui était nécessaire et qui paraissait moins onéreux aux populations que les tailles et les autres contributions directes.

Il paraissait d'autant moins onéreux qu'en général il portait sur tous les habitants et qu'en principe il n'admettait pas de privilèges. « Les octrois adjugés pour payer les dettes des villes, écrivait en 1666 l'intendant de Bourgogne, devaient porter sur les ecclésiastiques, nobles et privilégiés; sinon ils ne rapporteraient rien... L'égalité que j'ai obtenue et la fermeté avec laquelle j'ai tenu la main que personne ne s'exemptât, a fait que les droits se sont establis avec douceur... Le clergé d'Autun seul a réclamé[2]. » A Toulouse, on remplaça la taille d'industrie, qui portait sur les artisans et sur les négociants, par un droit sur les farines, payé aux portes de la ville et aux moulins par tous les habitants privilégiés ou non[3]. Le conseil du roi avait

---

[1] A. de Boislisle, *Corr. des contr. gén.*, I, nᵒˢ 1694, 74 et 1593.

[2] Depping, *Corr. administr.*, 1666, I, p. 679-680.

[3] Remontrances du Parlement de Toulouse. Arch. nationales, H. 1014. — C'était une ancienne tendance municipale d'exonérer les artisans, comme à Angers où une imposition de 66,000 fr. fut perçue en 1636 d'après le montant des loyers, qui furent évalués à la moitié de leur valeur réelle pour les seuls artisans. (*Inv. Arch. Angers*, BB. 90.)

même émis ce principe que les nouveaux octrois devaient se mettre seulement sur les denrées qui se consomment plus par les riches que par les pauvres, comme la viande et la farine blanche. C'est pour la même raison que l'intendant d'Auvergne demandait la suppression d'un octroi établi à Clermont pour remplacer la capitation et qui avait l'inconvénient d'exonérer les riches au détriment du peuple. Il était d'avis d'admettre les réclamations que l'assemblée de ville avait faites à ce sujet, et il ajoutait : « Je ne peux m'empescher d'être de l'avis de la liberté publique quand les intérests du roy ne souffrent aucun préjudice. »

L'inégalité signalée à Clermont était plus patente ailleurs, où les privilégiés se faisaient complètement décharger. Les intendants leur donnaient souvent tort, et l'un d'eux écrivait : « L'exemption est un abus qu'il faut faire cesser [1]. » S'il cessait sur un point, il renaissait sur d'autres. Les arrêts du conseil le combattaient en vain ; malgré leurs prescriptions, malgré l'avis unanime de l'assemblée de ville, le gouverneur d'Angers en 1648 exempte le clergé. A Gray, les carmes veulent être dispensés des droits, parce que les jésuites le sont par leur traité ; la ville résiste et plaide contre eux [2]. Le clergé finit souvent par conserver ses immunités ; les officiers de l'armée et même les commis des aides les obtinrent [3]. A Rennes en 1782, on compte

---

[1] *Corr. des contr. généraux*, I, nos 988, 1194 et 1107.

[2] Debidour, p. 61. — 1684. Arch. de Gray.

[3] *Inv. Arch. Bayonne*, CC. 291. — Guyot, IV, 88. — Arrêt de 1711. B. de Granmaison, *Dict. des Aydes*, p. 192.

parmi les exempts l'évêque, le premier président, le
procureur général, le gouverneur, trois couvents, la
maréchaussée, l'hôpital militaire, le président des Etats,
le sénéchal, ainsi que le maître de la poste aux chevaux, les courriers de la malle, les messageries et les
envois du gouvernement pour le compte du roi [1].

Ce fut l'effort constant de la monarchie depuis
Louis XIV d'établir l'égalité dans l'impôt. Si elle n'y
parvint pas entièrement pour la taille, elle y réussit
lorsqu'elle établit la capitation, les dixièmes et les
vingtièmes. La capitation était même un impôt pro-
gressif, où la taxe augmentait suivant le rang et la
qualité des personnes. Les vingtièmes frappaient tous
les biens nobles ou roturiers ; et si le clergé s'en racheta, ce fut au moyen d'une redevance compensa-
trice. La même tendance égalitaire se retrouve dans
les nombreux arrêts du conseil qui concernent les
charges communales [2] et établirent les octrois, ainsi
que dans l'édit d'août 1758 qui prescrivit les dons
gratuits [3]. La plupart des arrêts qui furent rendus de
1747 à 1754 pour le rachat des offices municipaux
portent que les droits d'octroi seront « payés par toutes
sortes de personnes, de quelque état et condition
qu'elles soient, même par les ecclésiastiques, communautés séculières et régulières, nobles, gentilshommes
et autres privilégiés, exempts et non exempts... no-

---

[1] Arch. nationales, H. 523.
[2] Freminville cite dix de ces arrêts de 1665 à 1736 qui assujettis-
sent tous les habitants à ces charges. (*Traité du gouv. des biens*,
p. 738-739.)
[3] *Encyc. méth. Finances*, I, 626.

nobstant tous privilèges, édits, déclarations, arrêts et
lettres à ce contraires[1]... » La mention de ces privilèges indiquait bien qu'il en existait un trop grand
nombre, quoique la participation de tous les habitants,
sans distinction de rang ni de qualité aux charges
communes, fût souvent appliquée et encore plus souvent proclamée. Ce fut un des caractères de l'ancien
régime de ne pouvoir établir de règle sans exception.

[1] Le *Code municipal* de 1671 a publié tous ces arrêts pour les différentes généralités. Voir pour le passage que nous citons, *Code mun.*,
p. 319, 331, 354, 374, 391, 413, 418, 431, 445, 457, 463, 485, 502. Cette
formule ne se trouve pas dans les arrêts qui concernent les généralités d'Auch, de Bretagne, du Languedoc, de Metz, de Montauban, du
Roussillon, de Tours, qui pour la plupart remboursèrent leurs offices
au moyen d'autres impositions que les octrois.

CHAPITRE II

LES DÉPENSES

Dépenses fixées par des arrêts du Conseil. — Consentement des habitants. — Dépenses ordinaires. — Indemnités des corps de ville. — Voyages, députations, visites. — Procès. — Honoraires et gratifications. — Présents de ville. — Présents de comestibles. — Vins d'honneur. — Présents d'argenterie. — Dons aux filleuls des villes. — Logements et mobilier des gouverneurs et des majors. — Hôtels des intendants. — L'intendant de Ballainvilliers. — Honoraires des intendants. — Gratifications aux commis des ministères et des intendances. — Prélèvements sur les recettes des villes. — Dettes. — Modes de contracter des emprunts. — Tentative de souscription publique. — Importance et accroissement des dettes des grandes villes. — Augmentation continue des dépenses et des impôts.

Le conseil du roi, qui intervenait dans les recettes des villes en réglant leurs octrois, fixait aussi leurs dépenses par des arrêts. Un édit de 1683 prescrivit aux villes et aux gros bourgs fermés d'envoyer aux intendants l'état exact de leurs recettes et de leurs dépenses. Si celles-ci dépassaient une certaine limite [1], elles devaient être ratifiées par le conseil, qui les réglait pour une période indéterminée. Si de nouveaux besoins se produisaient, si les allocations devenaient insuffisantes, il fallait solliciter du conseil un nouvel arrêt. C'est ainsi que Mâcon, dont les dépenses avaient été limitées à 6,031 l. en 1686, les fit porter à 9,290 liv. en 1751 [2]. Des augmentations analogues furent partout nécessaires dans le cours du xviii° siècle, où la valeur de l'argent diminua d'une manière persistante, tandis que les améliorations matérielles poursuivies de toutes parts nécessitaient de nouvelles dépenses.

En principe, les dépenses étaient consenties par les habitants dans les assemblées générales ; mais lorsque celles-ci furent restreintes, on se passa souvent de leur approbation, que les arrêts du conseil rendaient inutile. Cependant, dans certaines localités, l'assemblée générale n'avait pas abdiqué tous ses droits. A Bordeaux, les jurats devaient présenter chaque année à l'assemblée des Cent-Trente l'état des dépenses faites ou engagées par eux. En 1763, les habitants de Château-Thierry firent un procès à leurs échevins qui avaient dépensé 16,300 liv., lorsqu'il leur avait été interdit à l'époque de leur élection de faire aucune dépense supérieure à 50 liv., de quelque nature qu'elle fût, sans l'autorisation de l'assem-

[1] 4000 liv. pour les villes du Parlement, 2000 liv. pour les villes de présidial, 1000 liv. pour les villes moindres, 300 liv. pour les bourgs fermés. Edit. d'avril 1683. *Anc. lois*, XIX, 421.

[2] *Inv. Arch. Mâcon*, CC. 143 et 149. — Voir aussi Jolibois, *Inv. Arch. Albi*, Intr., p. 29.

blée[1]. Le consentement des habitants, exprimé directement ou par des mandataires, restait toujours exigé lorsqu'il s'agissait de dépenses extraordinaires pour lesquelles il fallait se procurer des ressources spéciales. Il était considéré comme acquis pour les dépenses ordinaires, qui pouvaient être regardées comme obligatoires.

Parmi les dépenses obligatoires, les indemnités des officiers municipaux et les gages de leurs agents figuraient en première ligne. A Bordeaux, ils s'élevaient en 1769 à 30,300 liv.; à Montpellier en 1779, ils atteignaient 10,137 liv. ; à Marseille, 18,433 liv. ; à Paris, plus de 250,000 liv.[2]. Cette dépense était bien moindre dans les petites villes, mais elle formait partout une partie essentielle de leurs charges. A Agde, elle ne dépasse pas 1,345 liv. ; au Vigan, 275 liv. ; ailleurs, 100 liv[3]. Mais à ces dépenses pour ainsi dire régulières, s'ajoutaient souvent des frais accessoires, tels que les frais de voyage et de députation.

Les administrateurs des villes voyageaient alors beaucoup plus qu'aujourd'hui ; ils étaient appelés fréquemment dans les capitales des provinces[4] ou à Pa-

---

[1] Lettres patentes de 1767. *Liv. des Privilèges*, p. 627. — Poquet, *Hist. de Château-Thierry*, II, 195.— A Caen, les officiers municipaux ne peuvent disposer de plus de 200 liv. sans autorisation. (*Inv. Arch. Calvados*, C. 1089.) — A Sisteron, le maximum est de 18 liv. (Règlement de 1770. E. de Laplane, *Hist. mun.*, p. 68.)

[2] Arch. nationales, H. 93³, 1022.— Leber, p. 617.—Drumond, p. 339.

[3] Dépenses des communautés du diocèse d'Agde. Arch. nationales, H. 1030.

[4] *Inv. Arch. Bourg*, BB. 76. — R. Guinodie, *Hist. de Libourne*, II, 143.

-ris, pour faire recevoir leurs comptes, pour solliciter leurs juges, en cas de procès, l'intendant ou les ministres, en cas de difficultés. Quelques-uns profitaient des missions que les habitants leur donnaient, pour séjourner à Paris aux frais de leurs concitoyens. De nombreux arrêts du conseil interdirent ces députations sans pouvoir les supprimer [1]. On les soumit à l'autorisation préalable de l'intendant [2] ; on décida qu'elles ne seraient plus confiées aux officiers municipaux [3], à moins qu'ils ne s'en chargeassent gratuitement. On tarifa l'indemnité qu'on leur donnerait par journée de voyage [4]. En Provence, ces déplacements se faisaient avec un certain apparat ; en 1652, on défendit aux consuls de Marseille d'emmener avec eux plus de quatre personnes de condition, à moins de payer la dépense d'un plus grand nombre. Sous Louis XVI, on se plaignait de ce qu'ils allaient en poste à Aix en carrosse à quatre chevaux et de ce qu'ils dépensaient plus de 5,700 liv. pour leurs frais de voyage [5].

Les occasions de déplacement étaient augmentées par les visites que l'on rendait aux personnages importants qui passaient ou qui arrivaient dans les environs. Si un ministre, si un duc et pair vient habiter son château non loin de la ville, vite l'échevinage lui en-

---

[1] Varin, *Stat. Reims*, III, 140-144.

[2] Brillon, II, 271. — En 1779, l'intendant de Bretagne déclare qu'il n'a pas à s'opposer à l'envoi du maire de Nantes à Paris. (Arch. nationales, H. 521.)

[3] Chardon, II, 276, 310.— Edit de 1764, art. 30. *Anc. lois*, XXII, 413.

[4] E. de Laplane, *Hist. munic. de Sisteron*, p. 68.

[5] De Ruffi, II, 272. — Arch. nationales, H. 1314.

voie une députation. On en envoie même à la belle-
mère d'un gouverneur qui vient voir sa fille. En 1672,
le conseil communal de Draguignan, ayant appris
l'arrivée de madame de Sévigné à Grignan, charge
les consuls et un des notables de lui porter les hom-
mages de la ville, « en la suppliant de recommander les intérêts d'icelle à mondit seigneur de Grignan[1]. »

D'ordinaire, les voyages avaient pour but de suivre
les procès que les villes n'avaient que trop souvent,
et d'obtenir des allégements aux taxes exceptionnelles
dont elles étaient frappées. Pour arriver à ses fins,
il fallait de l'argent. « Je sollicite, écrit en 1761 le
député de la ville de Boulogne, je promets, je fais
faire des propositions pour avoir des protections...
Vingt ou vingt-cinq louis valent une bonne recom-
mandation et l'appuient davantage. » Armentières
donne 460 florins à des personnes de distinction,
pour les « captiver à favoriser les expéditions des
affaires concernant ladite ville[2]. » A Bar-sur-Aube,
on envoie en 1777 des députés à Paris pour protester contre le don gratuit ; tandis que les uns disent
que la députation n'est qu'un prétexte pour ces députés, qui vont faire leurs affaires personnelles aux
dépens de la ville, les autres y attachent la plus grande
importance, et le subdélégué est d'avis de l'approu-

---

[1] P. Clément, la Police sous Louis XIV, p. XI.
[2] Inv. Arch. Boulogne, n° 988... Armentières, CC. 84. — Loudun
envoie une « flotte de chapons » pour les faire distribuer à l'occasion
d'un procès. « Cela fera bon effet, écrit son procureur, mais il les
faut bons. » (Inv. Arch. Loudun, FF. 1.)

ver. Il croit cependant qu'on pourrait s'adresser avec
avantage à un avocat, qui réside à Paris pour les affaires des différentes villes de la province[1]. Les villes
avaient en effet à Paris des hommes d'affaires qui se
chargeaient de soutenir leurs intérêts auprès des ministres et des cours de justice. Bordeaux donnait 2,000
liv. d'appointements et 2,000 liv. de gratifications en
1777 à un agent de ce genre[2]. Troyes lui en alloue
1,200 en 1769[3]. Si les gratifications étaient omises,
on savait bien les réclamer. Un procureur de la ville
de Boulogne à la chambre des comptes voulait en faire
revivre l'usage à son profit : « Les présents de ville,
écrivait-il, honorent toujours ceux à qui ils sont faits;
je dois savoir cela mieux qu'un autre, car je suis le
procureur de la ville de Lyon et de plusieurs autres.
Je reçois de la ville de Lyon, à chaque compte que je
lui rends, de l'huile, des olives, du jambon; à Reims,
c'est du vin de Champagne[4]...»

Les présents en nature et en argent étaient alors
passés dans les mœurs, et regardés comme un supplément normal aux revenus des fonctionnaires et aux
honoraires des hommes de loi. Les seigneurs féodaux
étaient accoutumés à recevoir des présents de leurs
inférieurs, et rien ne paraissait plus naturel à un grand
personnage et même à un commis que de les accep-

[1] Arch. de l'Aube, C. 361.
[2] Arch. nationales, H. 93³. — En 1691, il est donné 200 liv. pour
le « solliciteur des affaires de ladite ville à Paris. » (*Liv. des Privilèges,* p. 443.)
[3] Arch. de Troyes, A. 52.
[4] 1755. *Inv. Arch. Boulogne,* n° 78.

ter. Il n'y avait dans ces actes ni corruption, ni concussion ; c'était un usage consacré, et quoique l'administration ait cherché à en réformer les abus, un de ses membres trouvait « pour le moins indécent » qu'on voulût y renoncer[1]. C'était une des charges les plus onéreuses de certaines villes. Elle était encore supportable lorsqu'elle se faisait en nature. Bayonne pouvait offrir sans s'obérer quatre canaris au maréchal d'Ornano, douze coqs d'Inde à M. de Grammont, ou six paires de bas de soie à la sœur du gouverneur. On dresserait une carte des productions de la France avec les présents des différentes villes. Bayonne envoie ses jambons ; Albi des fromages de Roquefort ; Grasse des fromages de Flour et des flacons de naffé ; Mâcon distribue une quantité énorme de pots de confitures au gouverneur, à l'intendant, à leurs secrétaires, au greffier des Etats et à d'autres encore, sans compter les pots de pommade aux grandes dames ; Boulogne expédie des pâtés de bécasses à l'intendant et des caques de harengs au garde des sceaux, au duc de Villequier, au cardinal de Fleury ; Roubaix donne 86 livres de beurre au gouverneur de Lille et 30 couples de dindons ; Saint-Maixent offre sa moutarde et ses poires ; Châtillon-sur-Seine des pâtés de truites ; Libourne des saumons et des ortolans ; Angers 28 douzaines de melons aux ministres d'Etat ; Vernon des poires de bon-chrétien au gouverneur ; Charmes douze grands poulets à « une protectrice de la ville près de

[1] Lettre de M. Nogaret à M. Ménard de Coinchant, 1771. Arch. nationales, H. 1315.

l'intendant » et des poissons au maréchal de Bassom-
pierre ; Armentières des carpes et des brochets au
gouverneur de Lille pour implorer sa protection. Bourg
ne se lasse pas d'envoyer des chapons par douzaines [1].
Si ces présents sont parfois bien reçus, comme l'at-
teste une lettre d'un échevin où l'on peut lire : « Je
ne mérite point les remerciements que vous me faites
pour le plaisir que je me suis procuré en vous en-
voyant du beurre [2] », parfois ils n'étaient pas regardés comme suffisants, et le duc de Bourbon ne se fit
pas faute, en 1682, de renvoyer à la ville de Mâcon
quinze carpes qui n'étaient pas de grosseur raisonna-
ble. L'intendant d'Angers se plaignit aussi de la qualité des bougies que chaque année lui offrait la ville ;
il les refusa en 1775 ; mais la ville s'irrita, et décida
qu'à l'avenir on ne lui en présenterait plus [3].

Si quelques-uns de ces dons, qui avaient le caractère de redevances, furent supprimés au dix-huitième
siècle, le chapitre des présents continua toujours à figurer dans le budget des villes. En 1777, Bordeaux
envoie 172 jambons et 28 barils de cuisses d'oie, qui
coûtaient 5,210 l. 2 s., au chancelier, au ministre de

---

[1] *Inv. Arch. Bayonne*, CC. 167, 358, 361...: *Albi*, CC. 332...: *Grasse*,
BB. 8... *Mâcon*, CC. 48, 127, 87... *Boulogne*, nos 191, 560, 1013,
1017... *Roubaix*, CC. 254... *S. Maixent*, CC. 3 et 11... *Côte-d'Or*,
C. 1012... *Angers*, BB. 74, 85, 87... *Seine-Inférieure*, C. 1083...
Charmes, CC. 21... *Armentières*, CC. 68... *Bourg*, CC. 116, 122, 144.
— Voir aussi pour les présents en nature, *Corr. des Contrôleurs gé-
néraux*, I, n° 1537 ; R. Guinodie, II, 144.

[2] 1777. Arch. nationales, H. 520.

[3] *Inv. Arch. Mâcon*, CC. 143... *Angers*, BB. 121, 127.

la province, au contrôleur général, au maire de la ville, au marquis de Marigny, à plusieurs commis, à l'architecte Soufflot et à l'agent de la ville; les jambons et les cuisses d'oie sont sans doute destinés à faire trouver meilleur le vin qu'on leur adresse. 84 caisses de vins de Bordeaux leur sont expédiées. Ces vins, avec les 1,400 bouteilles qu'on donne au gouverneur, à l'intendant et aux officiers municipaux, coûtent à la ville 10,772 liv.[1]. Dans les pays où l'on cultive la vigne, on envoie du vin à profusion. Auxerre, qui ne peut allouer à son maire des deniers pour aller à Paris, y fait distribuer 60 feuillettes de vin par ordre du gouverneur[2]. Dijon en donne au jour de l'an à l'intendant. Epernay expédie des caques de vin[3]. C'est le vin qui est le plus souvent offert en présent par les municipalités; de là les vins d'honneur et l'expression de pots de vin appliquée plus tard à des actes de corruption.

Il était d'un usage constant que toutes les fois qu'un prince ou qu'un grand seigneur entrait dans une ville, les officiers municipaux lui faisaient porter dans des brocs, des bouteilles ou dans des flacons d'étain, qu'on appelait en Bourgogne des cimaises, les vins les meilleurs qu'on avait pu trouver. Ces vins étaient d'ordinaire le bénéfice des gens de la suite, qui se montraient plus difficiles sur leur qualité que leur maître. En 1696, la ville de Gray, dans la prévision d'un

[1] Arch. nationales, H. 93³.
[2] Chardon, II, 149.
[3] *Inv. Arch. Dijon,* B. 289. — Nicaise, p. 203.

voyage de l'intendant, fit acheter une pièce de vin que l'on mit dans des bouteilles déposées avec soin dans du sable frais. Mais le vin s'aigrit, et les gens de M. l'intendant, l'ayant dégusté, déclarèrent qu'il ne pouvait lui être offert. L'intendant fut de meilleure composition ; il se contenta de douze bouteilles et fit partager les autres entre les carmes et les jésuites [1]. Le vin d'honneur est envoyé non-seulement aux personnages de distinction qui passent par la ville, tels que les évêques, les généraux des ordres religieux, les chefs militaires, mais aussi à l'intendant [2], au gouverneur, à leur fils, à leur femme ; dans des circonstances importantes, on en offre aux hommes influents qui rendent ou peuvent rendre des services. Un colonel empêche de loger un bataillon en ville : on lui présente du vin. Le cardinal d'Estrées, évêque de Laon, fait gagner un procès à la ville : on lui envoie six pièces de vin « le meilleur et le plus exquis qu'on puisse trouver. » Un commis rend des services à l'échevinage : il recevra quatre pièces de vin « pour l'engager à continuer sa bonne volonté [3]. » Ces dépenses de vins, qu'on accompagnait, selon les pays, de langues de moutons, de gimblettes, de pain beurré, de pain d'é-

---

[1] Dél. mun. de 1692. Arch. de Gray. — A Bourg, en 1781, l'intendant demande qu'on lui donne du vin du pays, et non du « Beaune et du Nuits, » ce qui change une marque d'honneur en un présent. (*Inv. Arch. Bourg*, BB. 220.)

[2] Domfront en offre à l'intendant du duc d'Orléans en 1742. (A. Christophle, *une Election municipale*, p. 150.)

[3] Duchange, *Les vins d'honneur. Bull. de la Soc. Académique de Laon*, IX, 106.

pice, de pains de sucre [1], de confitures, d'oranges, de citrons, de bougies, restèrent jusqu'en 1789 une partie normale du budget des grandes villes.

Faut-il faire remonter cet usage à l'ordonnance de saint Louis, qui défendait à ses bonnes villes de se livrer « à nulle manière de prêt ni de don, fors vins en potz ou en bariz, sans son congé [2]. » Il est peu probable que cette ordonnance ait été exécutée au moyen-âge ; car elle ne l'était guère au xvie siècle, et même aux siècles suivants. On faisait encore sous Louis XV des présents en argent à Bayonne et à Valenciennes [3] ; on les faisait en soieries à Lyon [4] ; en dentelles, dans la Flandre et le Hainaut, à l'occasion des mariages des gouverneurs, des intendants et de leurs enfants [5] ; on les fit surtout en argenterie. Mâcon offre tous les ans à son gouverneur plusieurs pièces d'argenterie ; il était rare qu'il se rencontrât un grand seigneur comme le

[1] *Inv. Arch. Calvados,* C. 1253. — *Inv. Arch. Loudun,* BB. 16. On offrit à la reine Marie Leczinska douze corbeilles de pain d'épice et de confitures, dont le *Journal historique de Verdun* donne la description. (Octobre 1725, p. 293-294.)

[2] *Anc. lois françaises,* I, 277.

[3] 4,000 l. sont données au commandant militaire. (*Inv. Arch. Bayonne,* CC. 583.) — A Valenciennes, on offre un don gratuit au gouverneur à son entrée en fonctions. Il s'élève à 4,800 l. en 1747. (Caffiaux, *Régime économique du Hainaut,* 194.)

[4] Lyon donne en 1747 un présent de soieries de 10,947 l. à l'occasion du mariage du duc de Villeroi. (*Inv. Arch.* BB. 306.)

[5] En 1729, Valenciennes donne 2,510 l. de dentelles à la fille de l'intendant. Le mariage du prince de Tingry et de sa fille coûte à la ville 6,802 l. (Caffiaux, p. 195.) — A Lille, on donne 4,000 l. de dentelles à la fille du gouverneur, dans une occasion semblable. (Brunéel, *Hist. pop. de Lille,* p. 127.)

marquis de Sennecey, assez généreux pour les refuser et pour accepter du gibier en échange. En 1638,
le prince de Condé se fait donner un flacon d'or ciselé à ses armes ; en 1656, le duc d'Epernon accepte
un plat d'or et six flambeaux d'argent[1] ; à Dijon, non-
seulement il reçoit des assiettes d'or, mais la ville y
joint des pièces d'argenterie pour son écuyer et un bra-
sier d'argent valant 1,000 l. pour « deux demoiselles
ses favorites. » A Lyon, en 1608, une boîte d'orfè-
vrerie valant 4,766 liv. est donnée à la femme du
gouverneur, et quelques années après, on lui offre
des pièces d'argenterie achetées 3,987 l., « en considération de ce que le gouverneur avait permis au consulat d'être le parrain d'un de ses fils[2]. »

Les villes servaient parfois de parrains aux enfants
de leurs gouverneurs ou des intendants ; c'était pour
elles une occasion nouvelle de dépenses. Bayonne tient
sur les fonts le fils du lieutenant pour le roi d'Arta-
gnan, et le nomme Louis-Bayonne. Quand ses filleules
se marient, elle leur donne de l'argenterie ou des bi-
joux ; à madame de Piis, l'une d'elles, elle offre un
bal et un bracelet, qui fut payé 4,149 l. à Paris[3]. Au
siècle suivant, les intendants veulent réformer cet usage,
qu'ils considèrent comme abusif, mais dont ils savent
profiter. L'intendant de Bretagne, ayant consenti en
1786 à ce que la ville de Rennes tînt un de ses en-

---

[1] *Inv. Arch. Mâcon*, BB. 65, CC. 118, 119, 132.

[2] *Inv. Arch. Dijon*, B. 294... *Lyon*, BB. 144.

[3] *Inv. Arch. Bayonne*, BB. 24, CC. 174, 190, 334. — Voir aussi
Perry, *Hist. de Chalon*, p. 492.

fants sur les fonts, ne peut pas l'empêcher de servir
de parrain au fils de son procureur-syndic [1].

Les intendants s'efforçaient cependant de détruire
les abus, et les plus graves disparaissaient peu à peu.
Au XVIIIe siècle, les gouverneurs et les autres officiers
militaires se font plus rarement donner des présents
d'une valeur exorbitante ; mais les villes participent
toujours à quelques-unes de leurs dépenses, qui, pour
être réglées par l'Etat n'en étaient pas moins onéreuses. Elles étaient assujetties à leur fournir des logements dont l'acquisition, le loyer, ou l'indemnité qui
en tenait lieu, les entraînait dans des frais, que Necker évaluait en 1785 à 1,800,000 livres [2].

Ainsi cette dépense s'élevait pour Montpellier à 13,883
livres en 1763 ; en 1784, à 22,306 liv. C'est qu'on ne
fournissait pas seulement un hôtel au gouverneur,
mais un manège et un corps de garde ; on entretenait
aussi un mobilier, qui devait suffire à ses réceptions,
comme les treize sabotières pour les glaces et les vingt-
cinq tables à jouer couvertes de drap et de velours vert
qui se trouvaient dans son hôtel [3]. Rennes, outre le loyer,
les gages du concierge et du jardinier, qui dépassent
4,500 liv. en 1780, avait dépensé 7,650 liv. en réparations, achats de meubles, de glaces et de lampions [4].

---

[1] Lettre de 1788. Arch. nationales, H. 522.

[2] *De l'adm. des finances de la France*, II, 309.

[3] Arch. nationales, H. 1022. — Paris donnait 40,000 liv. à son gouverneur et 10,000 l. d'indemnité de logement. (Drumont, p. 348.)

[4] La ville paie l'éclairage qui était de 24 becs en huile et de 20
terrines de suif. (Arch. nationales, H. 523.)

Bordeaux payait même le blanchissage de l'hôtel du gouvernement. Nantes et surtout Marseille étaient moins surchargées ; Marseille ne déboursait que 1,800 liv. pour le loyer du gouverneur. La ville de Cette payait 400 liv. pour le lieutenant du roi, 250 pour le major, 150 pour l'aide-major, 120 pour le commissaire d'artillerie [1]. Ces charges étaient écrasantes dans les villes frontières, quand il fallait loger un état-major considérable [2]. A ces frais de logements, on en ajouta d'autres, lorsque l'entretien des palais de justice et des prisons ainsi que l'acquisition des hôtels des premiers présidents furent mis à la charge des villes. Toulouse fut obligée d'acheter un hôtel plus de 150,000 liv.; mais il y avait avec le pouvoir des accommodements, et les capitouls cette fois finirent par se faire rembourser leurs avances [3].

- Les intendants furent aussi logés aux frais des villes ; mais quoiqu'à Lyon leur hôtel fût meublé « au meilleur mesnage possible [4], » d'ordinaire les meubles étaient fournis par eux. Ils se firent souvent construire au XVIIIe siècle des hôtels superbes, comme celui de Châlons, dont les dépenses s'élevaient en 1777 à 696,629 liv. [5].

[1] Arch. nationales, H. 93[3] et 1030. Voir aussi *Inv. Arch. Boulogne,* n° 682 et s... *Bayonne,* CC. 497, etc.

[2] Elles dépassèrent 92,000 l. à Valenciennes en 1727. (Caffiaux, *Régime économique du Hainaut,* p. 233.)

[3] Arrêt du conseil du 29 mai 1773. Réclamations des capitouls en 1769. Arch. nationales, H. 1014. Voir aussi H. 1022.

[4] *Inv. Arch. Lyon,* BB. 197. — A Rouen, l'intendant reçoit 3,000 l. d'indemnité jusqu'en 1781. (*Inv. Arch. Seine-Inférieure,* C. 214.)

[5] Arch. nationales, H. 665. — Cet hôtel contenait une salle de spec-

Dans ce cas, l'Etat et la province contribuaient à des frais qu'une ville n'aurait pu supporter en entier[1]. La construction et l'aménagement de ces hôtels soulevaient parfois des difficultés de la part des municipalités. Elles entravaient les projets des intendants qui se résignaient alors à agrandir des hôtels existants, au lieu d'en construire un nouveau sur un plan grandiose[2]. A Montpellier, la ville avait acheté un hôtel moyennant 50,000 liv.; elle devait contribuer aux réparations avec l'intendant. En 1786, les réparations s'élèvent à 31,000 liv.; l'intendant de Ballainvilliers en offre 10,000 liv.; et, comme la ville en réclame davantage, l'intendant, « qui ne sait pas transiger sur les affaires d'argent, » lui envoie les 30,000 livres. Il y eut alors une lutte de générosité assez rare ; le corps politique de Montpellier pria l'intendant de reprendre l'argent ; et celui-ci, afin de trancher le différend, attribua les 30,000 liv. à une fondation pour assurer du pain pendant l'hiver aux pauvres travailleurs de la ville et des environs. Ce procédé généreux fut connu du roi, qui en fit témoigner sa satisfaction[3].

Dans certaines provinces, les villes contribuaient aussi aux appointements des intendants, en leur donnant des honoraires pour les redditions de comptes, ou

tacle qui passait pour un vrai bijou. (*Journ. historiq. de Maupeou*, III, 26.)

[1] En 1698, l'intendant de Châlons avait voulu acheter un hôtel aux dépens de la généralité. (De Boislisle, *Corr. des contrôleurs gén.*, I, nº 1682.)

[2] *Inv. Arch. Calvados*, C. 201-227.

[3] Archives nationales, H. 1022.

des gratifications. Cette gratification était de 12,000 livres par an à Bordeaux [1]. L'intendant de Flandre obtint de Louis XVI de se faire payer en masse les différents émoluments, qui lui étaient remis en détail par les communes et les administrations. Il dût recevoir ainsi 10,000 livres de la Flandre wallonne et 11,000 de la Flandre maritime. Ces allocations, ajoutées à d'autres, portaient le produit de son intendance à 44,000 liv. [2].

Les grandes villes payaient aussi des émoluments aux commis des ministres et des intendants. Outre les vingt et une caisses de vin qu'il envoyait aux commis du ministre Bertin et du contrôleur général, Bordeaux donne 1,200 liv. par an en 1777 « aux chefs de bureau de M. Bertin [3]. » Lyon paie une pension viagère de 3,000 l. au premier commis du ministre, en témoignage « des services essentiels qu'il a rendus à la ville et des avantages qu'il avait procurés en accélérant les affaires qu'elle a eues en différents temps au conseil [4]. » Marseille envoie 2,000 liv. au ministre secrétaire d'État lui-même, et 1,000 liv. à son premier commis [5]. Boulogne remet aux secrétaires de l'intendant des étren-

---

1. Ar. du conseil de 1768. *Livre des Privilèges*, p. 644.

2. Archives nationales, K. 1161. — L'intendant du Hainaut se faisait remettre 2,400 l. dont 400 destinées à son secrétaire, pour venir déclarer en personne au Magistrat de Valenciennes le chiffre de l'aide exigée par le roi. (Caffiaux, *Régime économ. du Hainaut*, p. 121.)

3. Arch. nationales, H. 93³.

4. *Inv. Arch. Lyon*, BB. 327. Il en est de même à Bordeaux en 1768. (*Liv. des Privilèges*, p. 644.)

5. Arch. nationales, H. 1314-1315. — Voir aussi Leber, p. 592.

nes réglées à 432 liv.; Valenciennes offre aux officiers
de l'état-major de la place des étrennes fixées à 3,650
liv.[1] Ces dons étaient quelquefois en nature. Bayonne
en 1741 fait distribuer à Paris seize livres de tabac
d'Espagne aux chefs des différents bureaux où la ville
a des affaires pendantes[2]. Toulouse en 1765 fait parvenir au premier commis du secrétaire d'Etat des fromages de Roquefort et des jambons de Bayonne[3]. Les
étrennes et les gratifications descendent même jusqu'aux domestiques du gouverneur, de l'évêque et de
l'intendant. En 1684, Lyon donne 1,886 liv. d'étrennes à la maison de l'archevêque et 201 liv. à la do-
mesticité de l'intendant[4].

A ces dépenses, qu'expliquent sans toujours les justifier les mœurs du temps, s'ajoutèrent accidentellement
les gages des hallebardiers du gouverneur[5], les frais
de pompes funèbres à la mort des rois et des princes[6],

---

[1] *Inv. Arch. Boulogne*, no 39. — Caffiaux, p. 235. — Le secrétaire
de l'intendant de Bordeaux savait fort bien en 1721 réclamer les présents d'usage. « C'est fort peu édifiant, écrivait-il aux jurats de Libourne, que la seule ville de la province qui a du revenu soit la seule
qu'il faille solliciter pour une chose de si petite conséquence et établie depuis longtemps. » En 1768, le secrétaire Duchesne, ayant reçu
du roi un supplément d'appointements, écrivit aux villes pour renoncer aux étrennes qu'on était dans l'usage de faire aux secrétaires.
(Raymond Guinodie, II, 145.)

[2] *Inv. Arch. Bayonne*, CC. 632.

[3] V. Fons, *Quelques notes au sujet des présents de la ville de
Toulouse. Mém. Acad. des sc. de Toulouse*, 7e série, VIII, 20.

[4] *Inv. Arch. Lyon*, BB. 241. — R. Guinodie, II, 143.

[5] A Marseille, en 1772. Arch. nationales, H. 1315.

[6] Bordeaux paie 24,828 l. 17 s. pour les honneurs funèbres de
Marie Leczinska, et 33,200 l. pour ceux de Louis XV. (Arch. nationales, H. 93³.)

et même des prélèvements considérables sur les recettes de la ville au profit de certains personnages.
C'est ainsi qu'à deux reprises différentes, en 1699 et
1713, le roi accorda 300,000 liv. au maréchal de Vil-
leroy sur les revenus de Lyon, en appuyant cette libé-
ralité excessive sur la raison qu'il avait soulagé cette
ville de nombreuses charges [1]. Heureusement qu'il n'y
avait pas partout de pareils bienfaiteurs, car la reconnaissance des villes eût épuisé leurs ressources.

Nous avons parlé jusqu'ici des dépenses qui concernaient spécialement les échevinages et leurs relations
avec les pouvoirs supérieurs ; elles ne formaient qu'une
partie de leur budget, où figuraient dans une proportion plus ou moins grande les dépenses afférentes à
l'entretien des remparts, à la milice bourgeoise, aux
constructions nouvelles, aux embellissements de la cité,
à la charité, au culte, à l'instruction. Nous en parlerons d'une manière détaillée, lorsque nous nous occu-
perons de ces différentes parties de l'administration
municipale. Nous devons nous borner maintenant à
parler des dettes, des sommes destinées à en payer les
arrérages, et des conséquences que leur augmentation
put avoir sur la situation financière des villes.

Les dettes ont été, depuis que le crédit existe, une
ressource financière à laquelle les villes, comme les
Etats, n'ont pas manqué de recourir. L'escompte de
l'avenir au profit du présent a toujours été pour elles
une tentation irrésistible. Lorsque les embarras financiers survenaient, on pouvait souvent les surmonter par

[1] *Inv. Arch. Lyon*, BB. 251.

l'emprunt ; la responsabilité solidaire qu'encouraient
les habitants et les échevins, lorsqu'ils empruntaient,
ne les arrêtait pas. S'il s'agissait d'une construction
durable, on trouvait équitable de faire rembourser
par les générations futures une dépense qui leur serait
profitable ; avait-on des charges extraordinaires à acquitter, les ressources ordinaires venaient-elles à man-
quer, comme en 1648 à la suite de la suppression des
octrois, c'était encore à l'emprunt qu'on recourait.
L'emprunt, qui devait être consenti par les habitants
et approuvé par le roi, pouvait être contracté de différentes manières. Il pouvait être négocié avec des banquiers étrangers, comme le fit la ville de Bordeaux
avec des banquiers de Gênes en 1773 [1] ; il pouvait être
proposé ou imposé aux habitants les plus riches de la
ville [2] ; on essaya même de le demander à des sous-
criptions publiques. En 1723, les maire et échevins de
« Troyes, voulant donner au public la préférence d'un
emprunt » destiné à payer les 349,000 liv. nécessaires au rachat des offices municipaux, décidèrent qu'ils
écouteraient les diverses propositions qui leur seraient
faites pour leur prêter, « soit en deniers, soit en li-
quidations. » Les officiers municipaux devaient se tenir à l'hôtel de ville pour entendre ces propositions.
Ils attendirent en vain ; en vain ils offrirent un intérêt
de cinq pour cent ; le public manqua de confiance [3].

[1] Arch. nationales, H. 93³.
[2] En 1636, à Epernay, on met à l'amende des bourgeois qui ne se
sont pas obligés aux emprunts nécessaires. (Nicaise, p. 186.)
[3] Placard imprimé et note, Arch. de l'Aube, G. 1815.

Il n'en fut pas partout ainsi, et souvent les prêteurs eurent à se repentir d'en avoir eu trop, lorsqu'on se crut obligé de suspendre le paiement de leurs arrérages ou de réduire leur capital, pour parvenir à la liquidation des dettes de certaines villes [1].

Colbert et ses successeurs s'efforcèrent de les faire rembourser [2] ou du moins de les ramener à un taux normal; mais elles ne tardaient pas à renaître, et l'État, qui les réduisait par moments, les provoquait à d'autres époques, en les rendant nécessaires pour le paiement de dons gratuits, de rachats de charges, de dépenses militaires ou autres. Il put y avoir des villes sans dettes à la fin du règne de Louis XIV; mais ce n'étaient pas des grandes villes. En 1692, Marseille doit 1,500,000 liv.; Aix, 1,700,000 liv.; Arles, un million [3]. La dette de Marseille ne fait que s'accroître; elle dépasse 3,500,000 liv. en 1719; 8 millions en 1765. Bordeaux devait en 1777 plus de 2,500,000, après avoir réduit en 1774 sa dette à moins d'un million. En 1779, Toulouse doit 3,164,916 liv.; Montpellier, plus d'un million; Nîmes, 717,948 [4]. En 1778, la dette de Lyon s'élève à plus de 29 millions; l'in-

---

[1] Croirait-on que la ville de Valenciennes ait liquidé ses dettes en 1784 en payant seulement ceux de ses créanciers qui consentaient à une remise des cinq-sixièmes? (Louis Legrand, *Sénac de Meilhan et l'intendance du Hainaut*, p. 132.)

[2] Voir *le Village sous l'ancien régime*, 2e édit., p. 102-104.

[3] A. de Boislisle, *Corr. des Contr. généraux*, I, n° 1111.

[4] Arch. nationales, H. 1314 et 93³. En 1782, Rennes a plus de 200,000 l. de dettes; (Ibid. H. 520.) Clermont plus de 100,000 l. (Mège, *Situation financière de Clermont en 1788. Mém. Ac. Clermont*, XI, 183-192.)

tendant s'en émeut ; les notables sont convoqués pour
remédier à une pareille situation, et la majorité déclare que « tout est bien ! [1] » Rares sont les villes desquelles on peut dire comme de Montpezat : cette communauté n'a ni revenus ni dettes. En Bourgogne, de
l'aveu d'un intendant, les dettes se renouvellent et
s'éteignent continuellement [2]. Le plus souvent, elles ne
sont pas plus en disproportion avec les ressources des
villes qu'elles ne le sont aujourd'hui. Alors, comme
aujourd'hui, elles occupent une place importante dans
leurs dépenses, par les intérêts et l'amortissement
qu'il faut acquitter chaque année.

Ces dépenses n'avaient cessé de s'accroître pendant
les deux derniers siècles. Faut-il attribuer cet accroissement à l'impéritie et à l'égoïsme de certains administrateurs municipaux non moins qu'aux vices de l'administration communale ? Si celle-ci mérite parfois des
éloges, elle trouve aussi des détracteurs. On la montre
livrée tantôt à des hommes hardis qui, ne pouvant se
perpétuer dans leurs fonctions sont incapables, au-delà
d'une ou de deux années, de réaliser les entreprises
pour lesquelles ils ont fait contracter des dettes à la
communauté, et ne laissent souvent à leurs concitoyens
que des œuvres inachevées et des finances obérées. C'est
en vain que l'administration supérieure leur demande
des états de situation, dont on doit annuellement présenter au roi le tableau général ; ces états rédigés par
les municipalités ne sont pas suffisamment contrôlés,

---

[1] Leber, *Hist. du pouvoir municipal,* p. 629-630.
[2] Lettre du 10 août 1767. Arch. nationales, H. 1001 et 140.

et l'on cite des villes dont les charges sont supérieures
aux revenus, les dettes élevées et les engagements hors
de toute proportion avec les ressources[1]. Une grande
ville, comme Bordeaux, est tombée dans un tel discrédit
que les ouvriers se refusent à travailler, si les membres
du corps de ville ne s'engagent point personnellement
à les payer[2]. Le gouvernement est obligé de venir à
l'aide des villes trop obérées au moyen de remises ou
de prélèvements sur les impôts qu'il y lève. Mais à cette
époque, les craintes sont pires que les maux, et de même
que dans les finances de l'Etat, on exagère la difficulté
de combler « l'affreux déficit, » on s'abuse non moins
sur la solidité du crédit municipal. Lorsqu'on appliqua
à Bordeaux l'article de la loi de 1793, qui attribuait à
l'Etat les dettes et les biens patrimoniaux des communes, il se trouva que l'actif de la ville dépassait de
plus de sept millions son passif[3].

La mauvaise gestion de certaines municipalités n'é-
tait point, en somme, la cause principale de l'augmentation des dépenses communales. Cette augmentation était due surtout à la nécessité de subvenir à des
besoins nouveaux, à l'accroissement de la population
et de la richesse, à la diminution de la valeur de l'argent. Les mêmes causes ont décuplé depuis cent ans

[1] *Encycl. méthodiq. Finances*, III, 184-186. Voir aussi un article
de l'ingénieur Boulanger dans l'*Encyclopédie de Diderot*, éd. 1777,
VII, 368-369.

[2] Arch. nationales, H. 93³.

[3] Barckhausen, *Livre des Privilèges*, Intr., p. XXXV. L'actif était
de 14,885,848 fr., et le passif de 7,507,380.

les dépenses municipales comme les impôts auxquels
il est nécessaire de recourir pour y subvenir [1].

[1] En 1784, Necker évalue à 27 millions les revenus des octrois des
villes, hôpitaux et chambres de commerce, et à 12 millions le produit de
leurs revenus patrimoniaux. (*De l'adm. des finances*, I, 18, II, 387.) La
Situation financière des communes de France publiée en 1878 par le
ministère de l'intérieur porte leurs revenus annuels à 427,646,709 fr.,
dont 202,119,400 pour le département de la Seine, plus 25,687,519 fr.
pour les revenus des bureaux de bienfaisance. Les revenus des hôpitaux
ne sont pas compris dans ces chiffres. Ils s'élevaient à 61,973,950 en
1864. (*Situation administrative des hôpitaux*, 1869; t. I, p. XIII.)

CHAPITRE III

LES IMPOTS DE L'ÉTAT

Situation privilégiée des villes par rapport aux campagnes. — Redevances féodales et ecclésiastiques. — Exemptions de certains impôts de l'Etat. — Impôts spéciaux aux villes. — Dons gratuits. — Octrois établis pour les payer. — Droits de joyeux avènement et de ceinture de la reine. — Contributions diverses. — Impôts généraux. — Les aides, la corvée, la taille. — Abonnements. — Répartition de la taille. — Concours des municipalités et des habitants. — Exemptions. — Biens des forains. — Collecteurs des tailles. — Responsabilité pécuniaire et personnelle des habitants et des officiers municipaux. — Emprisonnements et saisies. — Double rôle des officiers municipaux. — Leur conduite, comme représentants de leurs concitoyens et comme agents de l'Etat.

Les habitants des villes ne supportent pas seulement les impositions communales ; ils paient quelques redevances seigneuriales et surtout les contributions que leur demande l'Etat. Moins accablés par les impôts directs et réguliers que les habitants des villages, ils subissent comme eux la capitation, les vingtièmes et fréquemment la taille, ils paient aussi par intervalles des impositions spéciales, telles que les dons gratuits et les rachats d'offices, et ces impositions peuvent pa-

raître si onéreuses qu'on attribuera en 1775 la diminution du commerce et de la population d'une ville « à
l'acquit de toutes les charges extraordinaires dont les
campagnes sont exemptes [1]. » Cependant les villes ont
plus de ressources pour subvenir à ces impôts; elles
peuvent s'en racheter et s'y abonner, et leurs redevances ecclésiastiques et féodales sont plus légères que
celles qui pèsent sur les campagnes.

Ces redevances ne portaient point en effet sur l'industrie, et c'est l'industrie, on le sait, qui fait la richesse des villes; elles étaient dues par les propriétaires de maisons chargées de censives et, en cas de
transmission de propriétés, assujetties à payer les lods
et ventes au seigneur. Les dîmes ecclésiastiques étaient
aussi sans importance pour les villes, puisqu'elles
étaient perçues sur les produits du sol et que le territoire cultivé des communes urbaines est relativement
restreint. Les habitants avaient aussi la faculté de se
racheter de certains droits, ou de s'abonner pour leur
paiement, moyennant un prix invariable et déterminé
à l'avance. Ces abonnements portaient le nom d'*albergue* en Languedoc [2]. Beaune était abonné avec le cha-

---

[1] Lettre d'un échevin de Gisors. *Inv. Arch. Seine-Inférieure*, C. 896.
Sous la Fronde, Omer Talon disait que les campagnes étaient tellement ruinées que les habitants des villes étaient forcés « d'acquitter
tous les impôts. » (Moreau de Jonès, *État social et économique de
la France*, p. 228.)

[2] Montagnac paie 80 liv. d'albergue au prince de Conti; Vias,
100 liv. au duc d'Uzès; S. Pons de Mauchiens, 50 liv. au comte de
Polastron, pour la cession du droit de cuisande; Saint-Thibéry est
abonné moyennant 500 l. payées au prince de Conti. (Arch. nationales, H. 1030.)

pitre pour la dîme de ses vignes. Mâcon rachetait ses droits seigneuriaux, particulièrement les lods et ventes, au moyen de taxes mises sur les maisons [1]. Des droits de hallage et des péages, établis au profit de l'évêque ou du seigneur, furent également supprimés ou rachetés au XVIIIe siècle [2].

Ces contributions seigneuriales, auxquelles s'ajoutaient dans les pays d'états les contributions provinciales [3], étaient sans importance à côté des impositions royales. Il est vrai qu'un certain nombre de villes étaient exemptes des plus onéreuses d'entre elles, telles que la taille, le gros, le droit de jauge et de courtage [4]. Mais l'Etat tendait à réduire de plus en plus ces privilèges. Ceux-ci avaient eu leur raison d'être, lorsque les villes chargées d'élever, d'entretenir et de garder leurs murailles, concouraient ainsi à la défense du royaume ; ils leur avaient été accordés également pour les dédommager de sacrifices pécuniaires, les indemniser des pertes que la guerre ou l'incendie avaient pu leur infliger, ou pour attirer dans leur enceinte des industries nouvelles. Mais les causes qui avaient motivé ces exemptions étaient oubliées ou avaient cessé d'exister ; les murailles des villes étaient abandonnées ou n'étaient plus gardées par les milices locales ; les

---

[1] 1640. Gandelot, p. 179. — *Inv. Arch. Mâcon*, CC. 25.

[2] L'évêque de Langres perçoit en 1685 un droit de rouage sur tous les chariots et charrettes entrant dans la ville. (*La Haute-Marne*, p. 595.) — Pour le hallage, voir Guyot, VIII, 409.

[3] Caron, *l'Administration des Etats de Bretagne*, p. 253.

[4] B. de Granmaison, *Dict. des Aydes*, 1726, p. 26-39, 66. — *Encyc. méth. Finances*, II, 440, 604.

villes étaient plus riches que les villages ; il ne paraissait pas juste qu'elles payassent moins ; en attendant qu'on réduisît leurs exemptions, on s'ingénia à trouver, en dehors des impôts anciens, des moyens extraordinaires de les faire contribuer aux ressources de l'Etat ; on y parvint en recourant aux dons gratuits, aux confirmations de privilèges, au partage des octrois, aux ventes d'offices municipaux ou industriels.

Il était d'usage au moyen-âge de faire des présents en argent aux rois et aux princes, dans des circonstances déterminées, telles que leur première entrée dans les villes. Plus tard, les rois ne se firent pas faute de leur en demander. En 1597, Henri IV écrit : « Le royaume est en danger d'une prochaine invasion, sy tous les bons François, mesmes les habitans de nosdites villes ne s'efforcent à ce coup de nous assister[1] ; » et il leur demande un secours en argent, une « aide », comme on disait au moyen-âge, une subvention ou un don gratuit, comme on le dit au xviie siècle. En 1689, les intendants solliciteront partout des dons gratuits ; ils inviteront les villes à les faire, sans les contraindre, car « Sa Majesté, dit le contrôleur général, veut surtout que la chose vienne d'une entière liberté des magistrats et des villes. » Pour les y déterminer, les intendants n'épargnent pas les promesses ; les échevins de Marseille se décident à donner 400,000 liv., sur l'assurance qu'on leur en saurait quelque gré ; mais deux ans se passent, ils ne reçoivent aucune grâce, et adressent des reproches à l'in-

---

[1] *Lettres missives de Henry IV*, VIII, 646.

tendant[1]. D'autres dons de ce genre furent réclamés
au siècle suivant. Lyon offrit deux millions en 1733[2].
Un édit de 1758 imposa à toutes les villes, faubourgs
et seigneuries du royaume, à titre de dons gratuits,
le paiement de sommes déterminées à l'avance. Ces
dons gratuits furent demandés pour six ans ; mais de
prorogation en prorogation, ils furent exigés jusqu'en
1789[3]. La Bourgogne fut taxée à 165,450 liv.[4] ; les
pays d'élections furent traités plus rigoureusement.
Toutefois les villes réclamaient, marchandaient, et l'on
finissait par négocier. Ainsi Troyes, dont la cote
s'élève à 240,000 liv. pour six ans, transigea moyennant 140,000 liv. qui furent payées comptant[5].

Les officiers municipaux et les principaux habitants
étaient invités à s'assembler pour délibérer au moyen
de quelles ressources ils subviendraient au paiement
des dons gratuits. Presque partout, selon les vues du
gouvernement, on recourut à l'augmentation des octrois existants ou à la création d'octrois nouveaux. Si,
comme à Vitteaux, le droit établi par la ville ne pro-
duisait pas les résultats attendus, l'intendant intervenait et modifiait la nature de la taxe[6]. Les commu-

[1] *Corr. des contrôl. gén.*, I, nᵒˢ 672, 673, 686, 979.
[2] *Inv. Arch. Lyon*, BB. 297.
[3] Cah. de Nemours. *Arch. parlementaires*, IV, 124-125.
[4] Dijon paya 35,000 liv.; Chalon, 18,000 ; Mâcon, 16,000 ; Beaune, 9,500 ; Autun, 7,000 ; Auxerre, 8,000 ; Bar-sur-Seine, 3,000 ; Arnay-le-Duc, 1,200. (Arch. nationales, H. 140.)
[5] *Recueil de pièces concernant les octrois des villes*, 1764, p. 93.
— Voir aussi *Inv. Arch. Loudun*, BB. 19.
[6] Arch. nationales, H. 140.

nautés industrielles durent aussi, à diverses reprises, s'imposer ou emprunter pour fournir des dons gratuits[1].

Outre ces dons, qui prirent un caractère de permanence de 1658 à 1789, il y en avait d'autres qu'on demandait à des intervalles irréguliers, comme les dons de joyeux avènement et de mariage du roi. Le droit de joyeux avènement, contre lequel le tiers-état protestait en 1614[2], était perçu pour la confirmation des privilèges des villes et des communautés industrielles ; il était réclamé à l'époque où les rois montaient sur le trône ; Louis XV ne le demanda qu'en 1723 ; Louis XVI l'abolit généreusement[3]. En 1723, il consistait dans une somme égale au quart du revenu des octrois et des biens patrimoniaux, à la moitié des taxes des foires et des marchés, à la totalité des produits des usages et des biens communaux[4]. Chartres avait payé 5,000 liv. à l'avènement de Louis XIV ; les merciers de Troyes 2,500 à la même époque[5]. On paya aussi jusqu'au mariage de Louis XIV un don gratuit ou un secours à l'occasion des mariages des rois. Il portait le nom de droit de ceinture de la reine. Les habitants des villes n'étaient pas toujours empressés à l'acquitter ; à Châtellerault, ils refusèrent en 1660 de nommer des collecteurs pour le percevoir. Eper-

[1] En 1662, à Marseille, les députés du commerce doivent donner 20,000 liv. (Depping, *Corr. adm.*, I, 658.)
[2] Cahier de 1614. *Des États généraux*, t. XVII, 2e p., p. 76.
[3] Edit de mai 1774. *Anc. lois*, XXIII, 4.
[4] Guyot, IX, 581.
[5] De Lépinois, II, 416. — Arch. de l'Aube, E. 309. La communauté des marchands paya 12,000 l. sous Louis XV.

nay ne voulait pas payer les 6,000 liv. qu'on lui réclamait, et pour les faire modérer à 1,800 liv., ne
trouvait rien de mieux que d'envoyer deux feuillettes
au traitant général[1]. Bourges, soixante ans auparavant,
offrait du drap et des marchandises à Henri IV, qui n'en
voulait pas et demandait de l'argent comptant; il lui en
fallait beaucoup, si l'on en juge par le secours de 6,000
écus, qui lui fut donné par la ville de Chartres à l'occasion de son mariage avec Marie de Médicis[2].

Si l'on ajoute à ces taxes éventuelles les acquisitions d'offices qui furent imposées à diverses reprises
aux villes et aux communautés industrielles, les dons
patriotiques, plus ou moins spontanés qu'elles faisaient, comme l'offre d'une frégate dont le prix avait
été souscrit par la ville de Bayonne en 1762[3], les
dépenses pour les logements des gouverneurs et des
officiers, les frais de passage des troupes et les four-
nitures d'ustensiles, l'entretien de leurs murailles,
l'enregistrement de leurs armoiries, qui leur fut prescrit en 1692 et en 1760[4], et d'autres contributions
du même genre, l'on reconnaîtra que, malgré leurs
privilèges, les villes étaient presque aussi chargées

---

[1] Lalanne, II, 191. — Le conseil communal de Bourg refuse de
s'assembler pour trouver les 12,000 l. qu'on lui demande. (*Inv. Arch.
Bourg*, BB. 114.) — Nicaise, p. 199.

[2] Lettre du 22 septembre 1660. *Annuaire du Berry*, 1840, p. 36.
— De Lépinois, II, 364.

[3] *Inv. Arch. Bayonne*, BB. 60. — D'autres dons du même genre
furent faits à Marseille et à Paris en 1761. (Barbier, *Journal*, VII,
423-424.)

[4] Guyot, I, 602. — Boulogne paie 111 l. 10 s. en 1698 pour ses armoiries. (*Inv. Arch.*, n° 40.)

d'impôts que les campagnes. Si elles s'en plaignaient moins, c'est qu'elles étaient plus riches et que le mode de perception indirecte, auquel elles avaient recours le plus souvent, paraît toujours moins onéreux aux contribuables que la perception directe.

La plus grande partie des impôts, la capitation, les vingtièmes, les gabelles, dans les pays de gabelles, beaucoup de droits d'aides étaient levés dans les villes. La corvée des chemins leur était souvent imposée. Amiens voulut en vain s'en faire décharger. En 1726, on contraignit les habitants d'Epernay à creuser une profonde tranchée pour le passage de leur route, et on ne leur distribua pas même de pain. Bar-sur-Seine doit fournir deux corvées par an, et Gray reçoit l'ordre en 1777 de faire terminer dans le délai de deux mois des travaux déterminés [1].

Les villes exemptes de tailles n'étaient point en majorité. L'Etat s'était efforcé d'en diminuer le nombre, pour augmenter ses recettes. Il força Toulouse, qui fut longtemps « immune de tailles », à contracter pour le paiement de cet impôt un abonnement, qui, renouvelé tous les vingt ans, s'élevait en 1790 à 400,000 l. [2]. La faculté de s'abonner était un avantage pour l'Etat comme pour la ville ; l'un était assuré d'un revenu fixe, l'autre choisissait le mode de taxation et de perception qui paraissait présenter le plus d'avantages ou le moins d'inconvénients. Mâcon établit

[1] Dusevel, II, 96. — Nicaise, *Epernay*, 220-221. — Arch. de l'Aube, C. 50. — Arch. de Gray.

[2] Archives nationales, H. 1015.

des taxes sur les corporations industrielles pour payer
ses abonnements. Beaucoup de villes se procurent le
montant de la taille en imposant les denrées [1]. Lorsque
la taille se levait directement, la répartition et la perception de cette contribution sur le revenu, si juste-
ment décriée, étaient confiées aux habitants ou aux
officiers municipaux. Ces derniers en eurent souvent
la direction et la responsabilité. En Bourgogne, on se
plaignit beaucoup au xviie siècle de la partialité des
maires pour la répartition de la taille; un arrêt du
conseil de 1666 la confia à des prudhommes élus par
des habitants; mais les maires n'abandonnèrent pas
sans résistance leurs prérogatives; à Beaune, ils voulurent nommer eux-mêmes les prudhommes; ils intervinrent ailleurs dans les élections, en allant jusqu'à
mettre « billets ès mains de quelques habitants de leur
cabale [2]. » On fut même obligé de leur interdire d'assister à la confection des rôles. « Il paraît dangereux,
dit l'intendant d'Auvergne, d'accorder cette prérogative
aux maires qui font décharger leurs parents et amis [3]. »

---

[1] *Inv. Arch. Mâcon*, CC. 33. — *Corr. des contrôleurs généraux*, I,
n° 369. — B. Ledain, *la Gâtine*, p. 347. — *Mém. aux officiers municipaux d'Auxerre*. Ann. Yonne, 1866, p. 292-303. — Dans les villes,
dit le deuxième bureau de l'assemblée des notables, la forme de contribuer consiste principalement dans les droits sur les consommations.
(*Réimp. du Moniteur*, Intr., p. 434.)

[2] De Varenne, *Mémoire pour les élus généraux des Etats de
Bourgogne...*, 1762, p. 273 et suiv.

[3] A. de Boislisle, *Corresp. des contr. généraux*, I, n° 1268. On si-
gnale aussi des malversations des consuls de Tulle. (*Ibid:*, n° 1875.)
— Mêmes plaintes à Auxerre contre les officiers municipaux en 1671.
(Chardon, II, 253.)

Les officiers municipaux n'en continuèrent pas moins, dans un certain nombre de provinces, à procéder à la répartition de la taille. A Dijon, elle est faite par eux, d'abord dans chaque quartier, ensuite à l'hôtel de ville[1]. Mais la tendance la plus générale fut de laisser aux habitants eux-mêmes, réunis dans leurs quartiers ou leurs paroisses, la faculté de désigner les asséeurs. Il y eut aussi des systèmes mixtes. A Châlons-sur-Marne les marguilliers de chaque paroisse faisaient élire deux députés, qui se rendaient à l'hôtel de ville, où, de concert avec le conseil de ville, ils confiaient à huit commissaires la mission de répartir la taille[2].

L'estimation des revenus mobiliers était quelquefois délicate. Elle était faite à Albi par les *alivradors*, qui demandaient aux bourgeois la déclaration de leurs biens, et qui, en cas de doute, appelaient en témoignage les amis et les voisins. Dans leurs évaluations, ils devaient considérer les facultés, l'industrie et l'âge des déclarants[3].

Il était difficile de faire ces évaluations sans soulever des réclamations; les réclamations étaient surtout vives, lorsque l'on pouvait contester les titres des privilégiés. Ceux-ci pullulaient, malgré les arrêts du conseil. Auxerre en compte 137, y compris un taupier et trois valets de chiens. Le clergé, les nobles, les officiers de l'armée étaient exempts, ainsi que les offi-

---

[1] Courtépée, *Desc. de Bourgogne*, 2e éd., II, 45.— *Mém. sur Villefranche*, p. 71.

[2] Ed. de Barthélemy, p. 76. — A Montpellier, les six consuls s'adjoignent huit prudhommes. (D'Aigrefeuille, p. 580.)

[3] *Inv. Arch. Albi*, CC. 1 et 50.

ciers chez le roi. Ces derniers, qui sont nombreux, n'ont qu'à mettre sur leur porte l'indication de leur titre, pour être déchargés. « Ils n'ont acheté leurs charges sans service que pour s'affranchir des impôts, dit le corps municipal d'Auxerre, qui se fait l'organe de « l'horreur » que leurs prétentions inspirent au « pauvre peuple[1]. » A Marseille, les nobles qui se qualifiaient d'écuyers fourmillent ; un seul notaire en a 900 dans ses registres, et l'intendant écrit : « Je n'ay jamais veu tant d'escuyers et si peu de chevaux[2]. » L'Etat cherchait à diminuer le nombre des exemptions de ce genre, parce qu'elles diminuaient ses revenus ; les villes parce qu'elles accroissaient leurs charges. Avranches demandait en 1773 qu'on recherchât d'une manière exacte les titres des exempts, pour le bien du roi et le soulagement de ses peuples[3].

L'imposition des propriétés des non-domiciliés, des forains, comme on disait, soulevait aussi des discussions. Marseille voulait faire payer en 1777 les vingtièmes sur les biens des forains. Dans une ville, disait-on, où toutes les impositions se paient sur la consommation, il est nécessaire de distinguer le forain de l'habitant et de s'en prendre aux fonds à défaut des personnes. Le marquis de Mirabeau s'opposa vivement à cette réclamation, et son opinion, soutenue par les magistrats d'Aix, fut approuvée par la cour des aides[4].

---

[1] Chardon, II, p. 253, 318 et suiv.
[2] Depping, *Corresp. adm. sous Louis XIV*, I, 782.
[3] *Inv. Arch. Calvados*, C. 1069.
[4] Arch. nationales, H. 1314.

La levée des impôts était faite tantôt par les officiers municipaux eux-mêmes, tantôt par des collecteurs
volontaires ou forcés choisis par eux ou par les habitants. Le premier système resta usité en Languedoc,
en Auvergne, en Bourgogne[1]. Les capitouls de Toulouse
levaient la taille ou la faisaient lever par leurs domestiques[2]. En 1746, l'un d'eux était désigné par ses
collègues pour le recouvrement de la capitation et du
dixième. L'échéance de chaque terme était publiée à
son de trompe; au bout de huit jours, des soldats du
guet ou de l'armée étaient mis en qualité de garnisaires chez les retardataires[3]. Les consuls du Puy, les
échevins de Senlis nommaient les collecteurs[4]. Ailleurs
ceux-ci étaient élus dans les assemblées générales ou
paroissiales; à Auxerre, ils étaient au nombre de trente-
cinq; on essaya de les réduire à quatre; la perception
fut plus difficile que jamais, et l'on fut obligé de revenir au chiffre primitif[5].

Si dans le midi, où la taille réelle existait, on trouvait des collecteurs qui se chargeaient volontairement
de la recette moyennant une remise déterminée[6], ailleurs on était obligé de les contraindre à remplir leur

---

[1] Arch. nationales, H. 140, 520 et 1000. — On peut en citer aussi
des exemples ailleurs : A Epernay, les échevins firent la collecte jusqu'en 1637. (Nicaise, p. 39.) — Cette corvée est parfois dangereuse.
En 1644, les consuls de Verdun-sur-Garonne sont à moitié assommés
par les habitants, en allant recueillir les tailles. (*Inv. Arch.*, BB. 2.)

[2] A. de Boislisle, *Corr. des contr. gén.*, nos 875 et 721.

[3] Arrêt du conseil du 25 mai 1746. Arch. nationales, H. 1014.

[4] Vissaguet, *Ann. Soc. Puy*, XXII, 308. — De Boislisle, I, no 1555.

[5] Chardon, II, 314.

[6] Au moyen d'adjudications au rabais. (*Code municipal*, p. 162.)

mission, qui entraînait pour eux une responsabilité trop
souvent onéreuse. Les officiers municipaux pouvaient
être aussi déclarés solidairement responsables des
comptes arriérés, des impôts non recouvrés[1] et du
paiement des dettes souvent contractées pour payer
ces impôts. Cette responsabilité fut accablante pour eux
jusqu'à l'édit de 1683, qui les en déchargea[2]. Elle
s'étendait même jusqu'aux habitants. Des habitants
d'Angers sont emprisonnés à Château-Gonthier et à
Paris en 1640, parce que la ville est en retard pour le
paiement de ses dettes ; pareille mésaventure arrive
en 1660 à des bourgeois de Châtellerault[3]. Ceux de
Béthune en 1664 n'osent point se montrer au dehors,
de peur d'être arrêtés par les créanciers de la ville.
Deux bourgeois de Bayonne sont incarcérés parce qu'il
est dû au roi 10,000 l. sur le don gratuit[4]. Plusieurs
arrêts déclarèrent que les habitants ne pouvaient être
mis en prison pour dettes de communautés[5] ; mais
ces arrêts ne concernaient pas les maires, les échevins
et les consuls. C'est à eux que l'on s'en prend, au
xvii° siècle, s'ils réclament malencontreusement contre
un impôt trop élevé, ou si les paiements des contributions ou le remboursement des dettes sont en retard.
En 1614, les échevins de Mâcon sont emmenés à
Chalon ; le comptable reste six mois en prison. Le maire

[1] Arrêt du conseil du 31 mars 1711 concernant les capitouls. (Arch.
nationales, H. 1014.)

[2] *Anc. lois*, XIX, 420.

[3] *Inv. Arch. Angers*, BB. 77. — Lalanne, II, 190.

[4] Depping, I, Intr., p. xxxv. — *Inv. Arch. Bayonne*, CC. 94.

[5] Brillon, II, 271. — *Inv. Arch. Mâcon*, CC. 108.

d'Auxerre est emprisonné à Paris en 1637 par les fermiers généraux à qui la ville doit encore 9,500 l.; un échevin, en 1651, éprouve un sort analogue, sur la requête d'un créancier de la commune. Après leur mort, leurs familles sont responsables ; en 1650, des créanciers de ville poursuivent vingt-cinq ou trente familles de maires et d'échevins, qui s'étaient, comme on l'exigea souvent à cette époque, personnellement engagés pour la communauté [1]. Les maires et les échevins n'osent plus sortir de leur cité [2]; leurs biens peuvent être saisis [3]. En 1643, le maire de Châtellerault se rend à Paris pour réclamer contre la taxe de joyeux avènement; les fermiers, chargés de la levée de cette taxe, le font jeter en prison jusqu'à ce qu'il l'ait intégralement payée [4]. Les consuls de Nîmes s'étant avisés en 1656 d'empêcher la circulation de nouveaux liards, on les condamna avec douze principaux habitants à payer 65,000 l. d'indemnité aux fermiers de la fabrique des liards. Le premier consul fut en outre emmené à Paris, où on l'enferma au For-l'Évêque. L'édit de 1692, qui abolit la solidarité pour les maires, la laissa subsister pour les échevins; en 1695, des garnisaires furent mis chez les échevins de Mâcon, et leurs meubles furent saisis jusqu'à ce que la ville eût payé les charges nouvellement créées et réunies à la communauté [5]. Mais au siècle suivant, il ne resta d'autre res-

---

1 Chardon, II, 135, 219, 194.
2 Préambule de l'édit de 1683. *Anc. lois,* XIX, 420.
3 Depping, *Corresp. adm. sous Louis XIV,* III, 139.
4 Lalanne, II, 181.
5 Ménard, VI, 115. — *Inv. Arch. Mâcon,* FF. 18.

ponsabilité pour les officiers municipaux que celle
qu'ils pouvaient encourir comme comptables ou administrateurs des deniers publics.

Ils servirent toujours d'intermédiaires entre l'Etat et
le peuple, quelquefois prêtant main-forte à la loi,
quelquefois soutenant les intérêts de leurs concitoyens.
On pourrait montrer des municipalités favorables à la
résistance contre un impôt nouveau, comme celle de
Calais qui se refuse de faire la perception du sou pour
livre sur le poisson et laisse le peuple soulevé chasser
de la ville les commis et les fermiers[1]. Les consuls de
Perpignan ne se contentent pas de protester contre
un impôt sur le sel; ils envoient des circulaires à toutes
les villes du Roussillon pour qu'elles appuient leur
protestation. On voit aussi les échevinages soutenir
contre les fermiers des aides des procès, qu'ils ne per-
dent pas toujours[2]. Les échevinages vont rarement
jusqu'à la force. Cependant le concierge de l'hôtel de
ville de Bourges ayant été conduit aux prisons royales
pour n'avoir pas acquitté une taxe, le maire fit arrêter
le concierge de ces prisons et ordonna de fermer les
portes de la ville pour que l'on ne pût emmener dans
une autre prison le concierge de l'hôtel de ville. De
pareils écarts étaient réprimés sans délai. Il en fut de
même des émeutes que suscita sous Louis XIV l'établissement de nouvelles taxes[3]. Les officiers munici-

[1] Lefebvre, *Hist. de Calais*, II, 582.
[2] Depping, *Corr. adm.*, I, 652. — B. Ledain, *la Gâtine*, p. 37.
[3] Depping, I, 763. — P. Clément, *la Police sous Louis XIV*. — *Inv. Arch. Angers*, BB. 86... *Dijon*, B. 307.

paux y jouèrent tantôt un rôle passif, tantôt un rôle actif. En 1675, les jurats de Bordeaux couvrent les commis de leur robe, et les conduisent en lieu de sûreté, au milieu des pierres que de toutes parts on jette contre eux. Les magistrats municipaux montrent le même courage à Bourges, en 1664, dans des circonstances analogues[1]. S'ils s'efforcent d'atténuer les rigueurs de la répression contre leurs concitoyens, ils savent au besoin exposer leur vie pour concourir à l'exécution de la loi.

Ils eurent toujours en effet un double mandat à remplir ; ils étaient les représentants de la communauté, en même temps que les agents de l'autorité centrale. On les vit partout se dévouer à cette double tâche avec un zèle presque toujours désintéressé. Dans la perception des impôts comme dans le concours qu'ils apportaient à la garde de la cité, ils savaient qu'ils ne se dévouaient pas seulement à la cité, mais à la patrie, et cette double pensée était de nature à les aider à supporter les injustices et les ingratitudes auxquelles sont exposés tous ceux qui consacrent leur temps à la gestion des intérêts publics.

[1] Guyot, IX, 657. — Depping, I, 725.

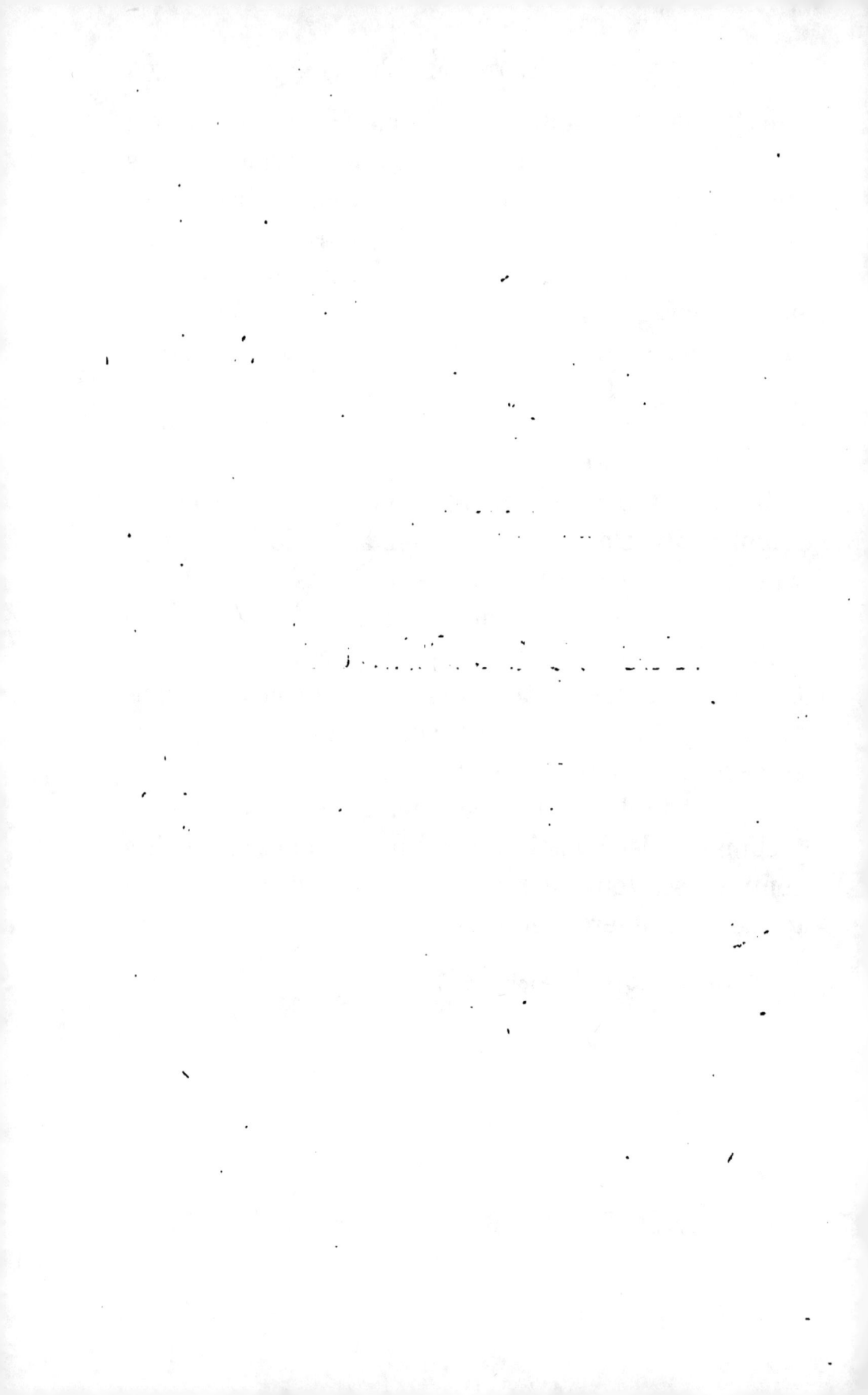

LIVRE IV

LES JURIDICTIONS

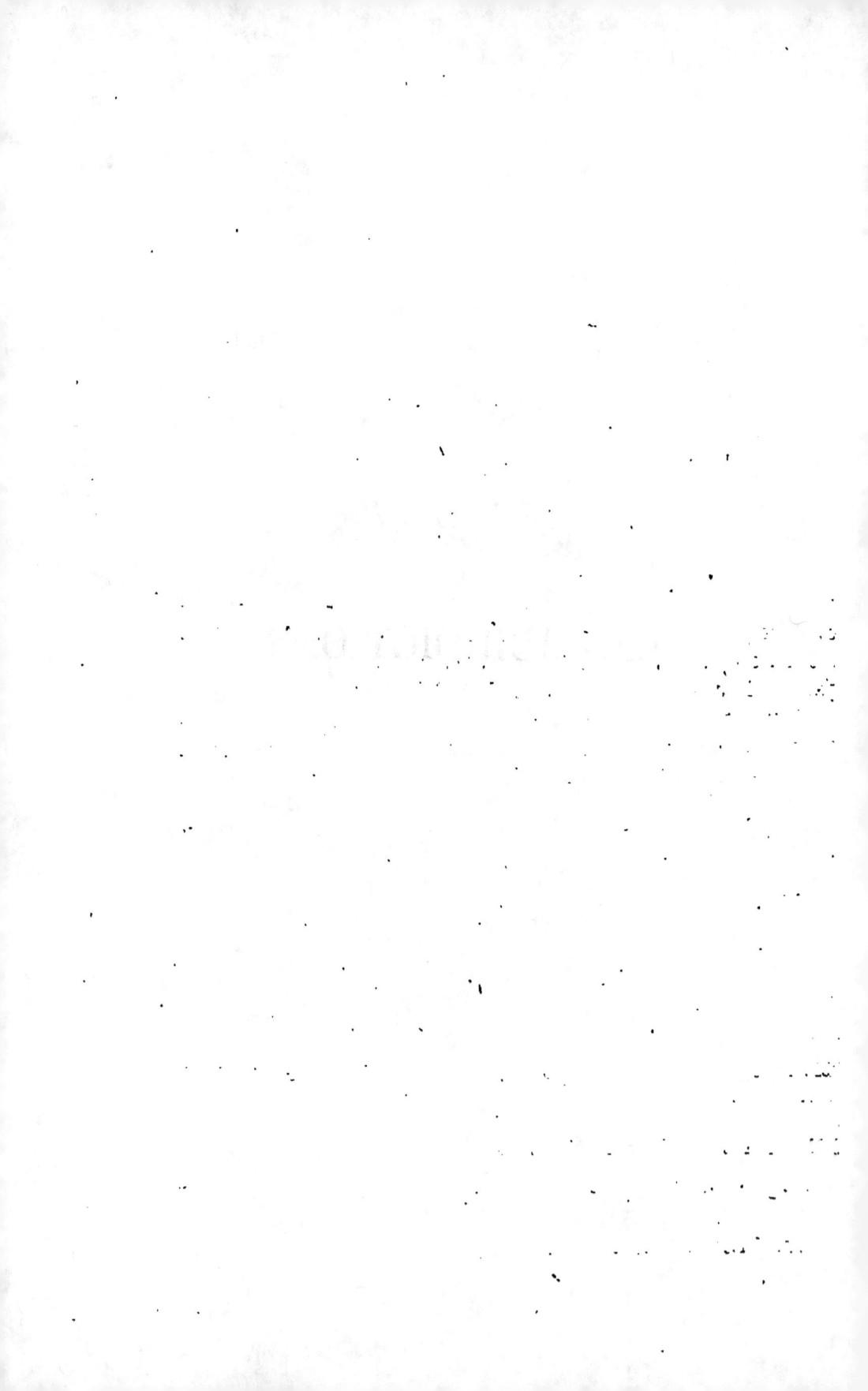

CHAPITRE I

LE DROIT DE JUSTICE

Justice appartenant aux villes. — Ses avantages. — Haute, moyenne
et basse justice. — Suppression de leur juridiction civile. — Juridiction criminelle. — Les jurats et les capitouls. — Juridictions
particulières. — La vicomté de l'eau à Rouen. — Diversité des
attributions. — Gratuité de la justice municipale. — Justice seigneuriale des municipalités.— Multiplicité des juridictions de toute
nature. — Ressorts. — Prisons des villes. — Déplorable organisation et améliorations. — Droit des maires de faire enfermer les
bourgeois. — Prisons des hôtels de ville. — Bourreaux. — Droit
de havage. — Variété et publicité des supplices. — Exécutions en
effigie.

« Il y a, dit le jurisconsulte Loyseau, une espèce
de justice, qui n'est ni seigneuriale, ni royale, c'est
celle qui appartient aux villes[1]. » Le droit de justice
était d'ordinaire l'apanage du souverain ou du seigneur ;
il avait cependant été concédé ou reconnu à un certain
nombre de villes. On put le regarder comme un des
privilèges les plus précieux des communes du moyen-

[1] *Traité des seigneuries*, ch. XVI, § 1.

âge. Il leur fut souvent enlevé, lorsque l'autorité royale
vint à prédominer; il leur fut aussi restitué. Les échevinages établis par les rois, à partir du xv° siècle,
furent la plupart du temps investis d'attributions judiciaires. On reconnaît, en 1561, que dans les bonnes
villes « les maires avec les eschevins ayant entre les
mains la juridiction politique [1], civile et criminelle, tiennent leurs dites villes si bien policées, régies et gou-
vernées qu'il en vient grand bien, honneur, proffit et
utilité à tous les habitans et fréquentans en icelles,
auxquelles la justice est promptement administrée sans
grands fraiz [2]. » Le juge royal ou seigneurial étant
d'ordinaire le véritable chef de la commune, l'attribution de prérogatives judiciaires à des magistrats élus
par les citoyens était le gage de l'émancipation municipale.

Le droit de haute, moyenne et basse justice resta
l'apanage de quelques villes [3], de celles de Flandre et
d'Artois notamment. Dans ces provinces, les échevins
avaient un caractère judiciaire qu'ils possédaient rarement dans le reste du royaume; sauf à Douai, ils
n'étaient point élus par leurs concitoyens; ils étaient
nommés, en Flandre, par le roi, le seigneur ou leurs
agents; dans l'Artois, par l'intendant ou les Etats [4].
En Bourgogne, quelques mairies jouissaient aussi de la

---

[1] Traduisez par municipale.

[2] B. Durand, *Privilèges octr. aux maires de Chalon-sur-Saône*,
p. 27.

[3] Coutume d'Abbeville, art. 34. Coutumes du pays de Marsan,
art. 12. *Rec. concern. la municipalité*, II, 206, 229.

[4] Guyot, VI, 602-610. — Arch. nationales, K. 1161.

juridiction civile et criminelle[1]. Mais c'était l'exception,
depuis que l'édit de 1566 avait enlevé aux villes la
justice civile, à moins qu'elle ne leur eût été attribuée
à titre onéreux[2].

La justice criminelle avait été maintenue à celles
qui en jouissaient. Elle n'exige point en effet de connaissances spéciales, et les échevins n'avaient pas besoin de science juridique pour savoir si un homme
est coupable d'un crime et pour lui appliquer la peine
qu'il mérite. Les jurats de Bordeaux[3] et les capitouls
de Toulouse exerçaient la justice criminelle. Ce furent les capitouls de Toulouse qui instruisirent en
première instance la fameuse affaire de Calas[4]. Les
mêmes prérogatives appartinrent aux nobles consuls
de Périgueux, aux consuls de Gaillac[5], aux échevins
de Rennes comme à ceux de Nantes[6]. Mais à Gaillac

[1] Garreau, *Descript. du gouvernement de Bourgogne,* p. 155 et
169. — Dijon demande en 1781 la confirmation de ses privilèges qui
sont « la justice patrimoniale, la jouissance des places communes,
épaves, confiscations, confections d'inventaires, le jugement en première instance des délits qui se commettent dans la ville et la banlieue, comme aussi de ce qui regarde les armes, la garde des portes,
le franc fief et autres privilèges. » (Arch. nationales, H. 1469.)

[2] *Anc. lois,* XIV, 208. — Loyseau, *des Seigneuries,* ch. XVI, 82-89.
— Montdidier, Chauny conservent leur justice civile. (Colliette, *Mém.
hist. Vermandois,* 1722.)

[3] Guyot, IX, 654. — Des Essarts, VIII, 550-574. — M. R. Guinodie
(II, 150-151) rapporte un arrêt des jurats de Libourne en 1768 qui
condamne un voleur à être pendu.

[4] De Mas-Latrie, *Rapport sur les Arch. de Toulouse. Doc. inéd.,*
I, 162.

[5] E. Rossignol, *Inst. Gaillac,* p. 102.

[6] 1710. *Corr. adm. sous Louis XIV,* I, 940. — Il en est de même
à Saint-Dizier et à Châlons. (Baugier, II, 270 et 272.)

comme en Flandre, l'usage s'introduisit d'adjoindre
aux consuls et aux échevins des hommes de loi, qui
pouvaient éclairer leurs jugements ; en Flandre, ils
étaient choisis parmi les avocats, payés par la ville et
portaient le nom de conseillers-pensionnaires [1].

D'ordinaire, la juridiction des villes était moins étendue, et les tribunaux supérieurs s'étaient toujours
efforcés de la restreindre. Les échevins de Reims qui
se distinguèrent jusqu'en 1636 du corps de ville, finirent par abandonner la haute justice à l'archevêque [2].
Ils conservèrent cependant deux tribunaux, dont l'un
sous le nom de buffet de l'échevinage s'occupait de la
police de la voirie et des marchés [3]. Les juridictions
municipales étaient souvent limitées, et avec raison,
à des attributions de ce genre. Elles connaissaient
aussi des délits de la milice bourgeoise, des infractions
aux règlements sur les manufactures et des questions
relatives aux cours d'eaux. La mairie de Troyes dispu-
tait aux maîtrises des eaux et forêts la réglementation
des dérivations de la Seine qui traversent son territoire. L'hôtel de ville de Paris avait sa juridiction sur
la « marchandise de l'eau », et l'on sait que ce fut là
l'origine de son autorité et de son blason [4]. A Rouen,
une magistrature spéciale, dépendant de l'échevinage,
qui se disait seigneur de l'eau, jugeait sous le nom de

---

[1] Depping, I, Intr., p. xxxvii. Les consuls d'Aix avaient un asses-
seur pris parmi les avocats. (*Id.*, xli.)

[2] Varin, *St. Reims,* II, 548 et 852.

[3] Varin, *Statuts*, III, 289. *Arch. de Reims*, IV, 424. — *Almanach
de Reims pour* 1775, p. 66.

[4] Arch. de Troyes. — Leroux de Lincy, liv. II, ch. ii.

vicomté de l'eau toutes les affaires qui se passaient sur le fleuve[1].

La diversité qui existait dans la composition, le recrutement et les fonctions des municipalités, se retrouvait dans leurs attributions judiciaires ; à Cambrai, les échevins prétendaient « congnoistre des excès et incongruitez quy pouvaient arriver entre eux[2] ; » ailleurs, ils réprimaient les insultes qui leur étaient adressées en forçant les coupables à leur faire amende honorable sur le perron de l'hôtel de ville[3]. En règle générale, la majorité des villes, jusqu'à la fin du règne de Louis XIV, jugeait des questions de police de voirie et d'édilité, dont nous parlerons plus loin.

Les villes étaient d'autant plus attachées à leur justice municipale qu'elle était moins coûteuse que les autres. La gratuité était même la règle[4] ; mais il y avait des droits pour les procès-verbaux de scellés, d'inventaires et pour les assemblées de parents, qu'on évaluait à 150 liv. environ pour chacun des échevins d'Arras[5]. Dans les villes closes de la Flandre, ces magistrats remplissaient même les fonctions de notaires, en recevant les actes et les contrats[6].

---

[1] Farin, *Hist. de Rouen*, I, 2e partie, p. 143. — Décl. de 1724 et de 1738. Des Essarts, VIII, 636-639.

[2] Durieux, *la Pudeur échevinale à Cambrai*. Mém. de la Soc. d'ém., XXXIV, 156.

[3] *Inv. Arch. Albi*, CC. 363. — E. Rossignol, *Inst. Gaillac*, p. 138. — Chardon, *Hist. d'Auxerre*, II, 291.

[4] Loyseau, *des Seigneuries*, ch. XVI, 74. — Wignacourt, p. 48-49. — *Inv. Arch. Douai*, BB. 83. — *Mon. inéd.*, IV, 543.

[5] Arch. nationales, K. 1145.

[6] Guyot, VI, 610.

La juridiction des villes s'étendait souvent sur les paroisses qui se trouvaient dans leur banlieue, et qui, comme nous l'avons vu, pouvaient être assez nombreuses. C'est ainsi que le consulat de Castres exerçait son autorité judiciaire sur douze paroisses ; celui de Cordes sur trente[1]. Les échevins et les consuls rendaient aussi la justice sur les terres et les localités dont la seigneurie appartenait à la ville. Il en était ainsi à Bordeaux, à Nuits et à Toulon. Le vierg et les officiers municipaux d'Autun se rendaient à cheval chaque année à Saint-Symphorien, précédés de leur trompette et de sergents qui criaient : Qui veut justice ? Les consuls de Toulon étaient seigneurs de la Valdardenne et rendaient huit jours par an la justice en cette qualité[2]. Ailleurs ils la partageaient avec le seigneur ; partout ils se trouvaient en contact avec d'autres juridictions, avec lesquelles ils furent plus d'une fois en conflit.

Il n'y avait pas sous l'ancienne monarchie de corps sans juridiction. Le clergé possède l'officialité ; la noblesse le tribunal du point d'honneur ; les possesseurs de fiefs ont leurs prévôts, leurs baillis et leur lieutenant ; chaque administration a son tribunal ; les intendants, les trésoriers de France, les membres des élections rendent des arrêts, ainsi que les maîtrises des eaux et forêts, les greniers à sel et la maréchaussée ;

---

[1] Borel, *les Antiquitez... de Castres d'Albigeois*, II, 128. — Elie Rossignol, *Institutions de l'arrondissement de Gaillac*, p. 141.

[2] *Livre des Privilèges*, p. 518. — Courtépée, *Description de Bourgogne*, II, 368 et 535. — *Notice sur les Arch. de Toulon*, p. 57.

les marchands ont leurs juges-consuls, et la plupart
de ces autorités, qui unissent le pouvoir administratif
au pouvoir judiciaire, dépendent de juridictions supérieures, telles que le Parlement, le conseil du roi, la
table de marbre, la cour des comptes, la cour des aides.
Si l'on y ajoute les tribunaux proprement dits, le bailliage ou la sénéchaussée, ainsi que le présidial qui juge
en dernier ressort les affaires d'une certaine importance,
on comprendra le nombre des difficultés qui pouvaient
surgir entre ces différents corps, dont les attributions
n'étaient pas toujours nettement définies.

Angers, par exemple, possédait seize justices seigneuriales analogues aux justices de paix actuelles [1] :
Dijon avait, outre l'officialité, six justices ecclésiastiques,
l'évêché, le chapitre, les religieux de Saint-Benigne, la
Sainte-Chapelle, la Chartreuse et la commanderie de la
Madeleine [2] ; Troyes en avait neuf, auxquelles il fallait
ajouter deux mairies royales, dont les territoires étaient
situés dans les faubourgs [3]. Les limites des territoires
n'étaient pas toujours fixées d'une manière précise, et
il y eut à ce sujet entre les consuls et le chapitre de
Périgueux un procès auquel les évènements de 1789
furent seuls capables de mettre fin [4].

Toutes ces juridictions, qui avaient un caractère
seigneurial, ressortissaient au bailliage ou à la séné-

[1] Métivier, des Anc. Institutions judiciaires d'Anjou, p. 5.
[2] Alm. du Parlement de Dijon pour 1790, p. 89.
[3] Alm. de la ville et du diocèse de Troyes, pour 1786, 147-149.
— Auxerre avait 13 tribunaux différents et 35 avocats. (Challe,
Auxerre il y a cent ans. Ann. Yonne, 1856, p. 117-142.)
[4] Bussière, I, 46-52.

chaussée, quelquefois même au Parlement. Elles étaient
d'importance fort inégale, car quelques-unes, comme
celles des commanderies de Malte, ne s'étendaient que
sur les propriétés de la communauté investie du droit
de justice. Elles avaient leur auditoire ou leur salle
d'audience, leurs baillis ou leurs juges choisis parmi
les avocats au Parlement, et souvent leur prison.

Les prisons royales ou seigneuriales étaient ordinairement situées dans de vieilles tours où dans les res-
tes des anciens châteaux. Elles avaient conservé au
xviiie siècle l'aménagement intérieur du moyen-âge.
Louis XIV avait en vain voulu qu'elles fussent « disposées en sorte que la santé des prisonniers n'en pût
être incommodée[1] » Leur installation fut longtemps
déplorable. Pour une prison modèle que l'on cite à
Valence[2], combien d'autres méritent les épithètes sévères que leur appliquent les administrateurs chargés
de les inspecter. Les prisons de Normandie sont qualifiées par eux de « séjour d'horreur », comme celles
d'Évreux et d'Avranches, et surtout la tour Chatimoine
de Caen, où l'on trouve des prisonniers enfermés
au fond des caves, dans des trous humides, dont la
porte est scellée sur eux. L'intendant en est tellement
révolté, qu'il s'écrie : « On ne peut détruire trop tôt
un pareil monument d'horreur et de cruauté[3]. » A la
même époque, un subdélégué, parlant des prisons de
Troyes, écrit : « Il n'y a peut-être pas de prisons où

---

[1] Ord. de 1670, tit. XIII, art. 1. *Anc. lois*, XVIII, 393.
[2] Guyot, XIII, 664.
[3] *Inv. Arch. Seine-Inférieure*, C. 1040... *Calvados*, C. 452.

les criminels soient plus mal[1]. » Aucune règle d'hy-
giène n'est observée dans ces établissements; les salles
sont des foyers d'infection et de corruption. La discipline dépend trop souvent du bon plaisir du geôlier,
accessible à toutes les gratifications, et qui est tenu de
fournir des aliments copieux à ceux qui peuvent les
payer, mais qui laisserait mourir de faim les misérables,
si la charité chrétienne ne venait pas à leur aide au
moyen de quêtes dans les églises. Parfois, le relâ-
chement est tel que les plus grands désordres sont
tolérés. On essaya d'y remédier en permettant aux
prisonniers d'élire tous les trois mois, parmi eux, un
prévôt, un sous-prévôt et un lieutenant, chargés de faire
observer les règlements[2]. Liberté précaire, qui laissait
subsister les abus et ne pouvait contribuer aux améliorations matérielles indispensables. On n'y songea
d'une manière sérieuse que sous Louis XVI ; sous l'influence des sentiments d'humanité qui dominaient
alors, et que le roi partageait, des enquêtes furent
faites, des règlements édictés, des bâtiments nouveaux
construits, et des infirmeries furent établies pour recueillir les malades, que jusque là on laissait mourir
dans des cachots infects et malsains[3].

Les municipalités envoyaient quelquefois leurs condamnés dans les prisons royales, qui furent mises à

---

[1] 1783. *Hist. de Troyes pendant la Révolution*, I, 266.

[2] *Règlement du bailliage de Troyes*, de 1643, art. VI, p. 3.

[3] Corresp. relative à l'établissement d'une infirmerie dans les prisons de Rennes, en 1778. Arch. nationales, H. 520. — Voir le préambule de la Décl. du 30 août 1780. Guyot, XIII, 662. — Arch. de l'Aube,
C. 349.

la charge de quelques-unes d'entre elles. Les officiers
municipaux de Caen réclament la propriété de la tour
Chatimoine, parce qu'ils craignent de ne pouvoir plus
y faire enfermer les bourgeois[1]. Le maïeur de Boulogne
paie les journées de geôlage pour la garde de soldats
de la milice bourgeoise qu'il y a fait conduire ; les
consuls d'Albi empruntent, en cas de besoin, les prisons de l'évêché ; mais, le plus souvent, surtout lorsque
la ville possède les droits de justice, elle a sa prison
que l'on peut qualifier de patrimoniale et que l'on a
bien soin de distinguer des prisons royales[2].

Cette prison était située dans l'hôtel de ville, comme
à Lyon, à Chalon et à Toulouse, ou dans une ancienne
tour, comme la tour aux Cochons, de Rethel, ainsi
nommée, dit-on, parce qu'on y enfermait les ivrognes[3].
La prison bourgeoise était considérée comme moins
dure que la prison criminelle, et l'on ne conduisait
dans la première, à Épinal, que les habitants qui se
révoltaient contre les agents de la municipalité[4]. Si l'on
peut citer des prisons bourgeoises, dont l'intérieur
était garni, par surcroît de précaution, d'un treillage
de fer[5], la plupart de ces prisons étaient si délabrées
et si mal tenues, qu'on était obligé de conduire les

---

[1] *Inv. Arch. Angers*, BB. 124, ...*Calvados*, C. 451.

[2] *Inv. Arch. Boulogne*, nos 309 et 323, ...*Albi*, CC. 304, ...*Dijon*,
B. 400.

[3] *Recueil des Privilèges de Lyon*, 1649, p. vii et 199. — L. Niepce,
Mém. Soc. d'hist. de Chalon, III, 167-168. — E. Jolibois, *Hist. de
Rethel*, p. 161.

[4] Coutume de 1594, art. xvii. *Rec. conc. la municipalité*, II, 218.

[5] Semichon, *Hist. d'Aumale*, I, 108.

criminels dans les villes voisines[1], et que les évasions
se multipliaient. En 1766, les prisonniers de l'hôtel de
ville de Toulouse s'échappent jusqu'à trois fois. Les
capitouls veulent changer le geôlier, le Parlement s'y
oppose. Les capitouls portent l'affaire au conseil du
roi, la font soutenir par un député qui leur dépense
14,400 liv., et finissent par la perdre[2].

Si la ville avait sa prison, elle avait aussi son bourreau.
Tel était le castigateur de Bordeaux, chargé de fouetter
les condamnés sur le carreau de l'hôtel de ville ; il était
nommé par les jurats, à qui il était interdit de se servir,
pour l'application du fouet, de l'exécuteur de la haute
justice ou de sa femme[3]. Cependant les échevinages contribuaient à l'entretien du bourreau de la juridiction
royale, soit en lui donnant une indemnité de logement,
soit en lui permettant de percevoir un droit sur les grains
apportés au marché. Ce droit, qui s'appelait le droit de
havage, consistait à prendre dans les sacs autant de
grains que la main pouvait en contenir ; à Paris, on exigea
que ce prélèvement fût fait au moyen d'une cuiller de
fer blanc. Il fut partout supprimé en 1775[4]. Certaines
villes en étaient dispensées, mais elles devaient offrir, en
compensation, d'autres avantages au bourreau pour

[1] *Inv. Arch. Charmes*, FF. 11.
[2] Rosy, *un Conflit... Mém. de l'Acad. de Toulouse*, 7e s., VII, 479-
498.
[3] Arrêt du Conseil de 1683. *Livre des Privilèges*, p. 430-431.
[4] Guyot, VII, 157. — *Inv. Arch. Seine-Inférieure*, C. 935. — Jolibois, *Hist. de Chaumont*, p. 171 et 401. — Le droit de havage rapportait 6,000 liv. par an en 1775 au bourreau de Troyes. (*Inv. Arch.
Aube*, C. 1825.)

l'engager à venir se fixer dans leurs murs. Lyon fut ainsi obligé, en 1709, de porter ses gages à 260 liv. Mâcon et Dijon lui donnent le logement et de 90 à 100 liv. de gages[1]. Rennes lui rachète ses prélèvements en nature moyennant une redevance annuelle de 300 liv. L'exécuteur de la haute justice avait, en outre, droit à des vacations, et la ville payait quelquefois les frais des exécutions. Le conseil de Beaucaire vote 1,000 liv. pour le châtiment de deux voleuses condamnées au fouet et à la mort[2]. Les peines criminelles étaient destinées, par leur nombre, leur variété, leur rigueur et leur appareil, à frapper les yeux et l'imagination du peuple. Les supplices de la pendaison, de la décapitation, de la roue, du feu et de l'écartellement, qu'on étalait sur les places publiques[3], avaient pour objet d'inspirer la crainte du crime par la terreur qu'inspirait le châtiment. Autant aujourd'hui on dissimule la répression, autant alors on cherche à la montrer. La prison est souvent remplacée par la peine du fouet. Les gens condamnés par l'échevinage de Reims sont fustigés et battus de verges à tous les carrefours et marqués d'un fer chaud sur la place publique[4]. On sonne la grosse cloche du beffroi de Douai pendant l'exécution des sentences rendues par l'échevinage[5]. En face de l'hôtel de ville ou sur le marché

---

[1] *Inv. Arch. Lyon*, BB. 170, ...*Dijon*, B. 252, ...*Mâcon*, CC. 149. Pour le logement, voir ...*Angers*, BB. 65.

[2] Arch. nationales, H. 520. — *Inv. Arch. Beaucaire*, BB. 26. — Troyes les rachète 1200 liv. en 1764. (Arch. de Troyes.)

[3] Muyart de Vouglans, *les Lois criminelles*, liv. II, tit. III.

[4] Varin, *Arch. Reims*, IV, 476.

[5] 1773. *Inv. Arch. Douai*, CC. 1418.

s'élève le pilori, où l'on expose les condamnés, autour duquel on promène les faillis coiffés du bonnet vert[1]. On procédait aussi au bannissement avec des formes solennelles. La forme jouait un grand rôle ; elle inspirait les exécutions en effigie, qui attestaient l'impuissance plutôt que la fermeté de la justice. La ville de Boulogne paie 20 liv., en 1737, à un barbouilleur qui a peint « deux messieurs du régiment de Périgord » pour être pendus en effigie[2]. Ces deux « messieurs » étaient des officiers qui, pour leurs violences contre les bourgeois, avaient encouru une condamnation à mort ; et la seule satisfaction que l'on put obtenir, ce fut de faire attacher leurs deux portraits en pied à une potence, où ils se balancèrent aux yeux du public pendant quelques heures.

---

1 *Manuscrits de Pagès*, II, 76.

2 *Inv. Arch. Boulogne*, n° 156. — Voir aussi nos 1421 à 1601. — Voyage à Paris de Coryate, 1608. *Mém. Soc. Hist. de Paris*, VI, 27.

CHAPITRE II

LA POLICE

La juridiction de la police semble appartenir d'une
manière plus logique aux municipalités que la juridiction civile ou criminelle ; cependant elle leur fut souvent contestée ou déniée. On la regardait comme un
droit seigneurial, et à ce titre, les officiers de justice
du roi, des évêques et des seigneurs l'exercèrent longtemps. L'édit de 1536 la remit particulièrement aux
prévôts, sans l'enlever aux villes qui en jouissaient déjà.

L'édit de 1566 leur en maintint la possession et autorisa les villes, où la police était entre les mains des baillis ou des prévôts, à nommer des bourgeois pour surveiller les quartiers, prononcer des amendes et rendre compte chaque semaine de leurs actes aux juges royaux ou seigneuriaux[1].

Un grand nombre de villes participaient directement ou indirectement à l'administration de leur police, lorsqu'un édit fiscal de 1699 établit partout des offices de lieutenant général de police. Beaucoup d'échevinages n'hésitèrent pas à faire des sacrifices pour les racheter, et sous le règne de Louis XVI, les cités les plus importantes possédaient la juridiction de la police. Lyon, Marseille, Bordeaux, Toulouse l'avaient toujours exercée ; Lyon avait déboursé 180,000 liv. pour conserver ses droits ; les provinces de Bourgogne et de Provence les avaient acquis en bloc pour les incorporer aux corps de ville[2] ; et, si ailleurs on avait laissé échapper la première acquisition, on sut réparer la faute qu'on avait commise, aussitôt que l'occasion s'en présenta[3].

Mais, soit apathie, soit pénurie, soit impuissance, toutes les villes ne possédaient pas cette juridiction. Ici[4], elle appartenait aux officiers de justice de l'évêque ;

[1] *Anc. lois françaises*, XII, 509, XIV, 208.

[2] Edit d'août 1700. Garreau, *Description de la Bourgogne*, p. 169. Voir aussi Philibert Collet, II, 140.

[3] On peut citer, outre les grandes villes que nous avons nommées, Autun, Beaucaire, Collioure, Morlaix, Perpignan, Nimes, Tarascon, Sens, Brest qui racheta l'office en 1754, Angers en 1780, Verdun en 1781, Limoges en 1784. (Des Essarts, *Dictionnaire de la Police*, VIII, 532-654.)

[4] Reims, Beauvais, Saint-Malô.

là [1], à la sénéchaussée ou au bailliage; ailleurs [2], au prévôt; ailleurs [3], la charge de lieutenant général était exercée par des titulaires qui l'avaient reçue en héritage de leurs parents, ou qui l'avaient achetée à beaux deniers comptants; enfin, il arrivait, comme à Orléans, que le lieutenant général avait pour suppléants et pour assesseurs dans son tribunal le maire et les échevins. Ce système mixte était assez fréquent. A Lille, le prévôt était assisté de quatre échevins [4]; à Rouen, le tribunal fut longtemps composé de conseillers au Parlement, d'officiers de justice et de l'échevinage et de quatre notables bourgeois [5].

On pourrait aussi placer au nombre des juges de police, les *apaiseurs* de Lille et de Valenciennes, que l'on comparait, à la fin du siècle dernier, aux juges de paix de Londres, et qui ressembleraient à beaucoup d'égards aux nôtres. Concilier les différends, terminer les querelles, telle était leur mission. Nommés à Lille, par le *magistrat*, à Valenciennes, par les curés des quatre plus anciennes paroisses, ils faisaient partie de droit du corps municipal [6].

Royale, seigneuriale ou municipale, la juridiction de la police trouvait des auxiliaires dans la population. Tels étaient les commissaires nommés en vertu de

[1] Riom, Sainte-Menéhould, Tonnerre, Versailles.
[2] Corbeil, Chablis.
[3] Angoulême, Embrun, Troyes en 1781. Jusque-là elle était possédée par le bailliage.
[4] Des Essarts, VIII, 629, 591.
[5] Farin, I, 2e partie, p. 190.
[6] Guyot, I, 473.

l'édit de 1566[1]; tels étaient, à certains égards, les dixainiers et cinquanteniers de Paris, les quatorze bourgeois de Lyon qui,. dans chaque quartier, vérifiaient le poids du pain, visitaient les tavernes et dénonçaient les contraventions[2]; et les quatre cents dixainiers de Toulouse, qui prêtaient serment devant les capitouls et dressaient procès-verbal des contraventions qui avaient lieu dans leur circonscription[3]. A Montpellier, les consuls déléguaient leurs pouvoirs pendant les vendanges à un « bon et vieux ménager, » qu'on appelait le *juge de la Banque*; il rendait des sentences en plein air ; « il est souvent entouré, dit un contemporain, de cent personnes qui font leurs plaintes, et de cent qui disent leurs raisons ; les passants que ce bruit attire n'y peuvent rien comprendre ; mais le juge, accoutumé à leurs criailleries, démêle les bonnes et les mauvaises raisons avec une dextérité merveilleuse, et prononce d'un ton et avec une voix animée par le Dieu de la vendange, sans que personne ose en réclamer[4]. »

Avec les progrès de la centralisation, les commissaires élus furent remplacés, tantôt par des officiers qui achetaient leur charge[5], tantôt par des agents salariés. Comme à Paris, où 40 inspecteurs, réduits à 20 en 1740, veillaient, sous les ordres des commissaires

---

[1] Nomination de quatre commissaires de police à Auxerre en 1765. Chardon, II, 502.
[2] *Priviléges de Lyon*, 1649, p. viii. Ils étaient aussi secondés par les capitaines-pennons. (*Inv. Arch. Lyon*, BB. 174.)
[3] Des Essarts, VIII, 643.
[4] Edit de nov. 1699. Des Essarts, VIII, 503.
[5] D'Aigrefeuille, *Hist. de Montpellier*, p. 582.

du Châtelet, à l'observation des règlements [1], on instituait dans les grandes villes des commissaires et des
sergents chargés spécialement de la police des rues et
des marchés. Marseille avait vingt gardes sous les ordres
de quatre brigadiers. Le lieutenant général d'Orléans
avait sous ses ordres une compagnie du guet composée de trente huissiers. Le guet dépendait aussi à
Paris du lieutenant de police, qui s'en servait surtout
pour maintenir l'ordre pendant la nuit. Les douze commissaires de Bordeaux, institués en 1759, possédaient
le droit de requérir le guet [2]. Celui de Metz était sous
les ordres de l'inspecteur de police, qui faisait tous les
jours son rapport aux magistrats [3]. En outre, la maréchaussée secondait d'une manière efficace les magistrats. Ils trouvaient aussi des auxiliaires utiles, pour
la garde des propriétés des faubourgs, soit dans les
messiers ou les vigniers qu'ils nommaient ou faisaient
élire, soit dans les hommes de la milice bourgeoise, soit
dans les invalides de l'armée, à qui l'on pouvait imposer la garde des moissons [4].

Si l'on salariait les agents subalternes, les magistrats
jugeaient d'ordinaire sans émoluments. « Les règlements généraux, écrit un ministre en 1782, défendent à
ceux qui exercent la police de prendre des épices dans aucun cas. Les frais de procédure se perçoivent sur le produit des amendes. » Mais il fallait faire des enquêtes, et

[1] Guyot, IX, 291.
[2] *Liv. des Privilèges,* p. 581, 595.
[3] Règl. de 1775. Arch. nationales, H. 665.
[4] Chardon, *Hist. d'Auxerre,* II, 364, 391, 601.

les gradués de Montpellier qui en étaient chargés ne voulaient pas s'en acquitter gratuitement. C'est que partout il n'en était pas ainsi. Le clavaire de Collioure, choisi parmi les consuls pour s'occuper de la police, prélevait à la même époque une demi-livre sur chaque porc, sur chaque charge de poisson, sur chaque gros panier de légumes ou de fruits qu'on amenait au marché[1]. S'il ne recevait rien des plaideurs, il était au moins nourri par ses administrés.

La police embrassait tout ce qui concerne le maintien de l'ordre moral et de l'ordre matériel. Elle cherchait à prévenir non moins qu'à réprimer. De là, ses règlements et ses arrêts. Les règlements étaient rendus par le corps auquel appartenait la juridiction. A Reims, en 1627, ils étaient arrêtés en assemblée générale[2] ; les conseils de ville y prenaient part ; les arrêts, au contraire, n'étaient donnés que par les échevins ou les juges chargés spécialement de tenir les audiences.

La police morale avait surtout pour but d'éviter le scandale ; elle avait un rôle religieux, que nous examinerons lorsque nous parlerons du culte. Elle cherchait à réprimer les manifestations tumultueuses ; elle surveillait les auberges et les cabarets ; elle contrôlait les spectacles ; elle s'occupait des mœurs. Elle réussissait souvent dans sa tâche, parce qu'elle était secondée par l'autorité supérieure et par l'opinion.

Elle eut cependant à lutter contre des coutumes soutenues par l'opinion populaire. La liberté des citoyens,

[1] Arch. nationales, H. 1022. — Des Essarts, VIII, 575.
[2] Varin, *Statuts*, II, 507.

non moins que la tranquillité publique, était troublée
par un usage invétéré, qu'on avait pu regarder au
XIVe siècle, dans une ville du Midi, comme un privilège
municipal[1], et que des arrêts multipliés essayèrent en
vain, aux siècles suivants, d'abolir dans le reste du
royaume; c'était celui des charivaris. A la célébration
des secondes noces, et même des premières, les tapa-
geurs de la ville se réunissaient avec les instruments
les plus bruyants et les plus discordants qu'ils pouvaient trouver, et assourdissaient les mariés, jusqu'à
ce que ceux-ci se fussent rachetés à beaux deniers
comptants. S'ils refusaient de subir ces exigences, des
rixes éclataient, et parfois elles étaient sanglantes[2]. On
donnait aussi des charivaris aux maris battus par leurs
femmes; souvent même on rendait responsables de leur
mésaventure leurs voisins qu'on promenait sur des ânes
ou sur des bœufs, au milieu des huées de la population[3]. Tantôt, les officiers municipaux fermaient les
yeux, ou se montraient impuissants à réprimer le ta-
page[4]. Plus souvent, ils s'unissaient aux tribunaux pour
faire cesser le scandale; mais ils furent quelquefois

---

[1] E. Thomas, *Rech. sur Montpellier*, p. 15.

[2] Guyot, III, 270. — *Inv. Arch. Boulogne*, n° 1040. — Ed. Fleury,
Art théâtral dans la province ecclés. de Reims, 1881, p. 102-106,
184.

[3] *Mémoire pour le sr Guillaume Cadet, principal du collège de
Joinville*, Paris, 1780. Exemple tiré de la Haute-Marne, *Ibid.*, p. 15.
— Gravier, *Hist. de Saint-Dié*, p. 298. — *Edits, ord. de Lorraine*,
II, 160. — Ladoucette, *Hist. des Hautes-Alpes*, p. 451. — Baurein,
Variétés Bordeloises, éd. 1876, III, 25. — Dr Ulysse Chevalier, *les
Abbayes laïques de Romans*, p. 11.

[4] En 1759. Chardon, *Hist. d'Auxerre*, II, 492.

obligés de réglementer l'abus qu'ils ne pouvaient empêcher, en fixant le tarif des droits que les jeunes gens pouvaient exiger des nouveaux mariés[1].

La police exerçait une autorité plus efficace sur les auberges et les cabarets. Les aubergistes étaient tenus d'avoir des registres chiffrés et de déclarer à la police les noms de ceux qui descendaient chez eux[2]. On pouvait leur imposer un tarif. Sous Henri IV, la mairie de Dijon défendait aux hôteliers d'exiger plus de 35 s. pour la journée d'un cavalier et de son cheval[3]. En 1702, les prix sont augmentés; à Troyes, la couchée d'un homme à pied ne peut dépasser 20 sous; le dîner à table d'hôte, 16 sous. La volaille et le gibier se paient à part; le grand levraut 18 sous et le perdreau 20 sous[4]. L'ouverture des cabarets fut soumise à l'autorisation des échevinages; la police prescrivait les heures pendant lesquelles ils ne pouvaient recevoir le public, notamment les heures des offices religieux[5]. Les cafés de Mâcon devaient être, en 1727, fermés à dix heures du soir[6].

Les jeux étaient parfois proscrits avec une singulière sévérité. On comprend qu'on les défendît dans les

---

[1] De Beauvillé, *Hist. de Montdidier*, II, 244. — Cet usage existait aussi dans les sénéchaussées de Lyon et de Villefranche. (*Encyclop. méthodiq. Jurisprudence*, IX, Intr., p. cxx.)

[2] Arrêts de 1708, 1761, 1766. Guyot, VIII, 568.

[3] *Inv. Arch. Dijon*, B. 237.

[4] En 1725, le levraut valait 30 s. (*Ordonnances de la police de Troyes*. Placards. Arch. de la ville, P. 4.)

[5] *Inv. Arch. Boulogne*, n° 1019. — Brillon, II, 2.

[6] *Inv. Arch. Mâcon*, FF. 46. — Les cafés s'établirent à Rouen vers 1730 (De la Quérière, *Rev. rétrosp. rouennaise*, p. 25), — à Auxerre, en 1769. (Chardon, II, 538.)

lieux publics ou qu'on les réglementât, comme à Angers, où ils n'étaient tolérés que dans trois cafés[1]. On avait été sous Louis XIII, jusqu'à les interdire chez les particúliers. Deux échevins de Dijon ont ordre de faire mettre en pièces les jeux de quilles et de « courtes-bóulles » qu'ils y trouveront; personne à Mâcon ne peut « tenir jeux de cartes, de dés, de quilles, de billards et de trincquetz[2]. » En 1692, le maire d'Angers menace « d'establir des gens de guerre » dans les maisons dont les propriétaires se livrent aux excès du lansquenet, « jusqu'à ce que la fureur du jeu soit dissipée[3]. » Si, en édictant ces ordonnances, les échevinages ne font souvent qu'exécuter les édits du roi[4], ils cèdent aussi à la tendance des petites démocraties de s'ingérer dans la vie privée. Sous Henri IV, ici, l'on limite à vingt le nombre des convives des banquets de mariage[5]; ailleurs, on défend de servir des confitures dans les repas de fiançailles ou d'accouchements; on fixe la valeur des présents que les parrains et les marraines ont coutume d'échanger. Sous le prétexte que

[1] Des Essarts, VIII, 533. A Rouen, on limite en 1786 à 24 le nombre des salles de billards. (*Inv. Arch. Seine-Inférieure*, C. 139.)

[2] *Inv. Arch. Dijon*, B. 249, ...*Mâcon*, FF. 30.

[3] *Inv. Arch. Angers*, BB. 99.

[4] Décl. du 30 mai 1611. Voir aussi de nombreuses ordonnances de Louis XIV contre le luxe. (De la Mare, *Traité de la Police*, I, 419-426.)

[5] Arthur Dinaux, *Habitudes conviviales et bachiques de la Flandre*, 1840, p. 20, 21. Ord. du Magistrat de Saint-Omer. — L'art. 134 de l'édit de 1629 limita le nombre des plats aux repas de noces et de fiançailles à six, sous peine de confiscation de tables et vaisselles. (De la Mare, I, 396-397.).

les servantes veulent être mises avec autant de luxe que
leurs maîtresses, on défend, en 1600, aux premières de
porter « cottes empesées et souliers légers, à peine de
fouet. » Plus tard, on interdira, sous les peines les plus
sévères, aux habitants de fumer ou de laisser fumer chez
eux, et même de prendre du tabac. En 1692, les habitants de Roubaix, qui « excèdent dans leurs vêtements
et dans leurs dépenses » sont avertis qu'on augmentera
leurs impositions[1]. On sait que quelques-unes de ces
impositions, comme la taille, étaient fixées d'après le
revenu présumé des contribuables.

Si l'intervention de la police dans le costume et la
dépense des particuliers était abusive et ridicule, elle
était légitime lorsqu'elle s'appliquait aux charlatans,
aux faiseurs de tours, aux montreurs de spectacles ;
leurs réclames et leurs exercices étaient subordonnés
à son autorisation ; elle surveillait aussi les mascarades
et les réjouissances du carnaval ; elle les réglementait.
Elle avait un soin particulier pour tout ce qui pouvait
sauvegarder l'apparence des bonnes mœurs.

Le moyen âge admettait certains excès que le XVIᵉ siècle
ne voulut plus tolérer. Il y avait à Dijon une maison
dite des fillettes, qui était réparée, réglementée et pro-
tégée par la ville[2]. L'ordonnance d'Orléans la supprima
comme toutes les maisons de ce genre. Sous Louis XIII
et sous Louis XIV, des mesures sévères furent prises
contre les filles de mauvaise vie. On créa des refuges et des

---

[1] Inv. Arch. Dijon, B. 248, 237, 301, ...Roubaix, FF. 16.

[2] Inv. Arch. Dijon.— Il en est de même à Limoges en 1531. (Reg.
consulaires, I, 216.)

maisons de retraite pour les enfermer et les convertir[1] ; on les expulsait de la ville ; on les fustigeait publiquement. Le conseil de ville de Nîmes fit chasser, en 1649, toutes celles qui étaient étrangères, après leur avoir rasé la tête et les avoir chargées de plumes de coq, « suivant la coutume, usage et privilège desquels cette ville est en possession. » A Boulogne, on les bannissait au son des cloches, en les menaçant d'être flétries à la face, de la main du bourreau, si elles rentraient[2]. A Bayonne, on va jusqu'à couper le nez à des servantes libertines. On rétablit même dans cette ville, sous Louis XV, un singulier usage du moyen âge. Les filles de mauvaise vie étaient enfermées dans une cage de fer, que l'on fixait avec des cordes au parapet d'un des ponts, et plongées à plusieurs reprises dans l'eau, au milieu des huées des assistants[3]. A Bordeaux, en 1759, on sévit contre ceux qui les logent, en murant les portes de leurs maisons[4]. Mais, malgré des pénalités nombreuses, quelquefois plus bizarres qu'efficaces, l'immoralité ne pouvait être supprimée, et la police était contrainte de se borner à l'endiguer pour en limiter les ravages.

La salubrité matérielle, non moins que la salubrité morale, attirait son attention. Le Tiers-État avait demandé, en 1560, qu'on transportât hors des villes tous

---

[1] Notamment à Amiens en 1657, à Lyon en 1664. (Brillon, II, 512.)

[2] Ménard, VI, 66. -- Inv. Arch. Boulogne, n° 1434.

[3] Inv. Arch. Bayonne, BB. 34, 40, CC. 191, 339, 562.

[4] Art. 13. Des Essarts, VIII, 560. — Voir aussi Milfaut, De quelques anciens usages mâconnais. Sur les femmes de mauvais gouvernement. Mém. Soc. Eduenne, 1880, p. 356-362.

les métiers qui portaient « puanteur et mauvais air »; le conseil du roi s'en rapporta, pour l'exécution de ce vœu, « à la diligence et bon devoir de ceux qui auraient la police[1]. » Ceux-ci renouvelèrent souvent depuis cette époque les règlements qu'ils avaient édictés, pour interdire d'élever des porcs[2] ou des lapins, pour l'enlèvement des fumiers, pour l'établissement des fosses d'aisance[3]. Ils prirent aussi des dispositions pour empêcher, comme à Lyon, les fromagers, les chandeliers, les marchands de poissons, les vidangeurs et les tanneurs, d'incommoder le public par l'exercice de leur profession ou de leur commerce[4].

Le balayage et l'enlèvement des boues furent aussi prescrits et réglementés fréquemment. En général, les habitants étaient tenus de faire balayer, jusqu'au ruisseau, la rue qui s'étendait au devant de leur maison, une ou deux fois par semaine, particulièrement la veille des dimanches et des fêtes, au son de la cloche ou de la clochette qui en donnait le signal. Ils devaient même jeter de l'eau sur le pavé et dans les ruisseaux, pendant les grandes chaleurs de l'été[5]. L'enlèvement

---

[1] Picot, *Hist. des Etats généraux*, II, 220-221.

[2] Arch. municipales de Gray.

[3] L'intendant de Rouen est convaincu qu'il faudra obliger les propriétaires du Havre à « édifier des lieux et commodités comme dans toutes les autres villes. » (Depping, I, 839.)

[4] Arrêté de 1779, visant un arrêté de 1640. Des Essarts, VIII, 611. Le bourreau d'Albi doit enlever toutes les charognes de la ville (1626). (*Inv. Arch.*, BB. 96.)

[5] Arrêt du Parlement de 1663. Freminville, p. 553. — Ord. de 1627. Varin, *St. de Reims*, II, 497. — *Inv. Arch. Mâcon*, FF. 28. — A Bor-

des boues et des immondices était effectué d'ordinaire
par des entrepreneurs, qui traitaient avec l'échevinage
par voie d'adjudication. Des tombereaux se promenaient
dès le matin pour les recueillir et les emporter hors
des murs[1]. Les frais de ce service étaient payés par
la ville, quelquefois au moyen d'une taxe levée sur les
habitants, et calculée d'après la cote de leur capitation[2].
Au xviiie siècle, lorsqu'on se préoccupa de l'amélio-
ration de l'agriculture et de l'utilité des engrais, l'enlèvement des boues put devenir un bénéfice pour
l'échevinage, et s'affermer à son profit[3].

Les efforts de l'échevinage et de la police échouaient
souvent contre l'apathie des bourgeois. Trop souvent
l'autorité était obligée, la veille des processions ou des
cérémonies, de faire procéder à ses frais au nettoiement des rues. Dans le Midi, les magistrats essayaient
en vain d'y faire régner la propreté. « Aucune ville
n'est plus malpropre, » dit un maire du Puy, qui pourtant se vante de son zèle[4]. « Le nettoiement des rues

deaux, en 1777, il y avait onze sonneurs de clochettes pour annoncer
l'heure du balayage. (Arch. nationales, H. 933.)

[1] xve siècle. Inv. Arch. Dijon, B. 17. — xvie siècle. Reg. consulaires de Limoges, II, 4. —xviie siècle. Mém. sur Auxerre, III, 486.
— R. Guinodie, Hist. de Libourne, I, 315. — Depping, Corr. adm.
sous Louis XIV, I, 840.— xviiie siècle. Inv. Arch. Roubaix, CC. 235,
...Bourg, BB. 162, ...Loudun, DD. 6.—L'enlèvement des boues était
adjugé à Bordeaux moyennant 15,000 liv. (Arch. nationales, H. 933.)

[2] Inv. Arch. Boulogne, nos 720 et suiv.

[3] Lettre de l'intendant de Bourgogne, de 1778. Arch. de l'Aube,
C. 50. — A Reims, le produit de la ferme des boues est affecté, de
1747 à 1777, à payer des cours de dessin et de mathématiques à l'hôtel
de ville. (Varin, Arch. de Reims, I, Intr., p. xcx.)

[4] 1774. Arch. nationales, H. 999.

n'est fait que par simagrées, écrit-on à Marseille, en 1768. On y dépense 700 liv. De trois en trois mois, l'adjudicataire se rend avec quatre ou cinq paysans et autant de bourriques, le long de quelques-unes des rues qui sont aux environs de l'hôtel de ville, et de quelques-unes de celles où passent communément les échevins, pour faire enlever quelques pierres ou quelque peu de gravier qui peuvent se trouver dans les ruisseaux de ces rues[1]. » Certaines rues de Clermont-Ferrand sont tellement sales qu'un voyageur anglais les compare à des tranchées dans un tas de fumier[2]. L'administration supérieure est obligée d'intervenir. Sous Louis XVI, l'intendant de Roussillon fait établir à Perpignan un balayage réglé avec l'enlèvement journalier des immondices[3].

Non moins que la propreté, il fallait assurer dans les rues la sécurité et la facilité de la circulation. On peut juger des obstacles qu'elles avaient rencontrés par ceux qu'on signale encore à Lyon en 1786. Le passant est exposé à recevoir les eaux et les matières qu'on jette par les fenêtres, la poussière des balais qu'on y secoue, les pots et les caisses de fleurs qu'on y place ; il risque de tomber dans les caves dont on néglige de fermer les portes. L'hiver, on lance des boules de neige, en tout temps des pétards. La voie publique est obstruée par les voitures, les ballots et le bois qu'on y laisse, par les marchands qui étalent sur la chaussée,

[1] Archives nationales, H. 1314.
[2] A. Young, *Voyages en France*, I, 280.
[3] *Compte-rendu de l'administ. de Raymond de Saint-Sauveur*, p. 84.

par les habitants qui font scier leur bois devant leur maison, par les femmes et les crocheteurs qui se promènent ou stationnent avec des brouettes ou des carrioles à bras. Les chevaux et les charrettes montent sur les trottoirs ou entrent dans les promenades, tandis qu'on s'y livre à des jeux dangereux pour les enfants, comme les quilles et les boules[1]. La police est obligée de rendre ordonnances sur ordonnances, pour remédier à ces petits abus qui sont de tous les temps, mais qu'elle ne cesse de poursuivre à mesure qu'un ordre plus complet s'établit dans les villes.

Sans doute, il n'est plus besoin, comme on l'avait fait encore au xviie siècle, d'ordonner au bourreau de couper le cou ou la jambe à tous les pourceaux qu'il rencontrerait « vagants dans les rues[2]; » mais il est toujours utile de proscrire la présence de ces animaux[3], et, de nos jours même, on peut se demander à quel danger ils seraient exposés dans certaines villes du Limousin, si les vieilles ordonnances y étaient encore en vigueur. On renouvelle aussi ou l'on édicte l'ordre d'adapter des tuyaux de descente aux gouttières; on interdit de placer des pots de fleurs sur les fenêtres et de jeter des liquides par ces fenêtres sans crier par trois fois : *Gare l'eau*[4]. Toutes ces ordonnances sont

---

1 Des Essarts, VIII, 599-600.

2 *Inv. Arch. Dijon,* B. 160, ...*Albi,* BB. 90.

3 *Inv. Arch. Bourg,* FF. 43. — *Ordonn. de police de Troyes,* 1774. — Ord. de 1785. Arch. de Gray. — Legrand d'Aussy, *Hist. de la Vie privée des Français,* I, 255-256.

4 *Inv. Arch. Mâcon,* FF. 53 et 27, ...*Dijon,* B. 191. — Saint-Ferréol, *Rech. sur Brioude,* p. 192.

maintes fois réitérées, car, selon la pensée profonde de
La Bruyère, il est parfois plus facile d'ôter à une ville
ses droits et ses franchises que de réformer ses enseignes[1].

Louis XIV avait, en effet, voulu faire remplacer par
des enseignes appliquées contre les murs les enseignes
saillantes, qui pendaient à l'extrémité d'une potence en
bois ou en fer forgé ; malgré tout son pouvoir, il n'y
avait pas réussi. Cent ans plus tard, on fut plus heureux ; les saillies furent limitées à trois pieds ; la hauteur et la dimension des tableaux furent réglées ; on fit
descendre les bottes, les chapeaux, les éperons gigan-
tesques, qui indiquaient la nature des marchandises
que l'on vendait dans les boutiques. Sans doute, elles
étaient pittoresques ces vieilles enseignes, aux couleurs
éclatantes, aux dénominations bizarres, joviales ou so-
nores, et dont la silhouette quelquefois artistique rom-
pait la monotonie de la perspective. Mais, par le vent,
elles s'agitaient en grinçant au bout de leurs potences,
et risquaient de tomber sur le pavé avec fracas. Le
lieutenant de police de Paris finit par en réduire la
saillie de trois pieds à quatre pouces. Il fallut aussi
payer un droit pour les avoir[2]. Les officiers de police
ne permettaient pas toujours qu'on en établît sans leur

---

[1] *Caractères,* Ed. Servois, I, 364.

[2] Ord. du bureau des finances de 1761 ; — du lieutenant de police
de Paris de 1766. Des Essarts, III, 524-528. — Voir *Continuation du
Traité de la police,* IV, 336-338 ; De la Quérière, *Recherches histor.
sur les Enseignes,* 1850 ; Blavignac, *Hist. des Enseignes,* 1878 ; Dr
Patay, *Enseignes du vieil Orléans. Mém. Soc. archéologique de
l'Orléanais,* XVII.

autorisation ; ils en contrôlaient le sujet, la formule et la solidité[1].

L'usage d'étaler les marchandises en dehors des boutiques subsistait pour beaucoup d'entre elles; il existait surtout pour les marchés, où les jardiniers des environs venaient, à certains jours de la semaine, apporter leurs légumes et leurs fruits dans les rues ou sur les places les plus fréquentées. Nul ne pouvait acheter, nul ne pouvait vendre avant que la cloche eût annoncé l'ouverture des marchés. Il était défendu aux hôteliers, aux cabaretiers et aux revendeurs d'y entrer avant une heure déterminée, et d'aller au-devant des fournisseurs. Une surveillance rigoureuse était demandée par l'opinion populaire, qui ne comprend pas la liberté des transactions lorsqu'il s'agit des denrées nécessaires à l'alimentation. De là, proviennent les nombreuses taxes délibérées en assemblées générales, en chambre des échevinages ou de police, et qu'imitèrent les lois du *maximum* en 1793. Elles ne portent pas seulement sur le pain et la viande, mais sur le bois, la chandelle, le charbon[2], le poisson, le gibier[3], et même sur le salaire des ouvriers[4].

Le système des taxes pouvait s'expliquer pour des corporations privilégiées, comme celles des boulangers

---

[1] Fréminville, *Dict. de Police*, p. 289. — *Inv. Arch. Boulogne*, nos 1051-1065.

[2] *Inv. Arch. Mâcon*, FF. 34 et 40, ...*Angers*, HH. 5. — *Corr. des contrôleurs gén.*, I, no 586.

[3] *Inv. Arch. Albi*, BB. 20, ...*Verdun-sur-Garonne*, BB. 13. — Ordonnances de police de Troyes. — Bonnin, *Notes sur Evreux, Tr. Soc. de l'Eure*, VII, 358.

[4] *Inv. Arch. Beaucaire*, BB. 21, ...*Verdun-sur-Garonne*, BB. 16.

et des bouchers, dont les membres, en nombre limité, étaient à même de s'entendre entre eux pour faire monter les prix. Le taux du pain était fixé à Troyes, tous les samedis, dans la chambre du conseil du Palais de Justice, en présence des commissaires de police, des mesureurs et des gardes-boulangers[1]. A Angers, l'assemblée, qui déterminait le tarif, était composée du lieutenant général de police, d'officiers de justice et de l'échevinage et d'administrateurs des hôpitaux[2]. Les boulangers défendaient leurs intérêts; ils essayaient même d'obtenir par des présents des tarifs favorables. En 1725, ils remirent une bourse de 200 louis au prévôt des marchands de Lyon, à l'appui d'une requête de ce genre; quand ils vinrent en demander la réponse, le prévôt leur dit qu'il avait fait distribuer en leur nom les 200 louis aux pauvres, et que, puisqu'ils étaient à même de faire de pareilles aumônes, ils ne pouvaient perdre dans leur métier[3]. La police ne fixait pas seulement le prix du pain, elle en déterminait la qualité. En 1709, l'échevinage de Gray interdit de faire d'autre pain que du pain bis[4]. L'ingérence de la police s'étendait jusqu'aux pâtissiers qui reçoivent l'ordre à Dijon,

[1] Art. 29 de l'ord. de 1702. Placard. — Voir aussi *Inv. Arch. Bourg*, HH. 7-12.

[2] Des Essarts, VIII, 534.

[3] *Journal historiq. de Verdun*, mars 1725, p. 166.— On peut voir aussi dans les comptes du trésorier des bouchers de Troyes en 1642 des dons de lard et de langues de bœuf aux magistrats de la police. (Bibl. de Troyes, man. n° 2298.)

[4] Dél. municipales de Gray. — A Bourg il leur défend de faire des tartes. (*Inv. Arch.*, FF. 43.)

dans une année d'abondance, de faire les craquelins et
les petits pâtés plus gros qu'ils ne les font.

Les bouchers étaient plus riches et plus influents que
les boulangers. S'ils résistaient aux taxes, on n'avait d'autre moyen pour les faire céder que d'inviter les bouchers
des campagnes et des villes voisines à venir leur faire
concurrence[1]. Leurs étaux étaient d'ordinaire réunis dans
une commune boucherie, de sorte qu'il était plus facile
de surveiller la qualité des viandes exposées en vente.
L'abattage, la préparation et l'étalage des viandes
étaient réglementés. On interdisait aux bouchers de
jeter leurs eaux dans les rues ; on munissait de soufflets
ceux d'Albi afin qu'ils ne soufflassent plus la viande
avec la bouche ; on punissait de peines sévères ceux qui
vendaient de la viande corrompue[2]. Les porcs qu'on
amenait aux marchés étaient aussi visités par des officiers de police, qui portèrent, lorsqu'ils furent devenus
propriétaires de leurs charges, le titre sonore de jurés
inspecteurs et contrôleurs de porcs.

D'autres officiers, surtout à Paris, présidaient à la
vente du poisson. L'échevinage de Reims nommait des
visiteurs de marée, qui faisaient décharger les paniers
devant eux, et jugeaient de la qualité de leur contenu.
Lorsque le poisson était rare, surtout pendant le carême, on requérait les pêcheurs pour en prendre, et on
leur défendait d'en vendre aux étrangers[3].

---

[1] *Inv. Arch. Dijon*, B. 236 et 318, ...*Bourg*, HH. 17.

[2] De Lépinois, *Hist. de Chartres*, II, 369. — De Ruffi, *Hist. de
Marseille*, II, 311. — *Inv. Arch. Albi*, CC. 290, ...*Mâcon*, FF. 32,
...*Bourg*, HH. 16.

[3] Varin, *Arch. de Reims*, IV, 426. — Arch. municipales de Gray.

L'approvisionnement était avec raison un des prin-paux soucis de la police à une époque où les voies de communication laissaient à désirer, et où l'on ne pouvait faire venir de loin les vivres qui manquaient dans les environs. Aussi, lorsqu'une grande affluence de peuple était attendue dans la ville, à l'occasion de fêtes extraordinaires ou du passage d'un prince, envoyait-on des agents ou des commissaires dans les villages d'alentour. L'approvisionnement était surtout une question primordiale pour de grandes villes comme Paris ; le prévôt des marchands avait une juridiction spéciale qui s'étendait bien au delà de sa banlieue, et possédait, comme un intendant, des subdélégués[1] chargés d'assurer particulièrement le transport des bois sur les rivières navigables et flottables.

L'approvisionnement des marchés aux grains préoccupait surtout les autorités. Plusieurs villes avaient des halles qui dataient du moyen-âge ; nous en voyons qui tombent en ruines, d'autres que l'on construit sur de plus vastes plans[2]. On percevait sur les blés qu'on vendait sur ces marchés des droits de hallage ou de minage, au profit des seigneurs ou des villes[3]. Ces droits empêchaient quelquefois les paysans d'y apporter leurs grains. Ils concouraient avec les difficultés et les entraves de la circulation à rendre plus désastreuses les disettes, que les règlements des municipalités, les or-

---

[1] Il avait des subdélégués à Troyes et à Auxerre, avec une juridiction spéciale. (*Almanachs de Troyes et de Sens.*)

[2] A. Nicaise, *Epernay*, p. 109. — Jolibois, *Hist. Chaumont*, p. 168.

[3] *Inv. Arch. Mâcon*, DD. 26, ...*Calvados*, C. 1271. — *Mém. sur Auxerre*, III, 502.

donnances des tribunaux et des intendants s'efforçaient
de conjurer. Leurs efforts furent trop souvent stériles,
parce que l'on demandait à l'excès de la réglementation
des résultats que la liberté du commerce eût amenés
avec plus de certitude et sans autant de peine[1].

[1] Sur les moyens employés pour combattre les disettes, voir plus
loin, liv. VII, ch. I.

CHAPITRE III

LES RÈGLEMENTS DU COMMERCE

ET DE L'INDUSTRIE

Excès de protection. — Juridiction consulaire. — Election des juges-consuls. — Bourses. — Jurandes et communautés. — Multiplicité des corporations. — Statuts et règlements. — Liberté du commerce à Auxerre. — Juridiction des échevinages et de la police sur les corporations. — Réception des maîtres. — Contrôle des poids et mesures. — Police de l'imprimerie. — Police des métiers. — Intervention de l'Etat dans la surveillance des manufactures. — Juridiction des villes à cet égard. — Visite des objets fabriqués. — Inspecteurs des manufactures. — Bureau central du commerce. — Chambres et députés du commerce. — Transformation du commerce et de l'industrie. — Décadence des foires. — Substitution du travail collectif au travail individuel. — Crises commerciales. — Augmentation du nombre des compagnons au xviiie siècle.

La prospérité des villages dérive de l'agriculture ; celle des villes, de l'industrie et du commerce. En poursuivre le développement, tels furent la tâche et le but des habitants et des pouvoirs publics. Les premiers cherchèrent ce développement par l'association ; les seconds, par la réglementation.

L'excès de protection caractérise l'ancien régime ; la corporation industrielle exerce une sorte de tutelle sur ses membres ; l'échevinage et l'État sur la corporation. Mais en même temps qu'on multiplie les précautions, on multiplie les garanties, et le marchand et l'artisan ont leurs droits comme les autres ordres de l'État.

Ces droits sont protégés par les corporations. Si chacune d'elles a sa juridiction propre, elles ont, dans un grand nombre de villes[1], leur tribunal commun dans la juridiction consulaire. Les juges-consuls, qui datent du xvie siècle, étaient appelés à régler les différends commerciaux qui s'élevaient entre les marchands. C'était un avantage réel pour ces derniers d'être jugés rapidement et sans grands frais[2] par des magistrats élus par eux. La forme de ces élections était à peu près la même partout. A Paris, 30 marchands et 30 artisans choisis par les consuls, nommaient 30 députés qui, avec les consuls en exercice, désignaient leurs successeurs ; en province, le nombre des marchands variait ; il était de 50 à Bourges, de 40 à Bordeaux, de 20 à Marseille[3]. D'après une déclaration de 1615, les juges-consuls devaient prêter serment devant les baillis et les sénéchaux ; mais beaucoup d'entre eux se firent maintenir dans le privilège qu'ils avaient de le prêter entre les mains de leurs prédécesseurs.

---

[1] 67 villes au xviiie siècle. *Encycl. méthodiq. Commerce*, I, 721.

[2] On refuse d'accorder des taxes aux juges consuls de Dijon, « rien n'étant plus contraire au but de cette institution.» (*Corr. des contrôl. gén.*, I, n° 171.)

[3] Guyot, IV, 568. — Voir sur les élections consulaires à Clermont-Ferrand : Cohendy, *Adm. d'Auvergne*, p. 179-185.

À Lyon, le prévôt des marchands et les échevins exerçaient la juridiction consulaire réunie à l'ancienne conservation des foires. Ils avaient en même temps sur les métiers une surveillance spéciale qu'ils confiaient à des inspecteurs[1]. À Montpellier, les bourgeois concouraient avec les marchands à l'élection des juges-consuls[2]; c'était une exception à la règle qui voulait que les juges fussent nommés par les seuls justiciables.

Ces juridictions avaient pris naissance dans les Changes ou Bourses où les marchands se réunissaient pour traiter de leurs affaires. La première bourse qui fut créée fut celle de Toulouse en 1549; celles de Bordeaux et de Rouen vinrent ensuite[3]. En les établissant, on avait autorisé les marchands à élire des consuls. L'hôtel des consuls était quelquefois un édifice important; celui de Rouen, qui fut construit sous Louis XV, était orné d'une statue du roi, et renfermait une chapelle décorée d'un tableau de Vanloo[4]. La Bourse de Bordeaux, élevée vers la même époque, sur les plans de Gabriel, est un des plus beaux monuments qui décorent les superbes quais de la Garonne. Les salles étaient garnies des portraits en pied des consuls

---

[1] Vaesen, *la Juridiction commerciale à Lyon sous l'ancien régime.* — *Privilèges de Lyon*, 1649, p. xi.

[2] Guyot, IV, 568. — Au xviie siècle, ils étaient nommés sur la proposition du premier consul de mer. (A. Delort, p. 420-424.) Le consulat de mer fut incorporé à la Bourse en 1691. (D'Aigrefeuille, p. 591.)

[3] Astre, *Essai sur l'hist. de l'ancienne Bourse de Toulouse. Mém. Ac. des sc. de Toulouse*, 5e série, VI, 71-92.

[4] *Inv. Arch. Seine-Inférieure*, C. 217.

et des bustes des négociants dont les familles étaient
sans reproches[1]. Ailleurs, le lieu du rendez-vous des
marchands était désigné sous d'autres noms ; à Paris,
ce fut la place du Change, jusqu'à ce que l'on ouvrît,
en 1724, une bourse dans la rue Vivienne ; à Marseille
et à Lyon, on l'appelait la Loge des marchands[2].

De même qu'il existait une juridiction spéciale pour
tous les négociants, il y avait dans les corporations industrielles des jurés, des gardes qui étaient investis
d'un certain pouvoir de discipline et de contrôle. Le
pouvoir de ces jurés dérivait du droit de jurande, auquel ces artisans et ces marchands attachaient un grand
prix, parce qu'il leur donnait des chefs élus, dont l'autorité légalement reconnue était plus capable de défendre leurs intérèts et de les protéger contre la concurrence[3]. Toute profession nouvelle voulait former un
corps distinct constitué par lettres patentes[4], et l'on
vit même des communautés se subdiviser selon les différentes variétés du travail ou selon les convenances de
leurs membres. On en comptait, à Paris, 60 en 1673,
et 129 en 1723. Les bouquetiers et les bouquetières,
les cordonniers et les savetiers, les patenôtriers en bois
et en corne et les patenôtriers en jais, ambre et corail,
formaient des corporations distinctes. En dehors des
129 communautés érigées par lettres patentes, il en

---

[1] *Lettres de Madame de G****, 1787, p. 69.

[2] *Encycl. méthod. Finances*, I, 295.

[3] Ouin-Lacroix, *Hist. des anc. corporations d'arts et métiers,*
p. 38-46.

[4] *Considérations sur le commerce et en particulier sur les compagnies, sociétés et maîtrises*, 1758, p. 16. ·

était d'autres qui n'avaient pas de statuts, mais qui formaient une association reconnue par la police et réglée par des usages, telle que les crieuses de vieux chapeaux, qui étaient plus de mille à Paris[1]. Les communautés de ce genre ne constituaient pas des jurandes; mais les juges de police pouvaient leur donner des règlements, qui leur tenaient lieu de statuts.

Il était rare que des artisans pussent exercer une industrie sans faire partie d'une association. Le nombre de ces artisans était très restreint[2]. Il était plus rare encore de rencontrer des villes où la liberté du commerce existât, comme à Auxerre. En 1701, les merciers de cette ville voulurent obtenir des lettres de maîtrise. L'intendant s'y opposa, en s'appuyant sur la liberté dont jouissaient les Auxerrois; « liberté précieuse, disait-il, qui par la concurrence procurait au consommateur un meilleur choix et des prix plus modérés[3]. » Cet intendant devançait le mouvement de l'opinion qui provoqua les réformes éphémères de Turgot et les décrets de l'assemblée nationale.

A Auxerre, l'échevinage protégeait la liberté du commerce contre ceux qui voulaient y porter atteinte; ailleurs, c'étaient les corporations dont la municipalité sauvegardait les droits. Lorsqu'elle jouissait de la juridiction de la police, elle pouvait leur donner des règlements; elle veillait à leur exécution. Les villes de

---

[1] Savary, *Dict. du commerce*, I, col. 1339-1443 et 1614.

[2] *Encycl. méthodique. Commerce*, II, 776.

[3] *Mém. sur Auxerre*, V, 500. Il y avait cependant des communautés à Auxerre, mais elles étaient libres.

Flandre et d'Artois avaient conservé, grâce au texte de leurs capitulations, le droit d'accorder des statuts aux communautés industrielles [1]. L'échevinage de Lille avait même la prétention d'exercer une juridiction sur l'industrie de Roubaix; il fit saisir à plusieurs reprises des marchandises fabriquées dans cette ville, et ce ne fut que sous le ministère de Turgot que les habitants de Roubaix obtinrent d'être délivrés d'une ingérence aussi excessive [2]. Lyon, qui possédait l'intendance du commerce, avait encore une juridiction spéciale des foires, connue sous le nom de la conservation, et qui avait été unie au corps de ville en 1655 [3]. La plupart des villes veillaient surtout à l'exécution des statuts et des règlements, donnaient un caractère légal aux élections faites par les corporations, présidaient à la réception des maîtres et à la reddition des comptes. Leur intervention était souvent invoquée, parce que tout en étant contraire à la liberté du commerce, elle était favorable aux privilèges qui garantissaient les intérêts des membres des corporations.

Certains échevinages jugeaient de l'aptitude de ceux qui voulaient se faire recevoir maîtres, en examinant le chef-d'œuvre qu'ils étaient tenus de présenter pour leur admission. Il devait être apporté à l'hôtel de

[1] Chardon, II, 299. — Guyot, V, 88.

[2] Marissal, p. 134-138. Les habitants de Roubaix invoquaient pourtant en leur faveur un arrêt du Conseil de septembre 1762 qui accordait la liberté du commerce aux campagnes et aux localités sans communautés.

[3] *Privilèges de Lyon,* 1649, p. XIII. — Vaesen, *la Juridiction commerciale à Lyon,* p. 68-101.

ville [1], et ce devait être une séance curieuse que celle où le conseil d'Amiens, assemblé autour d'un plat de *saupiquet* ou de *viande*, décidait si ce chef-d'œuvre d'un apprenti pâtissier était digne d'un maître. On aurait pu voir aussi messieurs de la chambre de ville de Dijon examiner gravement une emplâtre de *diachylum magnum*, qu'un apothicaire leur soumet comme son chef-d'œuvre. A Angers, en 1777, le sieur Mame, qui veut être reçu maître imprimeur, présente à ceux qui sont chargés de le recevoir, deux pages de différent format qu'il a composées et imprimées sous leur dictée [2]. C'est que la police avait la prétention d'être juge de la qualité de la marchandise et du travail. La chambre de ville de Dijon prescrira aux cordonniers la façon dont ils devront faire les talons des souliers et des bottes; et l'échevinage de Gray, sachant qu'il a été fourni des serrures défectueuses, ordonnera de mettre son poinçon sur toutes celles qui pourront être employées [3].

On comprend mieux le contrôle exercé sur les poids et mesures, dont l'unité réclamée dès le xvie siècle ne fut décrétée qu'après 1789. Un poinçon était d'ordinaire appliqué sur ceux qui avaient été vérifiés, soit par les agents de la ville, soit par ceux des juges seigneuriaux ou des prévôts, soit par les échantilleurs ou

[1] Lalanne, *Hist. de Châtelleraud*, II, 19. — De la Thaumassière, *Hist. du Berry*, p. 144.

[2] Dusevel, II, 150. — *Inv. Arch. Dijon*, B. 320. — *Inv. Arch. Angers*, FF. 40. — Voir aussi Ouin-Lacroix, p. 19-21.

[3] 1663. *Inv. Arch. Dijon*, B. 301. — 1698. Arch. de Gray.

contrôleurs à titre d'offices[1]. Les villes étaient aussi souvent en possession de nommer les mesureurs de grains, les courtiers de change et de marchandises et d'autres agents du même genre, quand ils n'étaient pas propriétaires de leurs offices.

Il ne rentre pas dans le cadre de ce livre d'étudier les minutieuses réglementations auxquelles l'industrie et le commerce des villes étaient assujettis; quelques-unes étaient inspirées par des motifs de morale ou de politique, comme celles qui s'appliquaient à l'imprimerie et à la librairie. La censure peut être, au xviie siècle, exercée par des échevinages; à Dijon, on ne peut rien imprimer sans la permission du maire; à Lyon, on doit porter chez les échevins les gazettes nouvelles ou extraordinaires, avant de les livrer au public. Les consuls d'Albi font procéder, sur l'ordre de l'évêque, à la saisie de livres religieux que le grand vicaire n'a point approuvés[2]. Le conseil de Gray nomme un imprimeur de la ville et lui donne le monopole de la librairie, mais il s'aperçoit bientôt qu'il paie les livres de classe plus cher, et il révoque le privilège qu'il lui a accordé[3]. Au xviiie siècle, le pouvoir central intervint plus que jamais dans la police des imprimeries, en limita le nombre et désigna les villes où elles pourraient subsister[4]. Mais la réglementation n'avait point d'ordinaire

---

[1] Leroux de Lincy, p. 139. — Brillon, IV, 361. — *Inv. Arch. Albi,* BB. 121. — Varin, *St. Reims,* II, 505.

[2] *Inv. Arch. Dijon,* B. 289, 296, 342, ...*Lyon,* BB. 195, ...*Albi,* BB. 115.

[3] Dél. mun. de 1694. Arch. de Gray.

[4] Edit du 29 mars 1739.

pour cause un intérêt d'ordre politique; elle cherchait
surtout à sauvegarder les droits des maîtres et l'honneur professionnel. De là, les visites fréquentes que
faisaient les gardes et les jurés des communautés chez
les artisans qui étaient soupçonnés de leur faire concurrence; de là, les marques que l'on mettait sur les
objets fabriqués, comme le poinçon de la communauté
des orfèvres, qui s'ajoutait à la marque du fabricant et
au contrôle des hôtels de monnaie, comme le plomb
qu'on mettait sur les draps. On saisissait les marchandises défectueuses, on les détruisait, ou bien, comme
à Abbeville, on les suspendait, après les avoir lacérées,
à un poteau de neuf pieds de haut dressé au milieu
des halles[1].

La réglementation augmenta de plus en plus, lorsqu'à partir de Colbert l'État stimula l'industrie dans
les grandes villes en favorisant et en provoquant l'établissement des manufactures. Il les encourage par la
protection qu'il leur accorde, par les privilèges qu'il
leur octroie, et même par les subventions qu'il leur
donne; mais, en même temps, il multiplie les règlements généraux et particuliers; il détermine et précise
la nature des étoffes, la largeur et la longueur des draps,
la grosseur du fil, de la trame, de la chaîne, la couleur
des teintures[2]; il n'est point de détail de la fabrication
où il ne pénètre. Ces règlements ne sont point faits à
la légère; des commissaires du roi se concertent avec
les fabricants et les réunissent au conseil de ville pour

[1] *Mon. inéd. de l'hist. du Tiers-Etat*, IV, 511.
[2] *Encycl. méthodiq. Commerce*, III, 502-574.

avoir leur avis[1]. Les échevinages sont disposés plutôt
à favoriser les industries anciennes qu'à susciter les
nouvelles ; on les voit tantôt accorder à celles-ci des
primes et des exemptions[2], tantôt leur opposer des obstacles, comme ceux qu'ils apportèrent à l'établissement
de certaines manufactures[3]. Colbert, pour les engager
à y prendre intérêt, leur en donne la juridiction. Ce
sont désormais les maires et les échevins qui, sommai-
rement, sans avocats ni procureurs, jugeront de la
qualité des objets fabriqués, et régleront les différends
entre les patrons et les ouvriers[4]. Ils conserveront
presque tous ces attributions, en rachetant les offices
des lieutenants-de police qui en furent spécialement
investis en 1699.

Plus que jamais, les jurés, les gardes, qu'on nomme
dans le Nord les « esgards », sont appelés à visiter les
étoffes fabriquées ; ils se les font apporter dans la halle
de la corporation ou à l'hôtel de ville, les enregistrent
et les marquent d'un plomb aux armes de la ville[5].
Leur surveillance parut insuffisante, leur autorité précaire. Des inspecteurs furent chargés par l'État de se

---

[1] Varin, *Statuts de Reims*, II, 795.

[2] Caffiaux, *Essai sur le rég. économique du Hainaut*, 337-342. —
Houdoy, *Recherches sur les manufact. lilloises de porcelaine et de
faïence*, p. 16. — *Inv. Arch. Lyon*, BB. 142.

[3] Depping, Intr., I, p. XL, III, p. XLVIII.

[4] Edit d'août 1669, *Anc. lois*, XIII, 363-365. Une ord. de l'intendant
de Champagne rendue en 1670 fait exercer cette juridiction à Troyes
par le maire et cinq échevins élus en assemblée consulaire. (Arch.
de l'Aube, C. 1845.)

[5] *Enc. méth. Commerce*, III, 506 et suiv. — *Nouv. recherches de
la France*, I, 416, II, 168. — *Inv. Arch. Roubaix*, HH. 14, 16 et 28.

rendre dans les provinces pour tenir la main à l'exécution des règlements. En 1723, on en comptait trente-deux, résidant dans les principales villes, et tenus particulièrement de surveiller la fabrication des draps et des toiles, de procéder à leur marque et de vérifier les droits qu'on en retirait[1]. En 1780, il y en avait quarante-cinq et six sous-inspecteurs[2]; c'étaient de véritables fonctionnaires, qui commençaient par être surnuméraires, devenaient sous-inspecteurs et changeaient de résidence avec des augmentations de traitements qu'ils ne manquaient pas de solliciter[3]. Ils étaient en rapport avec une des commissions extraordinaires du conseil du roi, qui portait le nom de bureau du commerce. Ce bureau se composait de dix intendants du commerce recrutés dans le conseil d'État et de quinze députés élus, soit par les échevinages et les marchands de quelques grandes villes, soit par leurs chambres de commerce.

Il y avait, en effet, dans certains centres commerciaux des chambres de commerce; celle de Marseille datait de 1599; elle était formée de marchands, nommés pour « surveiller et prendre garde aux choses qui pourraient concerner le négoce, commerce et trafic[4]. » Son

----

[1] Savary, *Dict. du commerce*, II, 424-425. — Selon Clicquot-Blervache, les inspecteurs multiplièrent encore les règlements pour se rendre nécessaires. (De Vroil, p. 98-99.)

[2] *Almanach royal pour* 1785, p. 567.

[3] Arch. de l'Aube, C. 1928. — En 1675, le traitement de l'inspecteur de Champagne, qui est de 2000 liv., est payé par les corporations : celles de Troyes paient 1160 liv., celles de Châlons 200, de Joinville 30, etc.

[4] Rapport de M. de Mas-Latrie, *Doc. inéd.*, I, 29.

autorité s'étendait jusqu'aux Échelles du levant. Celle d'Amiens ne fut instituée qu'en 1761[1]. Ces chambres se composaient de sept à huit membres, et se réunissaient périodiquement[2] ; elles correspondaient avec les députés du commerce, auxquels les échevinages donnaient des appointements qui, pour les députés de Lyon et de Rouen, s'élevaient à 8,000 liv.[3] ; ces députés formaient une sorte de représentation permanente de l'industrie des grands centres commerciaux, et pouvaient éclairer le pouvoir central de leurs avis et de leurs doléances.

Ces rapports entre les villes et le siège du gouvernement étaient devenus nécessaires, à mesure que le pouvoir central avait pris plus d'action, et que le commerce et l'industrie s'étaient transformés. Les douanes intérieures tendaient à disparaître ; les traités de commerce avec l'étranger étaient plus fréquents. Les foires franches n'étaient plus que l'ombre de ce qu'elles avaient été au moyen-âge. Sauf à Beaucaire, à Montrichard en Touraine, à Guibray en Normandie, elles sont en pleine décadence au XVIIIe siècle[4]. En vain, on sollicite des lettres-patentes pour y attirer, par des privilèges, les marchands étrangers[5]. En vain, on multiplie les ga-

[1] *Mon. inéd. de l'hist. du Tiers-État*, III, 280.
[2] Savary, *D.ct. du commerce*, I, 619-626.
[3] *Encycl. méthodiq. Finances*, I, 237, 511-512.
[4] *Inv. Arch. Calvados,* C. 1361-63. En 1707, on vendait aux foires de Caen pour 1,222,020 liv., en 1773 pour 143,900 liv. — Une des trois foires de Nîmes est tombée en désuétude en 1748. (Ménard, VI, 622.)
[5] Les foires de Troyes sont rétablies en 1697. En 1699, il n'y vient que 2 ou 3 marchands étrangers et quelques juifs. (Man. de Sémilliard, III, 442.)

ranties et les exemptions de droits[1]. Le grand commerce n'y vient plus, et ce sont seulement les détail-
lants qui déballent leurs marchandises dans les rues
ou sur les places qui sont mises à leur disposition.
Avec la facilité et la sécurité des moyens de communication, le vendeur n'éprouve plus le besoin d'accompagner lui-même ses produits pour les préserver
contre les risques du transport; les paiements se font
par des envois en espèces ou par des lettres de change,
que la poste, de mieux en mieux organisée, transporte
partout. En même temps que le commerce, l'industrie
se modifie. Elle subit, à partir du xviie siècle, une
transformation que la découverte de la vapeur devait
rendre de nos jours plus complète. Cette transformation consista dans la substitution progressive du
travail collectif au travail individuel, du travail spé-
cialisé au travail s'appliquant à toutes les parties d'un
objet déterminé.

Colbert, en encourageant partout les manufactures[2],
porta une sérieuse atteinte au vieux système d'après
lequel le maître travaillait lui-même avec un ou deux
apprentis et quelques compagnons; il contribua à y substituer le vaste atelier où de nombreux ouvriers obéis-
sent à la direction d'un chef qui ne prend part à leurs
travaux que pour les surveiller. L'ouvrier du moyen-

[1] Encycl. méthod. Commerce, II, 135.
[2] Corrésp. adm. sous Louis XIV, III, Industrie.— Citons parmi les
manufacturiers auxquels Louis XIV accorda des lettres patentes, Nicolas Cadeau, qui créa la grande industrie des draps à Sedan en 1646,
et Van Robais, qui l'établit en 1667 à Abbeville. (Savary, t, II, col.
632-633.)

âge faisait rarement fortune; il travaillait au jour le
jour, pour ses voisins; il exportait peu ses produits;
mais il connaissait rarement le chômage ou la misère.
Au xvii⁰ et au xviii⁰ siècle, nous voyons se manifester,.
au contraire, les résultats d'une production forcée,.
surexcitée par l'État, non moins que par le désir du
gain; des crises désastreuses sont amenées par la
guerre, par l'excès de la production, par la rareté des
bras, par l'introduction de métiers nouveaux. L'État
s'unit aux villes pour les conjurer; l'on verra des échevinages acheter des marchandises aux fabricants pour
les emmaganiser jusqu'au jour où l'on en tirera un prix
convenable[1]. Les villes subiront d'une manière sensible l'influence des crises commerciales à la fin du
règne de Louis XIV, et si elles se relèvent au siècle
suivant, c'est que l'activité industrielle et la richesse
publique, surtout depuis 1740, allèrent toujours en
s'accroissant jusqu'à la Révolution.

Le progrès des manufactures eut un autre résultat
pour la population des villes. Il multiplia le nombre
des compagnons, des ouvriers qui reçoivent le salaire
d'un maître, et qui ne peuvent parvenir à posséder le
capital nécessaire pour devenir maîtres à leur tour; il
porta atteinte aux corporations, qu'on voulait détruire
avec raison parce qu'elles étaient contraires à la liberté
du commerce, mais qui en disparaissant, devaient ôter
à l'ouvrier les avantages de l'association professionnelle.
En même temps, les nombreuses ordonnances édictées
à la fin du dernier siècle contre les rassemblements

[1] Arch. de Troyes, A. 52.

de compagnons[1], et qui sont motivées par leur rébellion ou leur attitude menaçante[2], montrent que les pouvoirs publics se préoccupent de leur nombre toujours croissant et du rôle que, grâce aux progrès de la démocratie, ils seront appelés à jouer dans les villes.

[1] Voir entre autres *Inv. Arch. Angers*, HH. 25.

[2] A Rouen, ils se coalisent et se révoltent en 1691, en 1736, en 1744, en 1772. (Ouin-Lacroix, p. 15-16.) — A Lyon, les ouvriers en soie se coalisent en 1744, sont pendant quelques jours maîtres de la ville, et font rapporter des règlements favorables aux marchands. (P. Bonnassieux, *la Question des grèves sous l'ancien régime*, 1882.) — A Nîmes, le chômage des ouvriers cause des craintes en 1787. On a peur qu'ils ne mettent le feu à la ville et qu'ils ne se révoltent, comme à Lyon. (Arch. nationales, H. 1023.)

PIÈCES JUSTIFICATIVES

I.

LES PRIVILÈGES DES VILLES SOUS LOUIS XIV.

Le Père Menestrier, dans son *Histoire consulaire de la ville de Lyon* (1696, p. 537), donne un tableau intéressant des prérogatives municipales sous Louis-XIV, alors qu'il n'existait aucune loi générale sur cette matière ; le P. Menestrier avait surtout devant les yeux la ville de Lyon quand il écrivait ce résumé ; cependant si l'ensemble de ses articles ne saurait s'appliquer à toutes les villes, la plupart d'entre eux était conforme à leurs institutions.

« Examinons, dit le P. Menestrier, en quoi consiste ce gouvernement consulaire ou municipal qui regarde le bien des citoyens. Voicy l'idée que j'en ay formé sur les usages des villes de ce royaume qui fait de semblables corps sous le bon plaisir de nos rois.

Le I est de faire des assemblées et des convocations de citoyens pour délibérer sur les affaires qui concernent le corps de la communauté et le bien public, à qui les Romains donnèrent le nom de chose publique, *Respublica*.

II. D'avoir des lieux destinez à ces assemblées, qu'on nomme Hostels de ville, Maisons consulaires, Parloirs, Loges, Capitoles, etc.

III. D'élire des chefs et des magistrats pour présider à ces assemblées, et de faire choix d'un certain nombre de bourgeois et de citoyens pour entrer dans ces assemblées et pour avoir part à ces délibérations, dignitez, magistratures, fonctions, choix et députations de personnes à qui on a donné sous le bon plaisir des seigneurs et des souverains le nom de Maires, de Capitouls, de Viguiers, de Vicomtes Majeurs, de Prévosts des marchands, de Jurats, de Conseillers de ville, de Pairs, de Scindics, de Consuls, d'Echevins, de Preudhommes, de Centeniers, Dixeniers, Quarteniers et autres semblables.

IV. D'avoir des Archives publiques, des Greffiers, des Secrétaires, des Sceaux pour les actes publics.

V. De pouvoir convoquer ces assemblées à certains jours, à certaines heures, au son de la cloche, de la trompette, du tambour; par des huissiers, mandeurs, appariteurs, vallets de ville, etc., et d'imposer des peines à ceux qui sans excuse légitime s'absentent de ces assemblées, quand il leur est enjoint de s'y trouver.

VI. D'avoir des armoiries affectées au corps de la communauté qui puissent être apposées sur les ouvrages publics, et portées dans les cérémonies.

VII. De faire des statuts, ordonnances et règlemens pour la Police et le bon ordre du gouvernement populaire.

VIII. D'avoir des habits de cérémonie propres à chacun des offices, charges, dignitez selon leurs prérogatives, qui puissent servir de marque d'honneur et de distinction dans les fonctions honorables de ces charges.

IX. D'avoir la garde des villes, et les clefs de leurs portes à foy et hommage, dans les lieux où les souverains en veulent confier la garde à ces magistrats municipaux, avec le droit de guet et de garde pour la sûreté de nuit et jour; pouvoir d'establir des corps de garde et des sentinelles aux principales avenues.

X. D'armer les Bourgeois en temps de guerre et de paix pour la sûreté de la ville, et de les diviser par bandes, troupes, compagnies, quartiers, penonages, colonelles, et de donner à ces compagnies des chefs, des capitaines, des colonels, des majors, des lieutenans, des enseignes et d'autres officiers subalternes, et d'exiger d'eux serment de fidélité pour l'exercice de leurs charges.

XI. D'avoir outre ces compagnies nécessaires pour la garde, d'autres compagnies affectées au guet et garde de la nuit, et pour servir aux cérémonies des entrées et réceptions des Princes, processions, publications de paix, réjouissances, *Te Deum*, feu de joie, etc.

XII. D'entretenir la closture de la ville, et ses murailles.

XIII. D'avoir soin des édifices publics, des allignemens, des rues et places publiques, des quais, ports et lits de rivière, ponts, égouts, pavez, démolitions, décombres, chaussées, digues, et autres choses semblables pour l'utilité publique.

XIV. De pourvoir aux nécessitez et aux commoditez publiques, aux greniers, boucheries, cabarets, hostelleries, fontaines, estaux, marchés et denrées, bleds, farines, bois, charbons, et d'en régler les prix et d'en dresser les tarifs.

XV. D'examiner les poids et mesures, et d'en conserver les modèles.

XVI. D'establir des Juges de police pour veiller sur ces sortes de choses, et pour régler les différens qui peuvent naistre à l'égard de ces ordonnances.

XVII. Procurer la santé de la ville en mettant des gardes aux portes, qui dans les temps suspects examinent ceux qui peuvent venir des lieux atteints de la peste et de maladies contagieuses, donner des bulletes de santé, avoir des lieux affectez, et éloignez du commerce pour ceux qui sont frappez de peste, les faire sequestrer, purger et parfumer les maisons d'où ils ont esté tirez, pourvoir de médecins, de chirurgiens, de remèdes, de nourriture, et de secours spirituels des Prestres pour leur administrer les sacremens.

XVIII. Avoir l'intendance et l'inspection des hospitaux pour les malades et convalescens. Et des maisons de charité où les pauvres de la ville sont reçeus, nourris et entretenus.

XIX. Avoir des octrois du Prince, et des deniers publics pour les affaires qui conviennent à la communauté; des Trésoriers, Receveurs, Caissiers, etc. Et pouvoir de disposer de ces deniers pour les réparations, et autres frais nécessaires pour le bien public.

XX. Entretenir le commerce et les privilèges des foires accordées par les Souverains, visiter les boutiques, magasins, manufactures, et establir des courretiers, grabeleurs, peseurs, changeurs; donner des passe-ports, des acquis, des passavans, etc.

XXI. Juger les affaires du négoce, lettres de change, transports, viremens de partie, faillites, banqueroutes, fraudes, malversations, et autres semblables choses attribuées par nos Rois aux Juges Consuls, et au Tribunal de la conservation des privilèges des foires.

II.

PROCÈS-VERBAL D'ÉLECTION D'UN MAIRE EN 1751.

(Archives de l'Aube, C. 1844.)

L'an mil sept cent cinquante un, le vendredy unzième jour du mois de juin, feste de saint Barnabé, jour auquel se fait l'élection d'un maire et d'un procureur sindic à Troyes, nous Louis Tetel, conseiller du roy, lieutenant général enquesteur et commissaire examinateur au bailliage et siège présidial de Troyes, ayant été invité le neuf du présent mois par le s^r Demontmeau, l'un des échevins, en nous apportant le billet d'invitation des corps et communautés pour nous être communiqué, de nous transporter cejourd'huy en l'hotel commun de cette ville pour être present a ladite election d'un maire et d'un procureur sindic; et averti par Guet, huissier, que le corps de ville était assemblé pour cet effet, nous nous y sommes transportés avec Me Denis-Geneviève Heroult de la Closture, premier avocat de sa majesté aux bailliage et présidial à cause de l'absence du procureur du roy esdits sièges, et avec Me Antoine Bourgoin, procureur aux bailliage et siège présidial de Troyes y demeurant, que nous avons commis pour notre greffier, a cause de l'absence du greffier ordinaire desdits sièges. Duquel Me Bourgoin nous avons reçu le serment en pareil cas requis et accoutumé, environ l'heure de onze du matin, et sommes entrés dans la chambre du conseil dudit hôtel de ville, et un moment après les sieurs maire, échevins et corps de ville sont revenus de l'église Saint-Jean, dans la-

quelle il avait été dit et célébré suivant l'usage une
messe du Saint-Esprit, à laquelle nous avons coutume
d'assister, et dont nous nous sommes abstenus aujour-
d'hui. Et sont venus nous prendre pour monter, comme
nous avons fait, avec eux dans la grande salle dudit
hôtel de ville, précédés des trompettes et sergents de
ville; et y étant entrés, nous y avons trouvé les corps
et communautés de cette ville assemblés par leurs députés, et avons pris notre place dans un fauteuil à nous
préparé. Le procureur du roy s'est placé dans un autre
fauteuil à notre droite; le sieur Eustache Gouault, maire,
a pris sa place dans un fauteuil à gauche; monsieur
Comparot de Bercenay, conseiller au bailliage, faisant
fonctions de lieutenant général de police audit hôtel de
ville, s'est placé à costé dudit sieur Gouault, maire; et
ensuite les échevins et corps de ville. Notre greffier
commis a pris sa place au bureau devant nous, et celuy
de l'hôtel de ville s'est placé au même bureau à sa
gauche. Chacun étant placé à la manière accoutumée,
led. sʳ Gouault, maire, a dit que l'assemblée était pour
l'élection d'un maire en son lieu et place et d'un procureur sindic au lieu et place du sʳ Nicolas Poupot,
même pour la confirmation de la nomination faite de
la personne de Mᵉ Claude Colinet, advocat, pour orateur de lad. ville, au lieu et place de Mᵉ Pierre Tetel,
depuis le décès duquel ledit Mᵉ Colinet avait été provi-
sionnellement choisy par le corps de ville.

Ensuite ledit Mᵉ Colinet a prononcé un discours au
sujet de ces élections.

Et le sʳ Gouault, maire, ayant pris le serment des
élisans, ce fait, il a été procédé auxdites élections, par
lesquelles Mᵉ Comparot de Bercenay, conseiller, faisant
les fonctions de lieutenant général de police, les sieurs
échevins et conseillers de ville et les députés des corps

et communautés ont unanimement élu et nommé le sieur Jean Berthelin, marchand bourgeois et conseiller de l'hôtel commun de ladite ville, au lieu et place dudit sieur Eustache Gouault; ont de même unanimité de voix élu et nommé François Meallet, aussy marchand bourgeois de Troyes, pour exercer, pendant le même temps de deux années consécutives, la charge de procureur sindic au lieu et place de Nicolas Poupot.

Ils ont aussy approuvé et confirmé la nomination provisoire faite de la personne dud. M⁰ Colinet, pour orateur de la ville au lieu et place dud. Pierre Tetel, décédé.

Faisant l'appellation des corps et communautés, les avocats en cours d'église nous ont demandé acte des protestations qu'ils font contre l'appel des notaires, procureurs, sergents et médecins avant leur collège. Ce que nous leur avons octroyé.

Desquelles élections et nominations nous avons fait et dressé le présent procès-verbal, après quoy nous sommes sortis de ladite salle avec le procureur du roy comparant comme dessus et notre dit greffier commis, accompagnés desdits sr maire, échevins et conseillers de ville.

TETEL   BOURGOIN

Suit le procès-verbal de la prestation de serment du maire et du procureur syndic, faite à l'hôtel et entre les mains du lieutenant général Tetel. Ils sont présentés par le premier échevin, Jacques Truelle.

A cette pièce est annexée une feuille sur laquelle est indiqué en bâtons et en chiffres le nombre des voix obtenues par le maire et le procureur syndic. Ils en ont chacun 108. A cette époque, l'unanimité paraît avoir été la règle. Il n'en fut pas ainsi en 1765, et surtout en 1769, où le défaut de majorité absolue amena un second tour de scrutin. (Mêmes archives, 44, E. 10.)

III.

DÉPENSES ET REVENUS DES VILLES DU LANGUEDOC EN 1779.

(Archives nationales, H. 1001.)

REVENUS En 1877.	VILLES	REVENUS	DÉPENSES	DETTES	IMPOSITIONS royales.
2,643,378	Toulouse.. . .	385,915	136,725	3,464,916	233,285
1,229,827	Montpellier.. .	147,656	161,739	1,060,151	103,876
1,391,174	Nismes.. . . .	74,727	46,845	717,943	95,418
344,503	Carcassonne..	37,195	24,551	290,998	74,269
870,525	Béziers.. . . .	35,265	31,931	345,997	134,540
367,587	Narbonne. . .	27,100	16,727	265,936	109,900
267,774	Alby..	2,526	8,605	42,300	65,289
265,584	Le Puy.. . . .	22,343	16,562	123,955	75,661
107,745	Beaucaire. . .	16,558	13,580	»	50,479
430,096	Castres.. . . .	12,865	9,621	37,009	54,038
179,935	Castelnaudary	6,047	4,045	6,219	67,174
142,766	Privas.	aucun	1,300	2,040	14,985

Ces documents financiers étaient demandés pour mettre à la charge des villes l'entretien des palais de justice et des prisons. Les prisons étaient en mauvais état à Montpellier, à Nîmes et à Frontignan. Nous donnons, comme comparaison, les revenus de ces villes en 1877, d'après la *Situation financière des communes de France*, publiée en 1878 par le ministère de l'intérieur.

IV.

RECETTES ET DÉPENSES D'UNE VILLE SOUS LOUIS XVI.

Afin de donner une idée de ce qu'on pourrait appeler le budget municipal d'une ville de province au siècle dernier, nous reproduisons, en l'abrégeant quelque peu, l'état de la situation de la ville de Troyes au mois d'août 1782, tel qu'il fut dressé par les officiers municipaux, en exécution des ordres de l'intendant de Champagne.

RECETTES.

CHAPITRE Ier. *Biens patrimoniaux.*

Locations diverses : du grenier à sel, 1,025 l.; — de la maison et du jardin de la santé, 300 l.; — de la pêche et de l'herbe des fossés de la ville, 178 l.; — du dessus du bastion de la Tour-Boileau et de ses souterrains, 180 l.; — des corps de garde et bureaux des postes, 220 l.; — du poids de la ville, 230 l.; — de deux pièces de terre, 250 l., etc.— Rentes diverses, etc.— Petit péage, droit qui remonte aux comtes de Champagne, et qui consiste en une entrée d'un denier sur toutes les voitures et les bêtes de somme appartenant à des personnes étrangères à la ville, 360 l. — Total. 4.524   11

CHAPITRE II. *Droits et octrois à perpétuité.*

Recette nette du droit de double entrée et double huitième, consistant en une taxe de 4 l. par muid de vin, jauge de Champagne, etc., et en défalquant 36,000 l. que la ville doit remettre à l'État, 5,250 l. — Droit de rouage, consistant en 10 s. par roue de voiture chargée, affermé 21,000 l.— Ensemble. . . . . 26:250   »

CHAPITRE III. *Octroi à temps.*

Doublement des droits de rouage. . . . . . . 21.000   »
_____
54.774   11

DÉPENSES.

CHAPITRE Ier. *Impositions.*

Vingtièmes pour différents biens patrimoniaux. 5851.4 s. » d.

CHAPITRE II. *Charges fixes militaires.*

Au gouverneur de la ville pour logement.	300 l. » s. » d.		
Au commissaire des guerres pour logement.	400 » »		
Bois, paille et lumières pour corps de garde.	200 » »		11.150 4 »
Impressions et frais d'états et de billets de logements. . .	250 » »		
Frais de garnison des gardes du corps [1]	7.000 » »		
Entretien de leurs écuries.	3.000 » »		

CHAPITRE III. *Charges ordinaires et particulières.*

Au receveur, 1,000 l.; au secrétaire-greffier et à son commis, 1,500 l.; aux quatre sergents de ville, 1,000 l.; au manœuvre, 60 l.; au trompette, 50 l.; aux six portiers, 42 l.; au voyer inspecteur des ouvrages, 400. Total des appointements.	4.052 l. » s. » d.		5.452 » »
Aux officiers et chevaliers de l'Arquebuse.	500 » »		
Aux frères de Saint-Yon, pour les écoles de charité. . .	900 » »		

A reporter. . . . . . . 17.187 4 »

[1] La ville n'avait pas de casernes, mais elle louait deux maisons pour l'état-major, et une maison pour les gardes qui tombaient malades.

Report. . . . . 17.1871.4s.»d.

Au député chargé des affaires de la ville à Paris..	1.200 l.	» s.	» d.
Bois et lumière pour les bureaux de la ville..	360	»	»
Tenture, torches et bouquets, le jour de la Fête-Dieu.	48	»	»
Frais de bureau..	420	»	»
Ports de lettre, abonnements aux gazettes, édits et déclarations du roi..	240	»	»
Entretien des promenades.	600	»	»
Entretien des pompes et autres ustensiles nécessaires lors des incendies.	600	»	»
Entretien des lanternes . .	7.500	»	»
Au dentiste des pauvres. .	100	»	»
Vins d'honneur, réduits à. .	400	»	»
Rentes et censives dues par la ville.	154	16	4

}11.622 16 4

CHAPITRE IV. *Dépenses et charges extraordinaires.*

Rentes viagères, 13,114 ; rentes diverses, 6,132 10. . .	19.246 l.	10 s.	» d.
Entretien de l'école de dessin.	200	»	»
Au collège.	600	»	»
Distributions de secours aux pauvres dans les hivers rigoureux.	600	»	»
Réjouissances publiques et dépenses imprévues.	600	»	»

}21.246 10 »

50.061 10 4

Il importe de faire remarquer que depuis 1770, la ville avait supprimé un certain nombre de dépenses, qu'elle regardait comme abusives ou surannées ; ainsi les déjeuners des jours d'élection, 100 l.; les gages du réveilleur, 5 l.; la gratification du prédicateur, à l'anniversaire de la réduction de la ville à l'obéissance du roi Henri IV, 30 l.; la barrière qu'on posait à la porte du maire, 60 l.; les chapeaux et casaques des sergents de ville, trompette et manœuvre, 250 l.; le remplissage de la glacière, 150 l.; les présents d'honneur envoyés au jour de l'an aux princes, seigneurs et ministres, honoraires du secrétaire du gouverneur, ceux des ingénieurs, etc., 3,000 l. Les vins de présents aux élections des maires et échevins, pour le passage des seigneurs, conseillers d'État, etc., les corbeilles pour dames, étaient évalués alors à 1,800 l.; ils sont réduits, comme on le voit, à 400. La tendance des administrations est de restreindre les dépenses qui n'ont pas un caractère marqué d'utilité publique.

Les dépenses, du reste, n'avaient pas cessé de s'accroître dans le cours du xviiie siècle ; elles étaient de 24,442 l. en 1723, et de 45,049 l. en 1772. (Arch. de l'Aube, C. 1854 et 1801. — Arch. mun. de Troyes, A 52.)

FIN DU TOME PREMIER.

TABLE DES CHAPITRES

DU TOME PREMIER

LIVRE III.

LES FINANCES.

LIVRE IV.

LES JURIDICTIONS.

BAR-SUR-SEINE. — IMPRIMERIE SAILLARD.

www.ingramcontent.com/pod-product-compliance
Lightning Source LLC
Chambersburg PA
CBHW071621270326
41928CB00010B/1728